我国欠发达地区产业集群发展的理论与实证研究

冉庆国　著

中国物资出版社

图书在版编目（CIP）数据

我国欠发达地区产业集群发展的理论与实证研究／冉庆国著．—北京：中国物资出版社，2011.6

ISBN 978－7－5047－3948－3

Ⅰ．①我…　Ⅱ．①冉…　Ⅲ．①不发达地区—产业经济学—研究—中国　Ⅳ．①F127

中国版本图书馆 CIP 数据核字（2011）第 161580 号

策划编辑　郑欣怡　　责任印制　方朋远

责任编辑　郑欣怡　　责任校对　孙会香　杨小静

出版发行　中国物资出版社

社　　址　北京市丰台区南四环西路 188 号 5 区 20 楼　　邮政编码　100070

电　　话　010－52227568（发行部）　　010－52227588 转 307（总编室）

　　　　　010－68589540（读者服务部）　　010－52227588 转 305（质检部）

网　　址　http：//www. clph. cn

经　　销　新华书店

印　　刷　中国农业出版社印刷厂

书　　号　ISBN 978－7－5047－3948－3/F・1562

开　　本　710mm×1000mm　1/16　　版　　次　2011 年 6 月第 1 版

印　　张　13. 5　　印　　次　2011 年 6 月第 1 次印刷

字　　数　235 千字　　定　　价　28. 00 元

前 言

在经济全球化和区域经济一体化加速推进的今天，产业集群以其特有的优势成为加快区域经济发展的有效途径。许多产业领域为产业集群所控制，如美国硅谷高科技产业集群、印度班加尼尔计算机软件产业集群、我国台湾新竹计算机硬件产业集群、广东东莞家电产业集群、温州打火机产业集群等。

尽管当前产业集群理论研究的主流大都是从发达国家和地区出发，对于在欠发达地区的发展尚缺乏系统全面的论述，但是欠发达地区经济发展的实践以及相关的理论研究都表明，产业集群并不是发达地区所独有的现象。虽然在发展层次和经济实力上有所差距，但是欠发达地区的产业集群在推动经济增长和增强企业实力方面所体现出来的非凡活力和所作出的贡献仍然是不容忽视的。如安徽桐城市的新渡镇、无为县的高沟镇、天长市的秦栏镇、黄山市的徽州区和歙县分别存在着具有一定规模的电缆产业集群、塑料制品集群、电子产业集群和环氧树脂集群。在广西的宾阳县、平果县和玉林市则分别存在着机制纸集群、铝业集群和服装集群。陕西户县的渭丰乡聚集了216家纸箱企业，而云南呈贡县专业从事花卉种植的农户达到1万余户，都反映了产业集群的特色。欠发达地区的发展对于区域经济协调发展更为重要。因此，从欠发达地区的视角研究产业集群发展显得更为迫切。

因此，本书研究目的是通过对我国欠发达地区产业集群发展问题进行深入的研究和探讨，在总结分析我国欠发达地区产业集群的发展现状、存在问题基础上，探索其发展所要解决的主要问题及发展规律，尝试建立我国欠发达地区产业集群发展的理论体系，探索欠发达地区产业集群发展的模式与途径，提出发展的对策建议。以期引起学者对欠发达地区产业集群发展的关注，为欠发达地区发展产业集群提供一定的理论参考及实践对策。

当前，国内外学术界对欠发达地区产业集群发展的理论体系还未取得一致的看法。一些学者分析了产业集群对我国欠发达地区跨越式发展的意义，认为产业集群作为区域产业组织的一种重要形式，能够形成区域经济良性循环的内核，促进区域经济结构调整与升级，促进产业间的关联和互补，对中西部经济发展具有重要的现实意义。另外一些学者分析了政府在我国欠发达地区产业集群发展中的作用及其对策，认为政府作为制度的提供者起着不可替代的作用，应发挥政府在欠发达地区产业集群形成发展中的引导作用。

考察了我国欠发达地区产业集群的研究之后，笔者发现关于产业集群是我国欠发达地区实现跨越式发展的有效途径这一理念已达成共识，但对于我国欠发达地区发展产业集群的现状、机制、创新系统、模式和对策等问题研究不足。而且，现有的我国欠发达地区产业集群实证研究多是个案分析，尤其是局限在西部某些省市，缺乏具有普遍指导意义的系统分析和解释。针对这些不足，笔者拟订了一个新的系统的我国欠发达地区产业集群发展的理论框架，共包括5个方面的内容，即我国欠发达地区产业集群发展的战略选择、我国欠发达地区产业集群形成和发展机制、我国欠发达地区产业集群发展的区域创新系统、我国欠发达地区产业集群发展模式、我国欠发达地区产业集群发展的对策。

本书主要分两个层次来进行我国欠发达地区产业集群发展的研究。

第一层次，在界定我国欠发达地区的范围及产业集群概念的基础上，运用规范与实证分析相结合的方法、SWOT 分析方法以及网络和系统分析方法等，提出了我国欠发达地区产业集群的发展战略；通过对产业集群兴衰的挖掘，论述了我国欠发达地区产业集群的形成与发展机制；通过对产业集群创新系统的概述，指出我国欠发达地区产业集群创新能力的驱动要素；依据我国欠发达地区产业集群发展模式多样性的原则，构建了我国欠发达地区产业集群发展模式；针对我国欠发达地区产业集群发展中存在的问题，提出解决的对策。

第二层次，以黑龙江省奶业集群和黑龙江省医药产业集群为例进行实证研究，验证本书的一系列研究结论。

本书以我国欠发达地区产业集群作为研究对象，借鉴了学术界的研究成果，结合国内外发达地区和我国欠发达地区产业集群发展的现实，较为系统、全面地构筑了理论研究体系，并凸显了研究的实践性。

我国欠发达地区产业集群理论体系的建立是一项十分艰苦的工作，尽管在写作过程中投入了很大精力，但由于受水平和资料的限制，难免会存在诸多方面的不足，期望得到同行专家批评指正。

作 者

2011 年 3 月

目 录

1 绪 论

1.1 研究背景

在经济全球化和区域经济一体化进程不断加快的今天，市场竞争的主体从企业发展到企业供应链，而现在更主要的竞争是在产业集群（Industrial Clusters）的层面上展开（Allan S. Carrie，2006）。正如迈克尔·波特（Michael E. Porter，2003）所言，一个国家或地区在国际上具有竞争优势的关键是产业的竞争优势，而产业的竞争优势来源于彼此相关的产业集群。当前的世界经济是由所谓的产业集群主导的经济（Michael E. Porter，1998），它们在世界版图上，形成色彩斑斓、块状明显的“经济马赛克”，正如在光滑的产业空间中存在着一些“黏连”的节点，快速吸引产业活动在这里聚集（Amin A, 1992; Markusen A. R., 1992），创造着全球很大一部分财富。例如20世纪90年代中期，美国380个产业集群的产值达到该国的60%；印度约有350个产业集群，出口产品占该国的60%。又如，德国的巴登—符腾堡、意大利的艾米丽亚—罗马格纳以及中国浙江产业集群等，都在促进当地经济增长的过程中占有绝对重要地位。产业集群不仅降低了交易成本，提高了效率，而且还改进激励方式，创造出信息、专业化制度和名声等集体财富。更重要的是，产业集群能够改善创新条件，加速生产率的增长，更有利于新企业形成（Porter M, 1998）。全球产业集群的普遍发展和令人瞩目的成功，引起了有关国际经济组织、许多国家和地区政府部门的浓厚兴趣。联合国工业发展组织（UNIDO）和经济合作与发展组织（OECD）已在全球极力提倡并推广产业集群战略。“产业集群”成为风靡全球的时尚名词（Martin R and Sunley, 2003），产业集群发展模式成为地方经济发展和取得有效竞争能力的最好选择。

发达国家对产业集群的研究较早，意大利、英国、荷兰和北欧等国家已经形成了众多发展成熟的产业集群。但是，产业集群不只是发达国家的专利，发展中国家的产业集群现象也较普遍，如印度班加罗尔的软件业、北京中关村的信息产业等。在我国，经过30多年的改革开放，各具特色的产业集群如雨后春笋般在各地出现。其中，浙江省是产业集群发展最突出的地区之一。浙江省温州市经济发展具有其特殊的形式，该市的各个县市形成了不同的产业集群。乐清市柳市镇所生产的低压电器占全国同行业总产值的25%以上，该镇被称为“全国最大低压电器城”；苍南县金乡镇的标牌被称为“全国第一座商标城”；桥头镇被称为“全国第一纽扣市场”。这些小镇以其经济总量大、发展速度快、竞争实力强而闻名全国。目前，浙江省已形成产值超过亿元的产业集群300多个，其中10亿~50亿元的90多个，50亿~100亿元的10多个，超过100亿元的有4个。省内企业约13万家，就业人数600万人，企业平均约46人，主要为中小企业，总产值占全省的60%。可以说浙江经济总量和经济增长主要依托这一模式，全省GDP、人均GDP在全国排名从1978年的第12位，上升到2002年的第4位（朱华晟，2003）。2004年浙江又迈上一个新台阶，成为全国第四个GDP超万亿的省份，达到11648.7亿元；2008年超2万亿，达到21462.69亿元；2010年则达到27226.75亿元。

我们在如数家珍般地细述我国发达地区的产业集群之余，审视一些欠发达地区，也能发现一些产业集群，如安徽桐城市的新渡镇、无为县的高沟镇、天长市的秦栏镇、黄山市的徽州区和歙县分别存在着具有一定规模的电缆产业集群、塑料制品集群、电子产业集群和环氧树脂集群。在广西的宾阳县、平果县和玉林市则分别存在着机制纸集群、铝业集群和服装集群。陕西户县的渭丰乡聚集了216家纸箱企业，而云南呈贡县专业从事花卉种植的农户达到1万余户，这些也属于产业的集群化发展现象（钱平凡，2005）。

欠发达地区当前面临的最大问题，是如何不断地缩小与发达地区之间的差距（陆立军，2002）。有的学者认为中国区域经济不平衡发展的最根本原因来自于区域自身的集聚效应。市场经济条件下，一个国家、一个地区之所以落后，其实质是本身的经济结构限制了参与竞争的能力（徐滇庆，1998）。实际上，我国欠发达地区在区域和产业发展战略中还存在很多认识误区（秦夏明，2005），不少尖锐的问题呈现在研究者和决策者面前。

第一，在经济全球化和知识经济悄然来临的时代，欠发达地区都停留在用“支柱产业”来带动其他产业发展这样一个西方20世纪六七十年代的认识水平上，对区域发展的认识还停留在传统的大规模标准化生产上，所采取的理论没有跳出“自上而下”发展增长极和地域生产综合体等理论的框架，这种传统思维与区域发展的矛盾越来越突出。

第二，欠发达地区经济建设仍受大而全的思想影响，一些地方政府热衷于盲目组建大集团，如江西历史上全球闻名的景德镇陶瓷、樟树中药材均属成功的产业集群典范，然而由于缺乏对产业集群发展规律的认识，政府盲目组建大集团、大国有企业，造成交易成本过高，个性化特色丧失，竞争力下降。至今如“缔造大集团，打造航空母舰”等豪言壮语仍有越来越时髦的趋势。这说明了营造区域创新环境和扶植中小企业集群是经济发展的核心这一理念尚未形成共识。

第三，部门垄断和地区垄断妨碍了生产要素的空间流动，造成了企业各自为战的分散格局和大量重复建设，从1958年的大炼钢铁，到20世纪90年代初的“开发区热”和一些地方不顾条件的“筑巢引凤”，再到20世纪90年代末的“硅谷”在我国“遍地开花”，工业园区随处可见等现象。各级政府招商引资很积极，然而主动培养产业集群的意识却很缺乏，导致一些工业园区和企业恶性竞争，产业内部分工不明，未能有效地激发企业的创新和学习能力。

第四，在吸引国际资金、技术上，欠发达地区一味竞相出台优惠政策，擅自减免税费，低偿出让土地使用权，个别地区甚至无偿出让土地使用权。这种地区间优惠政策的博弈，造成了国际资本从中渔利，国家、地区利益痛受损失。

第五，在主导产业选择上，一些欠发达地区不考虑自身优劣势和地区间的互补关系，热衷于上利润高的产业项目，如许多地区所选的支柱产业非常类似地集中于机械、汽车（摩托车）、化工、医药、电子等为数不多的几个项目。产业结构趋同化导致了地区产业重复建设、过度竞争和资源的严重浪费。

面对我国市场经济的快速发展和经济全球化进程全面提速的严峻挑战，欠发达地区所拥有的土地、廉价劳动力等传统竞争优势已不再是左右竞争的决定性因素。如果仍然走以前老路，面面俱到，被动应对，欠发达地区经济就会继续拉大与发达地区的差距，并且将严重制约当地经济发展。为此，欠发达地区应选择产业集群的发展战略（徐康宁，2001；尚勇和朱传柏，1999）。

然而，当前关于产业集群的研究大多基于发达地区背景，对欠发达地区如何走上产业集群的发展道路仍有大量问题值得研究（王缉慈和童昕，2001）。我国当前迫切需要深入、系统地研究产业集群的发展规律，整合国内外的最新研究成果，形成一套欠发达地区的产业集群理论体系，提高人们对经济全球化和知识经济背景下如何谋求欠发达地区发展的认识，这也是本书要解决的主要问题。

1.2 研究目的和意义

从世界范围来看，产业集群作为一种极具特色的企业空间组织形态，在促进区域经济发展中的作用日益突出。选择产业集群来加快地方经济发展成了越来越多的政府决策者和学者的共识。因此，产业集群是我国欠发达地区谋求跨越式发展的必然选择。特别是在西部大开发、东北老工业基地振兴和中部崛起进程中，本书的研究更具有了特殊的意义。

本书的研究目的是在总结分析我国欠发达地区产业集群的发展现状、存在问题基础上，探寻其发展所要解决的主要问题及发展规律，尝试建立我国欠发达地区产业集群发展的理论体系，探索欠发达地区产业集群发展的模式与途径，提出发展的对策建议。同时，也是为了引起学者对欠发达地区产业集群发展的关注，为欠发达地区发展产业集群提供一定的理论参考及实践对策。

本书的研究对促进我国欠发达地区经济竞争力的提高，实现我国区域经济的协调发展，具有重要的理论和现实意义。

1. 理论意义

（1）研究欠发达地区产业集群发展的规律，有助于丰富产业集群的理论体系。当前有关产业集群的研究多数基于发达国家背景，本书在借鉴国内外理论成果的基础上，利用产业集聚理论、新经济社会学理论、新产业区等理论，基于欠发达地区，提出欠发达地区产业集群的理论体系。

（2）本书对我国欠发达地区产业集群发展的历史、现状、优势、劣势、机遇与挑战的分析，可增进人们对我国欠发达地区产业集群发展的了解。

（3）本书对我国欠发达地区产业集群发展机制、区域创新系统、发展模式和发展对策的研究，是对我国欠发达地区产业集群发展的理论体系的有益补充。

2. 现实意义

（1）本书研究成果可以为欠发达地区制定产业集群政策提供理论支持，

对实现我国欠发达地区经济跨越式发展具有借鉴意义。

（2）发展我国欠发达地区的产业集群，有利于吸纳农村剩余劳动力，吸引资金、技术和人才，提升我国欠发达地区区域竞争力。

（3）本书研究成果对协调区域发展，构建和谐社会具有现实意义。严重且不断扩大的区域差距，不仅不利于资源的合理配置和国民经济的持续、快速、健康发展，而且将影响到社会的和谐发展，因为欠发达地区的经济发展是能否实现协调发展的关键。

1.3 国内外研究现状及评述

1.3.1 国内外研究现状

1. 产业集群形成机理的研究

产业集群的研究最早可以追溯到马歇尔（Mashall），他发现了外部经济与产业集群的密切关系。韦伯（Alfred Weber）首次使用聚集因素（Agglomerative Factors）分析单个产业的区位分布。随后，罗煦（August Losch）、佛罗伦斯（P. Sargant Florence）对聚集经济进行了进一步的阐述。克鲁格曼通过新贸易理论，发展了集聚经济观点，理论基础仍然是收益递增。他的工业集聚模型假设一个国家有两个区位，有两种生产活动（农业和制造业），在规模经济、低运输费用和高制造业投入的综合作用下，通过数学模型分析，证明了工业集聚将导致制造业中心区的形成。另外，他的垄断竞争模型在融合传统经济地理学理论的基础上，综合考虑多种影响因素——收益递增、自组织理论、向心力和离心力的作用，证明了低的运输成本、高制造业比例和规模有利于区域集聚的形成。

Andersen 分析了传统的熊彼特主义分析创新关联度的不足，主张用演化经济学来分析创新关联度，并在演化经济学的框架内，构筑了交互创新的两产业模型和三产业模型，探讨了创新关联和国际专业化问题。联合国贸易和发展会议（UNCTAD）把企业间合作模式分为群、网络和战略伙伴，探讨了不同合作模式对企业能力和竞争的作用，从政府、企业、中介机构的层次提出了政策建议。Alex Hoen 从理论角度对群进行分类，将群的概念分为微观群（企业群）、中观和宏观群（产业集群）；群内企业通常通过创新链和产品链进行连接。Lynn Mytelka 和 Fulvia Farinelli 采用了不同于 Markusen 的产业集群分类方法，把产业集群分为非正式群、有组织群和创新群。他们探讨如何在传统产业中培育创新群，建立创新系统，从而使传统产业保持可持续的竞争。Magnus Holemen 和 Staffan Jacobsson 探讨了产业集群的确定问题，认为传统的投入产出分析和用户—供应商关系是基于产品和产业的，对于确定基于知识外部性和扩散产业集群是不合适的，并提出了基于专利的确定产业集群的新方法。Gabriel Yoguel、Martanovick 和 Anabel Marin 通过对大众公司在阿根廷企业的研究，从生产网络（群）的角度探讨群内企业关联度、创新能力和社会管理技能（工作流程的组织和合同的形成机制）。J Vernon Henderson、Zmarakshalizi 和 Anthony J Venalbes 从经济发展和地理的角度探讨产业为什么会群集、新集群是如何形成的、产业脱离集群的后果等问题。为了回答以上问题，他们对国际和国内经济的地理特征进行了实证研究。Sumas Athreyr 通过对剑桥高科技群增长和变迁的实证研究，探讨了剑桥高科技群是如何增长和变迁的，哪些微观经济要素可以解释这些现象，为什么剑桥高科技没有达到硅谷的水平等问题。其研究的理论基础是经济组织和集聚的关系。Aldor Romano、Giuseppina Passiante 和 Valerio Elia 分析了 29 个虚拟群，用组织接近的概念来代替传统的地理接近概念，认为组织接近是虚拟群形成动力的新来源，而组织的接近是通过供应链和客户关系管理来实现的。他们突破了传统的产业集群的地理限制，利用信息通信技术的进步把产业集群置于全球化的虚拟学习环境中，扩展了产业集群活动的空间。Henry G Overman、Stephen Redding 和 Anthony J Venalbes 从经济地理学的角度探讨贸易流的方式、要素价格和生产的区位问题，分析了贸易成本的决定因素和贸易成本影响贸易流，认为地理条件是要素价格的重要决定因素，提出了基于地理的贸易流和要素价格影响产业集群产生与发展的机理（陈剑锋和唐振鹏，2002）。

符正平（2002）认为产业集群形成具有“供给”和“需求”两方面的条件，“供给”条件包括：①产品的技术可分性；②产品存在丰富的差异化机会；③低运输成本；④竞争环境的动态多变与速度经济性；⑤技术创新网络性和知识的缄默性。需求条件指：①产品时装性与艺术性；②消费者对产品消费呈易变性和上瘾性；③营销信息沟通的口传性；④企业可获得多方面的需求利益；⑤本地市场的支持以及挑剔性顾客的存在。产业集群的形成机理是聚集网络外部化，一是直接的网络外部化，指对于许多信息产品的消费，消费者的需求存在相互依赖性，消费者使用一种产品将直接增加使用同种产品消费者的效用；二是间接网络外部化，指与最终产品配套的互补产品的需求同样具有网络效应。产业集群形成过程的实质就是一个网络外部化的过程，网络效应使产业集群最终在区位内形成。

傅允生（2005）从资源禀赋的角度分析认为，现存的专业化产业区经由政府推动培育成集群的成功概率不大，主要原因是无法培育企业间的合作与信任，这从反面证明了产业集群形成中的网络机制的重要性。

郑凤田（2003）认为产业集群形成受三大条件影响：①宏观条件：包括需求条件，国内市场需求可以给产业集群带来机会和创新的压力；经济环境和制度，整个国家的宏观环境与制度可以影响产业集群的产生与成长；文化传统与基础条件构成产业集群发展的基础；特殊的干预包括各种金融与非金融服务等。②中观条件：成功取决于能否提供专业化的投入因子，包括人才、中间投入品以及更多的企业等；能否提供公共品服务；能否提供高质量、高效率的信息服务等。③微观条件：产业集群内部的信任、制度等因素对产业集群发展影响越来越大；产业集群的产品质量、市场营销可以通过互补性而得到提高；产业集群有一个良好的竞争环境；产业集群内企业善于学习并持续创新有利于产业集群的发展壮大等。

谯薇，江文清，宗文哲（2003）认为中小企业集群的形成动因包括：①交易成本优势；②外部经济优势；③创新优势，包括创新资源的易得性和根植性；④产业集群整体品牌优势；⑤金融贷款优势等。

郑胜利（2004）认为产业集群的形成是一定区域的历史与现实、内生与外生、主观与客观等一系列相互交错因素综合作用的结果，并分析了内生式产业集群、外生式产业集群与高科技产业集群的形成。

2. 产业集群竞争优势的研究

到目前为止，有关产业集群竞争优势的解释可以归纳为以下四种观点：

（1）要素观点

美国经济学家波特是研究产业集群竞争理论的集大成者。他运用产业组织等相关理论构建了钻石模型，如图 1 - 1 所示。波特认为，产业集群的竞争优势取决于四个相互关联的因素：企业战略、结构和竞争者；需求状况；相关的支持产业；要素状况，包括气候条件、劳动力供给和技术供应、薪资水平及生活费用、税收、研究机构等。这四个要素相互作用，加上机会和政府支持的作用，构成了产业集群的竞争优势。

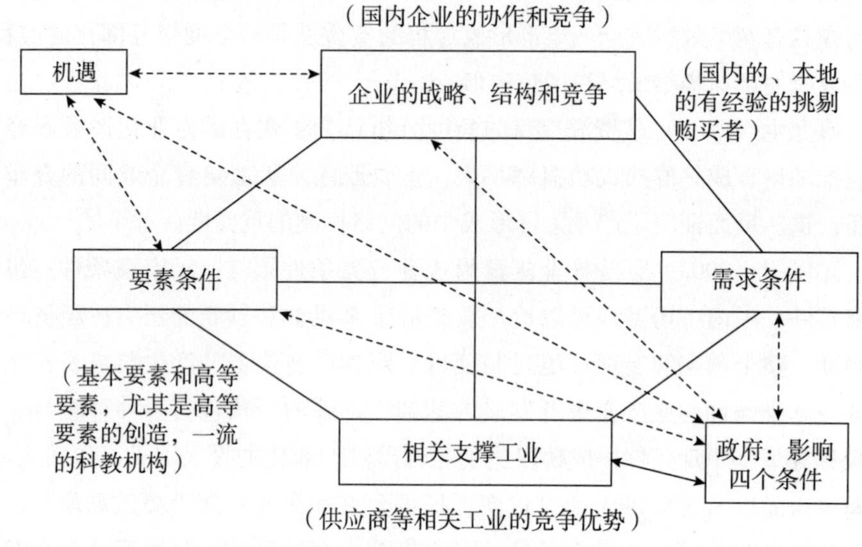

图 1－1　波特的“钻石”模型

魏守华和石碧华（2002）从直接经济要素和非直接经济要素两个方面分析产业集群的竞争优势。前者包括生产成本优势、基于质量基础的产品差异化优势、区域营销优势和市场竞争优势四个方面；后者体现在区域创新能力上。

樊圣君、张旭亮和张振宇（2001）认为，产业集群独特的竞争优势是平等、开放、创新的社会资本，它主要由三个部分组成：基于自由选择的平等自由宽松的工作环境、开放的信息交流环境和创新的文化环境。

郑胜利、周丽群和朱有国（2004）认为产业集群的竞争优势可以概括为资源获取、市场效率、创新创业和市场扩张四个方面。

傅京燕（2003）分析了产业集群竞争优势不再是传统的基于成本的自然禀赋等外生因素，而是区域内因集聚、竞争、合作、创新和“干中学”而产生的动态内生因素作用。

李新春（2002）突出“企业家要素（包括地方政府和企业家的企业家精神）”，将波特的“钻石模型”扩展为以企业家协调为核心的产业集群竞争优势“新钻石模型”。

（2）内部关联观点

英国学者施密特兹（H. Schmitz，1995）认为产业集群的竞争优势不是较低的资源价格，而是更深层次的集体效率（Collective Efficiency），即企业通过集聚而获得的单个企业所不能得到的益处，是外部经济和联合行动形成的竞争优势。英国学者奈德伍（K. Nadiv，1999）将它们分别称为“被动的”集体效率，即通过集聚而自动获得的优势和“主动的”集体效率，即通过有意识的联合行动如集体采购、集体营销、集体谈判、游说政府等获得的优势。

Ahuja（2000）认为产业集群内企业间存在生产、市场、技术、采购、基础设施等方面的关联，同时存在基于声誉、友谊、相互依存和利他行为的竞合关系，因此产业集群是拥有经济属性、社会属性和自学习属性的网络组织。Tracey（2003）认为产业集群网络的功能差异化程度、网络密度、网络凝聚力、网络集中化和网络基础设施质量等构成了产业集群的竞争优势。

Manuel 认为产业集群竞争优势是企业、集群和国家三个层面竞争优势的综合。企业层面竞争优势源自于所有企业及其之间的关系作用；集群层面来自于产业集群的自组织管理、联合行动、相互信任、经济外部性等的作用；国家层面来自于产业集群所能利用的宏观经济、政府支持行为、政策体系等的作用。Stamer（2003）将产业集群竞争优势扩展为四个层次：微观层次、中观层次、宏观层次和兆观层次。前三个层次的竞争优势与 Manuel 的划分类似，而兆观层次的竞争优势主要表现在产业集群面对全球竞争的区域品牌、应对外部竞争等方面的竞争优势。

北京大学王缉慈（2001）教授在《创新的空间——企业集聚与区域发展》一书中对产业集群空间集聚优势进行了比较详细的说明。她从三个不同的角度加以分析：首先从纯经济角度，主要着力于外部规模经济和外部范围经济，认为不同企业分享公共基础设施并伴随垂直一体化利润，大大降低了生产成本，形成产业集群价格竞争的基础；其次从社会学角度，主要从降低交易费用角度，认为建立在共同产业文化背景下的人与人之间信任基础上的经济网络关系，可以维持老顾客，吸收新顾客和生产者前来；最后从技术经济角度，研究产业集群如何促进知识与技术的创新和扩散，实现产业和产品创新。

仇保兴（1999）在《小企业集群研究》一书中提到："小企业集群就是一群自主独立又相互关联的小企业依据专业化分工和协作建立起来的组织，这种组织的结构介于纯市场和层级两种组织之间，它比市场稳定，比层级组织灵活。借助于这种特殊组织结构，小企业之间建立长久的交易关系而且不一定需要以契约来维持，而主要通过信任和承诺来进行协作。因此，产业集群内的每个小企业都可以获得产业集群外的企业所没有的优势。"这种专业化分工的原则形成的既竞争又合作的小企业集群组织是大多数行业中小企业之所以存在和蓬勃发展的根源，是克服市场失灵的一种制度性安排，是组织本身从效率的角度或"生存能力"角度内生决定的，它降低了产业集群企业的"交易成本"、"外部化价格"和"内部化成本"，从而提高了企业的效率和市场竞争力。

符正平（2002）引入网络外部化（Network Externality）的概念来解释产业集群所具有的持续竞争优势。网络外部化即网络效应在吸引新企业进入产业集群和在产业集群孵化形成过程中起着重要作用。如果网络效应产生良性循环，则产业集群持续发展。

（3）能力观点

Lynn 和 Fulvia（2000）认为，产业集群竞争优势就是产业集群的能力，主要体现为产业集群的创新能力。

Pekka（2004）强调从产业集群提高生产率和创新绩效、发挥正的专业化效应、推动正的外部性和知识溢出、增强企业间协同作用、占有全球市场份额等五个方面的能力来理解产业集群竞争优势。

蔡宁和吴结兵（2002）从资源的结构性整合角度探讨产业集群的竞争优势，认为产业集群的竞争优势来源于所拥有的资源禀赋及其资源整合能力。

陈剑锋（2003）从基于知识的产业集群能力角度，解释产业集群的竞争优势，认为产业集群不可比拟的竞争优势的源泉在于其知识的空间根植性。产业集群知识存量和知识增量决定产业集群能力的大小。

张辉（2003）认为产业集群竞争优势就是两种能力：学习效用和区域资源利用能力以及对不利于产业集群发展的诸多因素的经济规避能力。

鲁开垠（2004）用产业集群核心能力解释产业集群的兴衰成败，认为产生集群核心能力由学习能力、知识积累、创新能力、组织惯例和社会资本有机结合构成。

（4）外部联系观点

20 世纪末，地理学家、区域科学学家开始关注产业集群的外部联系、产业集群间的互动、全球价值链治理等“外生成长因素”对产业集群发展的影响（Pyke and Sengenberger，1996；Humphrey and Schmitz，2000）。研究的内容主要分为两个方面：全球价值链的治理和产业升级问题；选取有效的案例做实证研究以不断完善和拓展理论体系（张辉，2004）。

全球价值链分析框架。全球价值链理论是一个融微观和宏观两个视角来重新审视全球化下经济发展的新兴理论，该理论已成为研究产业集群升级发展的重要分析工具。Dicken（2001）、Gereffi（1994）和 Scott（2002）分别用全球生产网络（GPN）、全球商品链（GCC）和全球价值链（GVC）这些不同的理论分析框架，研究地方经济和全球经济的相互联系，并把价值分析方法嵌入区域经济发展的研究框架当中（见下表）（文嫮，2005）。他们都强调产业集群不能封闭发展，必须融入全球产业网络以实现持续的发展（Dicken，2001；Gereffi，2001；Ernst，2001）。Humphrey（2002）、Schmitz（2000）和 Wood（2001）等学者延用了波特价值链的概念，相继使用全球价值链为分析工具，分析产业集群在全球竞争中出现的不同命运，研究产业集群的发展前景（文嫮，2005）。

GCC、GPN 和 GVC 研究框架的对比

分析工具	全球商品链（GCC）	全球生产网络（GPN）	全球价值链（GVC）
价值分析	透过广泛相关的产业连接或者整合，可以增加产品附加价值	涉及研发、设计、生产、营销、服务等，从厂商生产机能的网络角度研究网络的全球和区域运营	各环节如研发、设计、生产、营销、服务等相互关系
地理空间尺度	以不同企业规模来分析生产和销售的不同空间尺度集聚和分散现象，并加以解释	地域嵌入性和网络嵌入性的特点，以及对全球生产网络的作用	价值链中投入产出的价值增加活动，每个环节价值增加的过程

续 表

分析工具	全球商品链（GCC）	全球生产网络（GPN）	全球价值链（GVC）
制度结构	区域、国家的制度如何塑造全球商品链每阶段的全球化过程	政府和非政府的机构、制度如何影响全球生产网络内公司的运营	国内和国际的体制背景（包括政策法规、正式和非正式的游戏规则等），在各个节点上会对价值链产生影响
权力支配结构	在此链中厂商间地位的不同，如何决定资源或要素在全球的流动	从网络中讨论企业间的权力关系、权力来源、企业权力、制度权力、集体组织的权力、权力变化	行为主体在价值链中的权力分布，规则制定、规则监督、规则实施

全球价值链治理与产业集群升级。价值链治理研究是产业集群升级研究的焦点。杰瑞菲（2002）定义的价值链治理是价值链中权力拥有者协调和组织分散于各地的价值创造活动。Gereffi（1994）分析了价值链治理的类型，按照价值链条驱动力的不同分为生产者驱动的价值链（Producer - driven Value Chain）和购买者驱动的价值链（Buyer - driven Value Chain）；并探讨了不同类型价值链治理对产业集群升级所产生的影响。Humphrey 和 Schmitz（2002）把全球价值链治理模式分为三种：网络、准层级和层级。

全球价值链治理与产业集群升级的实证研究。从全球价值链视角研究产业集群升级的一个基本逻辑就是升级层次及前景与嵌入不同类型的全球价值链有关，不同的全球价值链治理模式对于发展中国家的制造商（或供应商）就有不同的升级含义（张向阳和朱有为，2005）。

Gerhard（2003）和 Roberta Rabellotti（2003）从不同产业类别入手，对欧洲、南亚、拉丁美洲的汽车、塑料、制鞋、医疗器械、服装等产业集群进行了实证研究。以产业特征和产业集群所嵌入的全球价值链治理类型为基础，来分析产业集群的升级或降级表现，并从中总结出产业集群发展的经验和教训。

文婷、曾刚（2005）以处于生产者驱动型全球价值链中的上海浦东信息产业集群作为研究对象，分析了全球 IDM 公司的治理行为对浦东 IC 产业集群升级的影响。在此基础上，他们提出，价值链治理者——全球领先公司对产业集群的推动或阻挡，决定于产业集群的升级行为是否侵犯了其核心权益，而不是国际相关研究所作出的决定于升级行为“种类”的结论。因此，他们的研究成果是对国际研究的补充和修正。

3. 产业集群衰退的研究

学者们在正面肯定和褒扬产业集群带来的区域经济发展的同时，也渐渐发现产业集群在其形成以及发展的过程中滋生着危险与不稳定性，而由此产生的潜在负面影响最终会成为导致产业集群走向衰退的原因。他们从不同的研究视角，基于不同的研究方法，对产业集群衰退的原因采用了不同的表述形式，这些表述可以概括为内部因素导致的集群衰退和外部因素导致的集群衰退。

（1）内部因素导致的集群衰退

马歇尔（1997）在《经济学原理》中指出，当产业集群内企业数量超过一定限定，并且产生“搭便车”的惰性思想时，会削弱产业集群的创新能力，使得产业集群在低水平的生产中徘徊不前。Pouder，Richard 和 St John Caron（1996）认为当产业集群内企业把他们的竞争范围仅仅确定为他们所属的集群，产业集群会产生竞争性“盲点”。产业集群当中最初的集聚经济、制度力量、管理者心智等会随着时间的变迁，而成为抑制创新的类同氛围（Homogeneous Macroculture），产业集群内的企业会由于群体思维惯性而受到损害，产业集群会逐渐僵化、失去弹性。

波特（Michael E. Porter，1998）指出，“产业进化过程中隐含丧失竞争优势的风险”，即产业集群也可能衰退和失败。产业集群的衰退和失败有的源自产业集群成员僵化的集体思考模式；有的源自产业集群内的资产——市场信息、雇员技能、科技专长和供应商基地——可能会变得与产业集群毫不相干；有的源自内部创新机制的僵化，如缺乏弹性的法规、企业过度合并形成卡特尔或其他机构妨碍竞争的做法等。

奥地利区域经济学家 Tichy（1998）借助弗农的“产品生命周期”理论提出区域产品周期理论（Regional Product Cycle），并将产业集群生命周期划分为四个时期：形成期（The Formative Phase）、成长期（The Growth Phase）、成熟期（The Maturity Phase）和衰退期（The Recession Phase），并分析了相应的结构性风险（Structural Risk）——一个区域过于依赖一个产业集群的长期后果（随着某个产业或产品走向衰退，可能拖垮整个区域经济）。他认为产业集群越成功，就越会因为自增强机制而更加专业化，排斥其他不相匹配的资源。从而致使产业集群知识过于狭窄，创新能力衰退，甚至带来整个区域经济的没落。

Markusen（1996）与 Tichy 的观点相似。她认为产业集群内部专业化程度的提高会带来更大的风险，即产业集群越成功，则越倾向于发展成一个封闭的系统，进而逐步丧失应付市场变化的能力，导致产业集群败落的潜在风险不断积聚，产业集群竞争力不断下降，最终导致产业集群僵化，失去活力，阻止必要的外界新信息的流入和传播。

Abrahamson 等学者从网络特性分析产业集群衰退的原因。Abrahamson 和 Fombrun（1994）认为相互依赖在最初阶段是力量源泉，但由于环境动荡可能成为产业集群僵化、失去弹性的根源。瑞典的哈堪森（Hakansson）认为，产业集群内网络根植在共同的文化氛围（Macroculture）中，在产业集群形成阶段是促进创新的要素，但也可能导致“区域锁定”（Regional Lock – in），阻碍产业集群的持续发展。按照 Olson 的观点，“区域锁定”的形成——促进产业集群形成的重要的制度和实践——就常常是社会和文化意义上的，集中于自我保护（Self – preservation）和自我增强（Self – aggrandizement），最终产生对区域进步不利的僵化风险（Sclerotic Risk），而不是促进区域进步的活力源泉（E. M. Bergman，2002）。

蔡宁、杨闩柱和吴结兵（2003）分析了产业集群的网络性风险，认为产业集群中企业间的网络关系是产业集群的本质特征，是在最初阶段产生竞争优势的源泉，但由于环境动荡可能成为产业集群僵化、失去弹性的根源，继而产业集群中企业与非产业集群中的竞争对手相比对外界动荡的反应能力变得缓慢。在总结和借鉴国外学者研究成果的基础上，他们认为产业集群风险有结构性风险、周期性风险和网络性风险，并且三者之间存在着相互增强的机制，最终可能会导致产业集群的失败。

吴晓波和耿帅（2003）借鉴植物学术语，提出了自稔性风险，“自稔性”是指植物的自花结实性，是指产业集群借以产生优势的自身特性，同时也是削弱产业集群适应外部环境变化的能力，最终成为产业集群走向衰退的根本性原因。同时，他们还分析了产业集群产生自稔性风险的原因，阐明了产业集群自稔性风险与结构性风险和周期性风险之间的关系。

杨峰、杨文选和李卫锋（2005）从技术风险与制度风险两个方面分析了产业集群衰退原因。

雷如桥和陈继祥（2004）认为产业集群存在一种由于信息不对称而形成的柠檬市场风险。

刘芹和陈继祥（2004）从产业集群品牌的新视角研究产业集群风险，认为产业集群网络内部的企业追求短期利益的机会主义行为以及“搭便车”行为都可能是破坏产业集群网络力量的重要原因，并给产业集群整体利益带来威胁。当产业集群成为品牌时，会形成产业集群品牌风险。

陈金波（2005）在生态学理论的基础上，采用生物学类比研究方法，系统研究了近交衰退风险即整个产业集群普遍陷入低效状态，整体上应对市场环境变化的能力弱化；和传染病风险即产业集群中违背法律、社会基本道德规范的企业不良行为对产业集群产生十分严重的危害。

（2）外部因素导致的集群衰退

以波特（2003）为代表的战略管理学家认为，产业集群产生后就处于动态演化中，外部环境持续发展，例如技术中断、消费者需求改变等，形成对产业集群生命力和创新的外部威胁而失去竞争力。

丹麦学者 Bent Dalum（2006）等在波特技术间断论基础上以北欧的无线通信工具产业集群为例研究了技术生命周期如何使得区域产业集群发展面临崩溃的危险（Disruption）。他认为每种技术都有自身的产生、成长、成熟、衰败的周期，全球的技术进步、技术的更替会对使用某项技术的产业集群带来致命的打击。

经济学家 O. M. Fritz（1998）在 Tichy 研究基础上，从区域、国家甚至全球性的经济波动出发，分析了经济周期对产业集群发展的影响，其影响甚至大到能使产业集群走向衰退——周期性风险（Cyclical Risk）。他认为，产业集群风险大体可归纳为结构性风险和周期性风险，并认为结构性风险是产业集群走向衰退的根本性原因，周期性风险则是产业集群走向衰退的诱发性因素。

蔡秀玲和林竞君（2005）认为，嵌入性、网络和社会资本在为本地化生产带来信息、增强灵活性的同时，也对行为主体从观念到现实行动产生强大的外在约束。当产业集群外部技术条件发生改变时，路径依赖性也可能引发产业集群的各种锁定效应，导致产业集群衰退甚至灭亡。

4. 我国欠发达地区产业集群的研究

(1) 产业集群对我国欠发达地区跨越式发展的意义

帅宁和尹继东(2005)指出,产业集群作为区域产业组织的一种重要形式,具有强化区域经济优势,促进区域经济结构调整与升级,并形成良性循环,促进区域产业间的关联性和互补性的作用,所以,产业集群是地区经济发展尤其是欠发达地区实现跨越式发展的重要途径。

华兴顺(2004)认为集聚经济对中西部经济发展的重要意义主要体现在四个方面:能够发挥区域优势,形成专业分工,创立区域品牌,提升区域竞争力;能够促进中小企业的快速成长;能够创造良好的投资环境,有利于招商引资和对外开放;能够激发创新意识,增强区域创新能力。

魏守华、邵东涛和王缉慈(2002)认为,产业集群战略对指导西部大开发具有很大的现实意义,能够提高企业竞争力,促进集群内产业的持续发展和有效带动区域经济的发展。

(2) 政府在我国欠发达地区产业集群发展中的作用

吴晓军(2003)认为在产业集群的产生和成长过程中,政府作为制度的提供者扮演着十分重要的角色,尤其是随着产业集群对提高区域竞争力内在机制认识的提高,地方政府在创立产业聚集平台,合理确定产业集群发展目标定位,提供公共产品和服务,营造区域创新环境,塑造信任、合作的社会文化环境等方面发挥越来越重要的作用。

郭勇、罗波阳和朱有志(2005)通过对陈家坊服装产业集群案例分析,说明政府在产业集聚成长中具有不可替代的重要作用。政府行为影响着产业集聚的发展方向,政府的有效支持是产业集聚成长的重要力量。

(3) 我国欠发达地区发展产业集群的对策

李琳(2003)着重考虑了西部地区产业集群的形成,提出加快市场化改革步伐,推进国有大型企业组织结构调整,着力培植特色产业群以及发挥政府在产业集群形成中的引导作用等,是推进西部产业集群形成与发展的主要对策措施。

张悟移(2003)采用"钻石模型"研究分析了云南省扶持产业集群区域发展的模式:确定省级经济的产业集群,在政府的主导下对其发展需要的钻石模型各要素进行完善,建立产业的供应链体系,并把自身的资源优势转化为切实的经济优势,提出了实现产业集群的具体步骤。

袁莉和朱泽山（2002）运用区域经济的理论和方法，对我国西部地区社会和经济发展现状及新矛盾进行了分析，提出了以形成和增强西部聚集效应为核心的培育西部竞争优势的新思路。

1.3.2 国内外研究现状评述

产业集群研究成果主要是对发达国家和地区发育比较成熟的产业集群的研究，其理论对欠发达地区有一定的借鉴意义。

（1）关于产业集群形成机理的研究，学者们从外部经济、聚集经济以及形成条件、形成动因等方面进行的分析，并不能完全满足欠发达地区产业集群发展的需要。

（2）关于产业集群竞争优势和衰退问题的研究，基本上停留于产业集群竞争优势和衰退的现象层面，或是某一方面原因的分析，而对其根本原因没有深入研究，不能为我国欠发达地区产业集群发展提供根本性的借鉴。

（3）关于产业集群模式是我国欠发达地区实现跨越式发展的有效途径这一理念已达成共识，但对于我国欠发达地区发展产业集群的现状、机制、创新系统、模式和对策等问题研究不足。

（4）现有的我国欠发达地区产业集群化研究，多是个案分析，尤其是西部某些省市，缺乏具有普遍指导意义的系统分析和解释。

1.4 研究内容、技术路线及方法

1.4.1 研究内容

本书对我国欠发达地区产业集群的发展进行的探讨包括以下九个方面的内容。

（1）绪论。主要表明本书研究的起因、价值、方法，对与研究内容有关的文献进行了综述。在文献综述中介绍了国内外学者对产业集群发展中存在主要问题的论述，这部分将是研究我国欠发达地区产业集群发展的最好借鉴；介绍了关于我国欠发达地区产业集群发展的研究现状，其中研究不足之处将是本书研究的起点和主要内容。

（2）相关概念和理论基础。首先对我国欠发达地区的范围和产业集群概念进行了界定。然后详细介绍了欠发达地区经济发展的相关理论，包括增长极理论、梯度推移理论和中心边缘理论；产业集群理论，包括产业集聚理论、网络组织理论和新产业区理论，为研究我国欠发达地区产业集群的发展提供了理论基础。

（3）我国欠发达地区产业集群发展状况及战略选择。在分析我国欠发达地区经济发展劣势与产业集群优势的基础上，建立产业集群优势与欠发达地区劣势耦合模型，证明产业集群是欠发达地区实现跨越式发展的有效途径。阐述了我国欠发达地区产业集群发展的历史沿革、发展现状及存在的主要问题，进一步明晰我国欠发达地区产业集群的发展状况。运用 SWOT 分析方法，对我国欠发达地区产业集群的发展战略进行选择，在此基础上，提出本书所要研究的主要问题，即如何根据我国欠发达地区产业集群发展实际，形成一套有效的发展机制，培育一个完善的区域创新系统，选择一种合适的发展模式。

（4）我国欠发达地区产业集群形成和发展机制。对产业集群衰退根本原因和竞争优势来源的现有文献进行分析，得出以下值得欠发达地区发展产业集群借鉴的重要结论：网络关系的发育状况决定了产业集群的成功与衰退，产业集群通过网络关系才能体现出高于单个企业的竞争优势。运用产业集群网络观点，分析了我国欠发达地区产业集群形成条件和机制、发展的动力机制，构建了我国欠发达地区产业集群发展的动力机制四维模型和演化模型。

（5）我国欠发达地区产业集群发展的区域创新系统。在明确产业集群的本质即区域创新系统以及区域创新系统基本结构和功能的基础上，进一步分析了我国欠发达地区产业集群区域创新系统的结构与功能。重点研究了实现区域创新系统功能即提升我国欠发达地区产业集群创新能力的途径。分析了我国欠发达地区产业集群创新能力驱动要素，包括企业创新能力、集群知识、网络能力和创新环境，并构建了评价指标体系和评价模型。

（6）我国欠发达地区产业集群的发展模式。依据我国欠发达地区产业集群发展模式多样性的原则，构建了基于小城镇建设、基于工业园区发展、基于龙头企业网络、基于 FDI 的各种产业集群发展模式，以及这些模式与我国欠发达地区产业集群发展的关系，并指出我国欠发达地区利用这些模式发展产业集群的方式以及应注意的问题。

(7) 我国欠发达地区产业集群发展的对策建议。针对我国欠发达地区产业集群发展中存在的问题，提出解决的对策思路。首先，要提高欠发达地区产业集群发展的应变能力及规避集群风险的能力，包括重新审视低成本竞争战略、关注动态环境的变化和克服集群“锁定”。其次，重点分析了我国欠发达地区产业集群发展的网络建设，一方面，加强基于产业链的专业化分工与合作，加强基于社会资本的社会联系，从而完善内部网络；另一方面，加强弱联系，保持网络的开放性，融入全球价值链，实现网络升级，从而完善外部网络。并运用复杂适应系统（CAS）理论分析了我国欠发达地区产业集群内外网络融合的必要性。同时，提出要加强集群创新系统主体建设，培育良好的区域创新环境，充分发挥政府的宏观调控作用等。

(8) 黑龙江省奶业集群发展的实证研究。黑龙江省是我国最大的奶牛养殖基地，也是我国乳制品企业最为集中的地区，又由于奶业产业链长，延伸范围广，且具有较强的关联度，黑龙江奶业集群已经初步建立起来。本节分析了黑龙江奶业集群的基本概况，即黑龙江奶业集群发展的资源条件以及产业集群发展的两个基本特性——地理临近性和关系临近性，并对黑龙江奶业集群进行了 SWOT 分析和评价，明确了黑龙江奶业集群发展的机会、威胁、优势和劣势。根据劣势产生的原因，确定黑龙江奶业集群发展的重点体现在两个方面：一是加强产业集群的网络联系；二是培育产业集群创新系统。

(9) 黑龙江省医药产业集群发展的实证研究。在对黑龙江省医药产业集群发展一般现状描述的基础上，分析了黑龙江省医药特色产业集群发展中存在的问题，特别分析了黑龙江省医药特色产业集群发展的优势和产业特色，提出了黑龙江省医药产业集群发展战略，提出了黑龙江省医药产业集群发展的外部支撑体系，并提出了黑龙江省医药产业集群发展的对策：加速产业集群的空间集聚，促进产业链条的延伸；培育自主创新能力，推动产业的技术跨越式发展；强化公共服务平台建设，建立符合产业的服务体系。

最后，得出了本书相应的研究结论。

1.4.2 技术路线

本书研究采用的技术路线如图 1-2 所示。

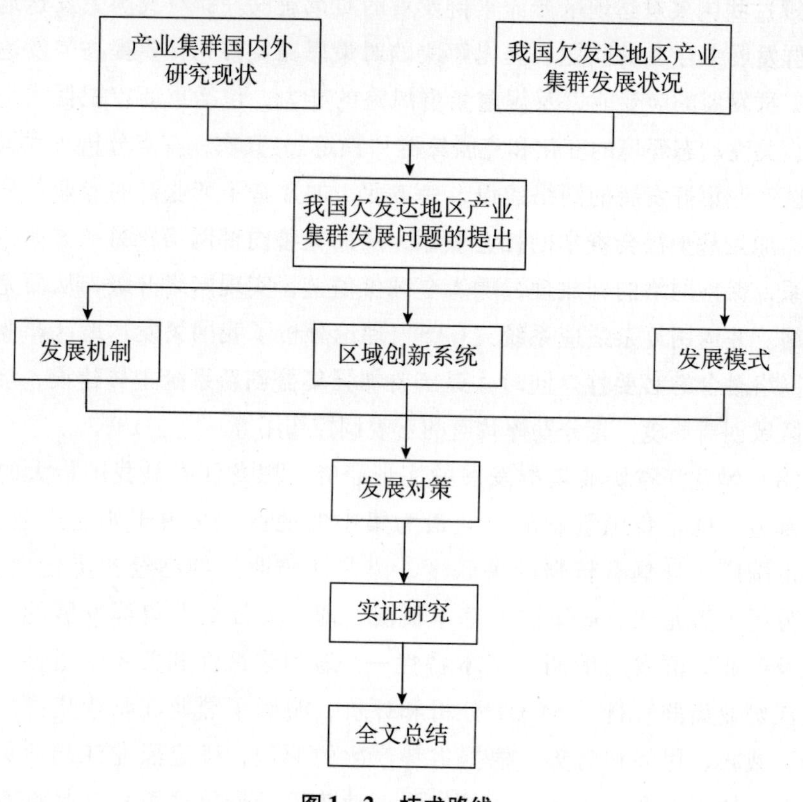

图1－2　技术路线

1.4.3　研究方法

（1）规范分析与实证分析相结合。通过规范分析，本书指出了我国欠发达地区产业集群发展的动力机制、创新系统建设和发展模式。在此基础上，通过案例分析，获得实证研究的数据，力争以翔实的第一手资料，为本书的研究提供依据和验证。

（2）SWOT 分析方法。把 SWOT 分析运用到区域产业经济的研究中，详细地分析了我国欠发达地区产业集群发展的内外部条件和环境，从而明确了集群发展的优势与劣势、机会与威胁，为本书进一步研究提供了依据，提出了问题。

（3）网络分析方法。与新经济社会学相联系的社会网络分析方法已经从一种具体的研究方法拓展为一种理论框架，用来研究行为者彼此之间的关系，以发现这些关系对组织的影响。网络分析有两种传统，一是把其视为研究对象；二是把其视为分析工具。本书把两者结合起来，运用网络工具分析集群网络。应用网络密度和联系强度的分析探究网络能力对集群创新能力的影响。社会网络角度的分析与经济学中集聚效应、外部效应分析可以互为补充。

（4）系统分析方法。将产业集群看做是一个复杂系统，该系统包括内部主体自组织和内外部主体间相互关系。运用系统科学相关理论研究产业集群的形成和发展，并且运用了作为第三代系统观的复杂适应系统理论，突破了把系统元素看成“死”的、被动的对象的观念，引进具有适应能力的主体概念，从主体和环境的互动作用去认识和描述系统行为。这一理论为全面系统地分析我国欠发达地区产业集群发展的路径提供了有效的工具。

2 相关概念及理论基础

国内外学者对欠发达地区和产业集群概念的理解见仁见智，根据研究的需要，本章首先对这两个主要概念加以分析、界定。然后，从欠发达地区经济发展理论、产业集群理论两个方面阐述本书的理论基础。

2.1 相关概念界定

区域经济是国民经济的基本板块。改革开放以来，我国区域经济格局由于起点、条件和发展路径不同而发生了显著变化，地区间的差距日趋扩大。在全面建设小康社会的进程中，欠发达地区越来越受到关注，对其发展道路的研究成为一项十分重要而又紧迫的课题。

2.1.1 我国欠发达地区的界定

欠发达地区，是指受历史、区位、资源、观念等条件的限制和不平衡发展战略的影响，相对发达地区而言在经济和社会的发展水平上有着较大差距，但经济和社会发展又具有较大潜力，资源较为丰富，生态环境尚未遭到严重破坏，随着改革的深入、制度的创新、社会的发展，在新一轮经济增长中有可能实现高速发展的区域（吴晓军，2003）。

对欠发达地区概念的理解，需要注意以下几个方面：

（1）欠发达地区的概念具有相对性。欠发达是相对于发达而言，发达是发展的典型状态，用英文表达是 developed；欠发达是指发展不良，用英文表达是 less - developed。在同一时间的不同空间范围以及在同一空间的不同时间范围内，如果参照系不同，所确定的欠发达地区的结果会不一样。比如，相对于欧洲、北美洲等发达区域，我国属于欠发达地区，而我国广东、浙江等东部沿海地区又是我国经济社会相对发达的地区。

（2）欠发达地区的概念具有动态性。随着时间的推移和发展绩效的变化，以前的欠发达地区可能提升为发达地区。因为每个地区都曾经一度是欠发达的，那些现在认为是发达的地区，在历史上都曾经历过一个加速积累的艰苦过程。比如，浙江省义乌市 1988 年人均 GDP1400 元，为浙江人均 GDP 的 82%，属欠发达地区；1995 年人均 GDP 上升到 14105 元，为浙江人均 GDP 的 1.75 倍，迅速跻身发达县市行列；2005 年人均 GDP 上升到 43100 元，综合实力居全国百强县市第 17 位（吴晓军，2004）；2009 年人均 GDP 为 10460 美元，首次突破 1 万美元，成为浙中地区首个达到“中等发达国家标准”的城市。再比如，1980 年，江西人均 GDP 相当于福建的 97.7%、浙江的 72.8%、广东的 72.3%、江苏的 63.2%，到 2005 年，江西人均 GDP 仅为福建的 50.5%、浙江的 33.9%、广东的 38.5%、江苏的 38.4%；2009 年人均 GDP 排在全国的第 22 位。

（3）欠发达地区的概念隐含着尚未开发的潜力。英国著名区域经济学家琼·罗宾逊认为，欠发达经济是不满足于现在的经济状态而要求发展的那些经济。欠发达地区有发展的意识，虽然它们与发达地区存在着较大的现实差距，但它们在资源、环境等方面具有进一步发展的优势。欠发达地区的概念不完全等同于贫困地区。

以什么标准和指标来划分欠发达地区，这是一个世界性难题。区域科学创始人瓦尔特·艾萨德教授通过运用区域投入产出表对美国密西西比州和拥有 8 个县的费城都市区域的研究，得出的结论是可以用人均收入划分欠发达地区。美国经济学家迈克尔·P. 托达罗（1994）对于欠发达地区的实质和内涵用图解结构进行了描述，认为欠发达地区的实质表现为三个方面：数量和实质上都十分低下的生活水平；缺乏自我尊重（个性、尊严、尊敬、敬意）；非常有限的自由。同时，他认为欠发达地区在经济上的表现就是：低下的收入水平；低下的劳动生产率；高失业和就业不足。托达罗的这些描述在国际学术界有较强的代表性，可以用来衡量一个地区是否属于欠发达地区。

在我国，区域发展水平划分主要有两种方法。一是地理划分法，即按地理位置将全国划分为几大区域，最具综合性和权威性的划分是“七五”计划把我国化分为三大地带（表 2－1）。二是经济分类方法。例如，胡鞍钢（1995）按人均 GDP 将全国分为低收入、下中等收入、上中等收入以及高收入四类区域。中国社科院李长明研究员根据人均国民收入、各区域城镇居民家庭平均每人可支配收入和各区域农民家庭平均每人纯收入三项经济指标，以人均国民收入为主，把我国化分为比较发达区域、中等发达区域和发展中区域。

表 2-1　全国三大地带情况表

	范　围
东部沿海地带	辽宁、河北、天津、北京、山东、江苏、上海、广东、福建、浙江、海南、广西
中部地带	黑龙江、吉林、内蒙古、山西、安徽、江西、湖南、湖北、河南
西部地带	新疆、西藏、宁夏、甘肃、青海、陕西、贵州、四川、云南

资料来源："七五"计划。

欠发达地区是一个综合经济学范畴和社会学范畴的概念，它既指经济发展水平落后，也指教育文化等各项社会事业的滞后。仅仅用人均 GDP 一个指标来评判发达地区、欠发达地区和贫困地区是不全面的，应该构建一套相对完整的包括经济和社会发展的指标体系。考虑到本书研究重点是欠发达地区的集群化发展问题，不在于欠发达地区的系统划分。因此，将我国欠发达地区界定在中西部地区这一范围，包括中部的山西、吉林、黑龙江、安徽、江西、河南、湖北、湖南 8 省，西部的重庆、四川、贵州、云南、西藏、陕西、甘肃、青海、宁夏、新疆、内蒙古、广西 12 省区市（表 2-2）。理由如下：

表 2-2　我国欠发达地区情况表

欠发达地区	范　围	土地面积占全国比例（%）	人口占全国比例（%）	国民生产总值占全国比例（%）
中部地区	山西、吉林、黑龙江、安徽、江西、河南、湖北、湖南 8 省	10.7	31.46	25.39
西部地区	重庆、四川、贵州、云南、西藏、陕西、甘肃、青海、宁夏、新疆、内蒙古、广西 12 省区市	71.5	27.51	19.67

资料来源：《中国统计年鉴 2010》。

第一，按照国家发改委发布的信息，老少边穷地区多位于经济发展落后的中西部山区和丘陵地区。

老区：指在第二次国内革命战争和解放战争时期，在中国共产党领导下创立的革命根据地，它们所在的县即为老区县。全国共有241个老区县，分布在17个省区市，其中78%集中于福建、江西、湖北、湖南、四川和陕西6省。

少数民族自治地区：我国共有民族自治地方155个，其中自治区5个，自治州30个，自治县（旗）120个。在全部民族自治地方中，共有县、旗、市639个。除5个民族自治区外，民族自治县比较集中的有四川、贵州、云南、甘肃和青海5省。

边区：指沿陆地国境线的县级行政区划单位。新疆建设兵团56个边境团场未在统计范围内，陆地边境县共计134个，主要集中在吉林、黑龙江、云南、内蒙古、西藏、新疆和广西自治区。

穷区：国家统计局农调总队的“县（市）社会经济综合发展指数研究”，从发展水平、发展活力、发展潜力三个方面出发，计算出了每个县的综合发展指数。以综合发展指数位列后20%的县作为中国县（市）社会经济发展的“穷”区，主要位于老、少、边区。

第二，胡鞍钢采用的经济分类法中，从地域分类与人均收入水平分组比较看，低收入组有5个省区位于西部，5个省区位于中部；下中等收入组有3个省区位于西部，4个省区位于中部，2个省区位于东部；上中等收入组有1个省区位于西部，1个省区位于中部，4个省区位于东部；高收入组5个省市均位于东部。由此可见，由低收入组和下中等收入组构成的欠发达地区大部分省区位于中西部地区，而上中等收入组和高收入组大部分省区位于东部地区。

2.1.2 产业集群概念的界定

随着产业集群的发展，其对经济发展的重大意义得到了国际上学界、商界和政界的空前重视。关于产业集群的称谓在各国的区域研究文献和政府文件中说法不一，例如，产业区（Industrial Districts）、产业集群（Industrial Clusters）等，详细内容如表2-3（Edward M. Bergman and Edward J. Feser，1999）所示。

表 2-3　　产业集群相关概念

概　念	提出者
产业区（Industrial Districts）	Alfred Marshall, 1890
发展成长极（Development and Growth Poles）	Francois Perroux, 1950
发展集团（Development Blocks）	Eric Dahmen
能力组合（Competence Blocks）	Eliasson, 1950
区域产业集群（Agglomerations/Regional Industry Cluster）	Enright, 1995
产业联合体（Industry Complexes）	Czamanski & Ablas, 1979
价值链产业集群（Value Chain Industry Cluster）	Czamanski & Ablas, 1979
产业集群（Industrial Cluster）	Porter, 1990
资源区（Resource Areas）	—
技术系统（Technological Systems）	Carisson & Stankiewicz, 1991

这些概念含义大同小异，都反映了企业在产业联系基础上所存在的地理组合现象，可以理解为一定的企业和机构聚集在一起所形成的紧密联系。目前，在称谓上比较统一于“产业集群”的概念。“产业集群”是波特于1990年在《国家竞争优势》一书中正式提出的。由于不同学者研究学科的不同，对产业集群的定义也有所不同，有代表性的定义如表 2-4 所示。

表 2-4　　产业集群的定义

学　者	定　义
M. Porter（1998）	在某一特定领域内互相联系的、在地理位置上集中的公司和机构的集合。产业集群包括一批对竞争起重要作用的、相互联系的产业和其他实体。产业集群经常向下延伸至销售渠道和客户，并从侧面扩展到辅助性产品的制造商，以及与技能技术或投入相关的产业公司。还包括提供专业化培训、教育、信息研究和技术支持的政府和其他机构
J. A. Theo, Rolelandt & Pim den Hertog（1998）	为了获取新的互补的技术、从互补资产和利用知识联盟中获得收益、加快学习过程、降低交易成本、克服或构筑市场壁垒、取得协作经济效益、分散创新风险，相互依赖性很强的企业（包括专业供应商）、知识生产机构（大学、研究机构和工程设计公司）、中介机构（经纪人和咨询顾问）和客户通过增值链相互联系形成的网络，这种网络就是产业集群

续 表

学 者	定 义
Rosenfeld（1997）	强调社会关系网络及企业间的合作对产业集群的活力所起的决定性作用。他认为产业集群是相似的、相关联的或互补的众多中小企业在一定地理范围内的聚集，有着通畅的销售渠道、积极的交流及对话，共享社会关系网络、劳动力市场和服务，共享市场机会及分担风险
Carbonara（2002）	在某一生产过程高度专业化并通过企业间网络整合成一个系统的中小企业在特定社会和文化地理区域的聚集。他强调了中小企业、特定区域、专业化分工、企业网络和社会文化因素
王缉慈（2201）	一组在地理上靠近的相互联系的公司和关联的机构，由于具有共性和互补性而联系在一起
徐康宁（2001）	相同的产业高度集中于某个特定地区的一种产业成长现象
张辉（2003）	集中于一定区域内特定产业的众多具有分工合作关系的不同规模等级的企业和与其发展有关的各种机构、组织等行为主体通过纵横交错的网络关系紧密联系在一起的空间聚集体，代表着介于市场和等级制之间的一种新的空间经济组织形式
吴德进（2004）	进一步分析了产业集群的组织性质，指出产业集群是介于等级制的企业组织和完全竞争的市场组织之间的中间性体制组织，比市场组织稳定、比科层组织灵活，在交易的不确定性、交易频率和资产专用性适中的环境中效率较高

由此可见，国内外学者对于产业集群现象的研究，主要集中在以下三个方面：经济学家往往希望通过外部经济、专业化分工、交易成本等理论或概念来解释产业集群的形成和发展机制；社会学家则强调非正式的社会关系网络和人际关系网络以及本地的社会文化环境对于区域经济发展的关键影响；地理学家则强调产业柔性专业化基础上的空间集聚对区域经济发展的作用，强调地理空间对产业集聚和发展过程的影响（吴向鹏，2003）。

现有产业集群概念的研究缺乏有效的整合，不能完全符合产业集群发展的实际要求。本书认为，产业集群是指在一定地理位置上集中的、相互联系的企业和机构通过一定的网络关系所组成的社会经济网络组织。它是一个集经济、社会和地理现象为一体的综合性概念。

产业集群是具有相对完整的部门结构的生产体系，包括生产部门及相关产业部门、辅助性部门、支持机构等，详细构成如图 2 -1 所示。

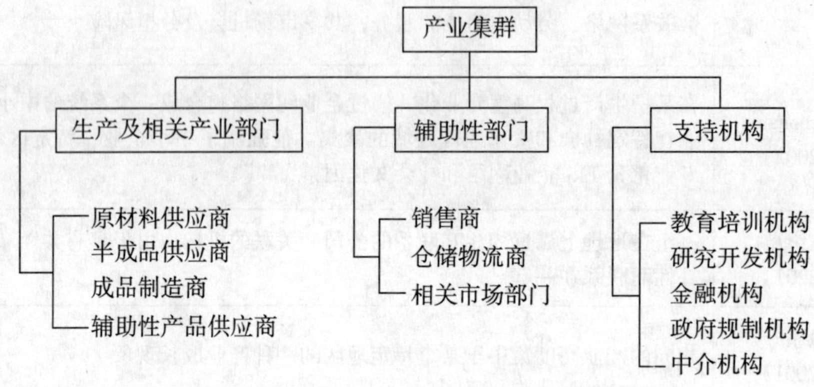

图 2 -1　产业集群部门结构

2.2　研究的相关理论基础

2.2.1　欠发达地区经济发展相关理论

1. 增长极理论

增长极的概念最早是由法国经济学家弗朗索瓦·佩鲁（Francqis Perroux）于 1955 年提出来的，它主要针对产业的非平衡发展。20 世纪 60 年代，法国地理学家布代维尔（J. T. Boudeville）和拉塞（J. R. Lasuen）把佩鲁的增长极概念扩展到内容更为广泛的区域范围，提出了区域增长极概念。该理论认为，增长极主要是通过集聚效应和扩散效应作用于区域经济。区域经济增长不是在各个地区普遍出现的，而是首先在一些区位条件较好、拥有独特资源禀赋的地区，由具有创新能力的主导产业部门率先发展起来。这些主导产业部门的发展带动了与之相关的部门的发展，形成很长的产业链，逐步形成区域经济的增长极。达到一定规模后，增长极开始通过不同的渠道向周围地区辐射和扩散，形成经济增长波，从而带动其他地区的发展。增长极要能对周围广大地区产生推动力，主要取决于三方面的因素：一是需要有主导工业和推进型企业；二是需要有适当的周围环境；三是需要一个高效畅通的区际增长传递机制。其中，推进型产业是构成增长极的核心，它取决于推进型企业的产业关联度、生产控制力、增长推动力和技术创新力的大小（图2－2）（保罗·克鲁格曼，2000）。

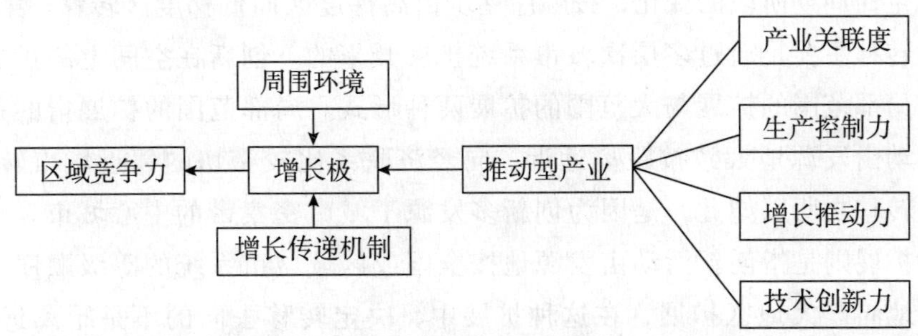

图2－2 增长极与区域竞争力之间的关系

区域增长极理论对于区域经济的非均衡发展具有重要的指导意义，许多国家把它作为制定欠发达地区经济发展政策的理论依据。对于欠发达地区而言，由于资金、技术、人才等资源的短缺，在全区范围内同时发展既没有现实基础，也不利于提高有限资源的配置效率。而从增长极理论出发，结合区域的实际情况，建立各种各样的增长极，通过他们自身的发展及其功能的发挥，带动相关区域的发展，与全面发展相比有事半功倍的效果。

2. 梯度推移理论

经济发展的梯度推移理论最早源于美国哈佛大学弗农等人首创的工业生产生命周期阶段理论，即各工业部门，甚至各种工业产品都处在不同的生命周期阶段上，它们和生物一样，在发展过程中都要经历创新、发展、成熟和衰老四个阶段。区域经济学家将这种产业的生命周期阶段论引入到区域经济发展研究中，创立了区域经济梯度推移理论。该理论认为：第一，区域经济发展的兴衰主要取决于其产业结构的优劣，而产业结构的优劣又取决于区域经济部门，特别是主导专业化部门在工业生命周期中所处的阶段。如果一个区域的主导专业化部门主要是由处在创新阶段的兴旺部门组成，则说明它不但今日发展形势良好，而且在今后一个时期内仍然可以保持这种势头，这种区域因此被列入高梯度区。相反，如果一个区域的主导专业化部门是由那些处在成熟阶段后期或衰老阶段的衰老部门组成，则其经济必然会呈现出增长缓慢、失业率上升、人均收入下降等种种不祥征兆，甚至陷入严重危机之中，这种区域属于低梯度区。第二，创新活动，包括新产业部门、新产品、新技术、新的生产管理与组织方式等大都发源于高梯度区，然后随着时间的推移，生命周期阶段的变化，按顺序逐步由高梯度区向低梯度区转移。第三，梯度转移主要是通过多层次城市系统扩展开来的。创新在空间上的扩展主要有局部范围的扩展与大范围的扩展两种形式。局部范围的扩展指的是创新活动由发源地大致按距离远近，向经济联系比较密切的邻近城市转移。这种转移之所以如此，是因为创新多发源于城市密集带的中心城市。大范围的扩展则是指创新活动由发源地按全国或区域城市系统的等级顺序，蛙跳式地向广大地区扩展，在这种扩展中，决定转移去向的不是距离远近，而是接受新事物能力的差距，而梯度的划分正是这种差距的反映。梯度推移理论为高梯度区优先发展，然后依次向低梯度区推移，逐步缩小区域间的发展差距，最终实现经济发展的相对均衡的政策方针提供了理论基础（邹再进，2006）。

3. 中心—边缘区理论

中心—边缘区理论是赫尔西曼在1958年提出的，他认为增长在区际间不平衡现象是不可避免的，中心部分的发展会通过涓流效应在某种程度上带动边缘地区的发展，但与此同时，各种经济发展要素又会从边缘区迅速流向中心区，这种极化效应起着扩大地区差距的作用。在市场机制下，两种效应同时发挥作用，但极化效应起支配作用。

美国著名的城市与规划学家约翰·弗里德曼（J. Friedmann）在1966年出版的《区域发展政策》一书中，把落后地区看成是与中心区保持着殖民关系的、依赖的且缺乏经济自主权的边缘区，认为思想、技术、资本和观念等所有有利于经济发展的因素都产生于中心区。这就导致了空间二元结构的出现，在经济发展初期，这种反差很突出；随着政府干预、区际人口迁移、市场扩大、交通运输和通信条件的改善以及城市层次的扩散，中心和边缘区的界限会逐步缩小甚至消失。他把区域经济发展划分为四个阶段：前工业化时期；工业化初级阶段；工业化成熟阶段；空间经济一体化阶段（表2-5）（徐承红，2006）。

表 2-5　　不同发展阶段的资源要素流动状态与区域经济特征

	前工业化时期	工业化初级阶段	工业化成熟阶段	空间经济一体化阶段
资源要素流动状态	较少流动	边缘区资源要素大量流入中心区	中心区要素高度集中，开始回流到外围区	资源要素在整个区域内全方位流动
区域经济典型特征	已存在若干不同等级的中心，但彼此间缺乏联系	中心区进入极化过程，少数主导地带迅速膨胀	中心区开始对外扩散过程，边缘区出现较小中心	多核区形成，少数大城市失去原有主导地位，城市体系形成

中心—边缘区理论对非平衡发展理论和战略的研究与实施有着重要影响。其政策意义在于：一方面，应该有限发展中心区域，让中心区域带动边缘区域的发展；另一方面，各国和地区政府应当充分重视中心和边缘区域的不平等关系，不能无限制地扩大两者的差距。

2.2.2　产业集群相关理论

国外对产业集群的研究，大体可以分为两个阶段（王缉慈，2001）。第一阶段是20世纪80年代中期以前基于纯经济学和传统经济地理学的集聚理论，包括产业集聚经济理论和社会经济网络理论，主要从传统的生产因素（资本、土地、劳动力）分析出发，来研究产业的空间集聚与扩散问题；第二阶段是20世纪80年代中期以后的“新产业区”及其相关学派，研究范围涉及地理学、经济学、社会学、管理学以及贸易等多个学科领域。

1. 产业集聚理论

(1) 外部经济理论

英国经济学家阿尔弗雷德·马歇尔被公认为是产业集群研究的先驱。早在19世纪末，马歇尔（1897）就第一个提出了以外部经济与规模经济为聚集动因的产业集群理论。在《经济学原理》一书中，他认为外部经济是产业集群存在和形成竞争优势的主要原因，这些优势的形成可以概括为劳动力市场共享（Labor Force Pooling）、专业性附属行业的创造和技术外溢（Technology Spillover）三个方面（保罗·克鲁格曼，2000）。他将工业集聚的原因基本上归结为六个方面：与当地社区同源的价值观念系统和协同创新的环境、生产垂直联系的企业群、最优的人力资源配置、产业区理想的市场和不完全竞争市场、竞争与协作关系、富有特色的本地信用系统，并将产业区定义为一种由历史与自然共同限定的区域，其中的中小企业积极地相互作用，企业群与社会趋向融合。在其内，生产活动不是自给自足的，而是劳动分工的不断细化、生产力迅速提高，促使区域与外部经济空间建立持久与广泛的联系。但是，马歇尔的边际分析隐含着一个前提假设，即规模报酬不变。如果说这一假设在较稳定的市场环境中尚能适用的话，随着近30年高科技产业的迅速发展，分工细化和市场扩展，这一假设受到越来越多的挑战。实际上，以亚当·斯密为代表的古典经济学的思想精髓——人类生产活动的专业化分工，恰恰是规模报酬递增的根本原因，规模经济的本质实际上是专业化经济。在此背景下，由克鲁格曼开创的新地理经济学产业群模型，在主流经济学实证分析模型中引入了边际报酬递增和空间观念，强调区位的重要性，从而成为主流经济学的新前沿。

克鲁格曼的产业群模型是基于这样的事实：企业和产业一般倾向于在特定区位空间集中，然而，不同群体和不同的相关活动又倾向于集结在不同的地方。结果空间差异在某些程度上与产业专业化有关，这种同时存在的空间产业群聚和区域专业化的现象，是在城市和区域经济分析中被广泛接受的报酬递增原则的基础。当企业和劳动力集聚在一起以获得更高的要素回报时，存在本地化的规模报酬递增为产业群的形成提供了理论基础。不过，这种递增的要素回报只在集聚发生区位的有限空间领域中表现出来。因为远距离的交易成本，如交通费用和空间通信费用，决定了这种净收益的增长是有界限的。于是，本地化的规模报酬递增和空间距离带来交易成本之间的平衡，就可以解释现实中观察到的各种等级化的空间产业格局的发展。

克鲁格曼（2000）认为，历史和偶然事件对产业集群在一定区位的形成、发展有重要影响，而产业集群更多地依赖专业化导致收益递增、运输成本和需求的相互作用。克鲁格曼继承和发展了马歇尔的外部经济理论，把空间经济思想引入了对产业集群的分析中，并用数学工具证明了工业活动倾向于空间集聚的一般性趋势。与马歇尔不同之处在于，虽然克鲁格曼也认为产业集聚优势的形成是内生的，但他认为政策扶持在其形成过程中将产生巨大影响。另外，他还从国际贸易角度出发来说明产业集群的竞争优势，对产业集群理论的发展作出了自己的贡献。

(2) 产业区位理论

产业区位理论对产业集群问题也十分关注，主要代表人物有韦伯、胡弗以及巴顿等。

德国经济学家韦伯（1975）首次提出了集聚经济（Agglomeration Economics）概念，在《工业区位论》中用集聚因素解释了产业集群及其优势产生的原因和机理。他把影响工业区位的因素分为两种：一是区域因素，包括运输成本与劳动成本；二是位置因素，包括集聚因素（Agglomerative Factors）和分散因素（Deglomerative Factors）。他认为聚集可分为两个阶段：第一阶段仅通过企业自身的扩大而产生聚集优势，第二阶段是各个企业通过相互联系的组织而集中化，形成最重要的高级聚集阶段，这就是所谓的产业集群。在韦伯看来，产业集群的要素有四个方面，即技术设备的发展使生产过程专业化，而专业化生产部门更要求产业的聚集；劳动力的高度分工要求完善的、灵活的劳动力组织，劳动力组织有利于聚集的发生；聚集可以产生广泛的市场化；批量购买和销售降低了生产成本，提高了效率。

胡弗（Hoover）在1948年出版的《经济活动的区位中心》中，也将聚集经济视为生产区位的一个变量，并把产业集群产生的规模经济定义为某产业在特定地区聚集体的规模所产生的经济。他认为规模经济有三个不同的层次，就任何一种产业而言，都有单个区位单位的规模决定的经济，单个公司的规模决定的经济和该产业某个区位的聚集体的规模决定的经济。他还将第三种称之为群体经济。

巴顿（Barton）独创性地将产业集群与创新联系起来。他认为产业集群有利于熟练劳动力、经理、企业家的发展。与同类企业地理集中进一步相关联的经济效应是日益积累起来的熟练劳动力汇集和适应于当地工业发展的劳动力就业制度。他指出，地理上的集中能刺激企业去进行改革，也必然会带来竞争，而竞争促进了创新；地理上的集中本身就有助于在商品制造者、供给者与顾客之间产生一种更为自由的信息传播，相当数量的创新正是由于正确了解顾客的需要，以及发现供给上的特殊问题而产生的结果。在通信工具大量集中的较优越的地区就能使该地区的所有企业很快采纳这种革新。

(3) 增长极与地域生产综合体理论

“增长极”理论是由佩鲁（Perroux）提出的西方区域发展理论的重要概念。佩鲁认为，主导部门和有创新能力的企业，在某些地区或大城市聚集发展而形成的生产、贸易、金融、科技、人才、信息、交通运输、服务、决策等经济活动中心恰似一个“磁极”，能够产生较强的吸纳辐射作用。它不仅加快了自身的发展，还通过向外扩散带动了其他部门和所在地区以至周边地区的经济增长。“增长极”具有“支配”效应和“创新”的特点，对周围地区发生“支配”的作用，即吸引和扩散的作用、技术的创新与扩散作用、资本的集中与输出作用、获取巨大规模经济效益的作用以及产生聚集经济效果的作用。“增长极”的出现，使人口、资本、生产、技术、贸易、信息等要素高度聚集，产生“城市化”趋向，形成经济区域。由于创新、支配、推动等的产生、强化、弱化或消失，经济增长可以视为是一个不平衡机制发生作用的过程。

把增长极理论应用于社会主义计划经济体制进行经济发展的一个例子就是苏联的地域生产综合体理论。苏联学者科洛索夫斯基（Korosovski）将地域生产综合体（Territorial Production Complex）定义为：“在一个工业点或一个完整的地区内，根据地区的自然条件、运输和经济地理位置，恰当地（有计划地）安置各企业，从而获得特定的经济效果，这样的一种各企业间的经济结合就称为生产综合体。”因此，地域生产综合体具有聚集性质。苏联地域生产综合体建立在传统的计划经济体制基础上，具有集中人力、物力、财力办大事的优势，综合体的建设完全是由国家投资完成的。因此，与增长极理论比较起来，自上而下形成聚集的特征更加明显。

无论是地域生产综合体理论还是增长极理论，都在倡导一种通过政府人为干预形成聚集，促进地区经济发展的机制。它将政府在产业聚集形成、发展过程中的作用放大，认为有了政府对主导产业或专业化企业的投资建设，就会产生围绕这些关键性产业或企业的聚集，最终带动整个区域的发展。

2. 网络组织理论

（1）网络组织理论提出的背景

随着经济全球化和区域经济一体化趋势的发展，企业面临着更加激烈的全球市场竞争。任何单个企业的力量都是有限的，仅仅依靠自身的资源和能力难以实现更高层次的战略目标，企业必须和其他企业协作，以增强自身整体的竞争优势。同时，生产分工的进一步细化，需求变化的多样性，现代科技的迅猛发展提供的技术可行性，使企业间的相互依赖和协作关系更加密切，并最终推动了网络组织的形成和发展。

传统的“市场—企业”两分法，把市场和企业看成是由交易成本所决定的相互竞争和相互替代的两种制度安排。两分法分析了企业与市场之间的替代关系，而忽视了可能存在的互补关系，所以无法解释网络组织现象的出现。于是，学者们把经济活动放在更加广阔的背景下进行分析，探讨导致企业间相互联结的网络安排及其演进的各种要素。分析的重点不是企业的界定、企业与市场之间的最佳组合以及企业内部等级组织形式的选择，而是企业内部或外部能够诱导和实际存在的各种交互作用的网络关系及其构造（王缉慈，2001）。他们在承认市场依赖和技术依赖重要性的同时，寻求这种依赖更深刻的根源，提出了互补性活动和资源依赖的观点。

理查德森（1972）从互补性活动的角度为网络组织的存在提供理论基础。理查德森认为，企业只是从生产和服务过程中截取某些阶段从事与它的能力相适应的活动，因而它的活动从来不是孤立的，而是相互依赖的、互补的。相互补充的活动需要企业间各种各样的组织安排。

弗佛和萨兰斯克（Preffer and Salancik，1978）认为资源依赖应作为分析的基础，因为交易只是对应于他提出的象征性资源依赖的资源交换，它不能包容企业双方对同一资源具有竞争性需求但未产生任何直接交易活动的相互依赖，这种相互依赖是企业采取购并或网络安排的基本原因之一。Preffer 和 Salancik 强调企业为了获得和保有资源，必须与环境交互作用。由于成本太高、法律限制等原因，内在化是不必要或不可能的。如果资源依赖是偶然的、短期的，或通过信任可以获取，则可以通过建立某种形式的伙伴关系获得。企业间的市场关系可以看做是一种网络结构。

威廉姆森（O. E. Williamson，1985）最早提出了最接近网络组织概念的中间组织。他在“交易费用经济学：契约关系的规则”一文中提出，中间组织是比市场有效、比企业更灵活的协调方式；用资产专用性、不确定性和交易频率三个维度解释经济活动的规制结构。一般来说，当这些变量处于较低水平时，市场是有效的协调手段；当这些变量处于较高水平时，企业组织就更有优势；处于这两者之间的则是双边、多边和杂交的中间组织形态。这些研究虽然认识到了中间性组织的存在及其作用，但都未明确提出网络的概念。

（2）基于不同视角的网络组织理论

新制度经济学视角的研究。20 世纪 80 年代后期，由于学者们对网络组织认识的深入，“网络”开始作为一个正式的概念在学术文献中出现。Thorelli

在“网络：在市场与科层之间”一文中第一次对网络组织的内涵和性质进行了系统分析。他认为，网络（Network）是市场与单个企业之间的媒介，是两个或多个企业间由于交易的频繁性而形成的一个或多个子市场。网络可以被看做是节点或位置与联系之间的集合。

鲍威尔（1990）指出网络是与市场和科层并列的第三种组织形式。他在“既非市场也非科层：组织的网络形式”一文中，将网络、市场和科层这三种制度安排形式进行了详细比较（表2－6），至此，“市场—企业”两分法被彻底打破，网络作为与市场和科层相并列的一种制度安排形式的本质得到了学术界广泛的认同。

表2－6　　经济组织形式的比较

关键特征	形式		
	市场	科层	网络
规制基础	契约—产权	雇佣关系	互补力量
调解手段	价格	惯例	关系
冲突解决方式	冲突—诉诸法庭强制解决	行政权威—监督	互惠的惯例—声誉效应
灵活性	高	低	中
主体间的承诺程度	低	中—高	中—高
氛围	精确的、怀疑的	正式的、官僚的	开放的、互益的
行为者的决策	独立的	不独立的	独立的
组织的混合形式	重复交易 科层式文件的契约	非正式组织 类似市场的特征：赢利中心，转移定价	科层式形式 多个主体 正式规则

拉森（Larson）在研究了组织间关系理论之后，建议用市场、组织间协调和等级的三级制度框架替代传统的市场与等级两级制度框架，遵循亚当·斯密和钱德勒把市场和企业等级分别称作看不见的手和看得见的手之隐喻，他形象地把组织间协调称作是“握手”。拉森在“看不见的手与看得见的手之间的握手”一文中，把威廉姆森影响规制结构的三要素与资源依赖的观点结合起来，并用特定资源依赖替代资产专用性，对三级制度框架中各级所具有的

相关特征做了深入分析。

哈堪森（Hakansson）和斯涅何塔（Snehota）提出了网络组织结构的三个基本变量（活动、行为主体和资源）和网络的构成关系（企业、关系和网络），在资源依赖理论基础上建立网络模式，如图2－3所示。他们认为，①在活动层面上，关系是建立在一系列活动的基础上的，而这些活动或紧密或松散联结交换双方的内部活动。关系连接着活动，活动联结（Activity Links）又影响着关系双方的绩效。②在资源层面上，随着关系的产生与发展，关系连接着双方控制及其所需要的资源要素。由于关系能够把资源联结在一起，关系也由不同程度的资源纽带（Resources Ties）构成。由于关系能够将各种资源连接起来并为关系双方所利用，它自身就构成了一种可以使用和开发的资源。③在行为者层面上，随着关系的发展，行为者之间相互建立联系，形成了行为者纽带（Actors Bonds），行为者纽带的建立影响着行为者如何感知、评价和处理与另一方的关系。网络中关系性交换的这三个层面可以看做是影响关系绩效三个不同的参数，它们是网络交换所带来的各种价值的决定因素，因此也是网络交换绩效的决定因素（黄洁，2006）。

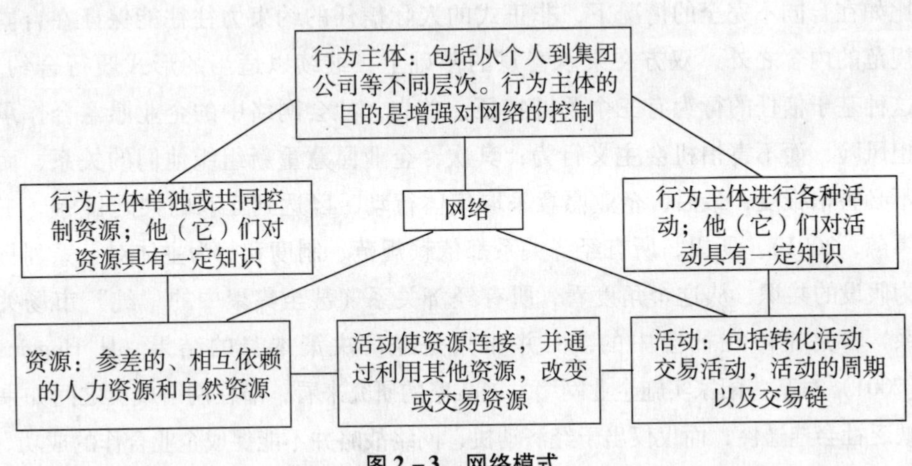

图2－3　网络模式

新经济社会学视角的研究。新经济社会学以社会网络作为研究对象。社会网络是指在社会团体当中，个人之间的社会的或人际的关系总和。它由四个基本要素构成，即结构要素（指行动者联系的形式与强度）、资源要素（指能力、知识、财产、性别、宗教等各种特性的分布）、规则要素（指影响行动者行为的各种规则）和动态要素（指网络形成与变化的各种机会和限制）

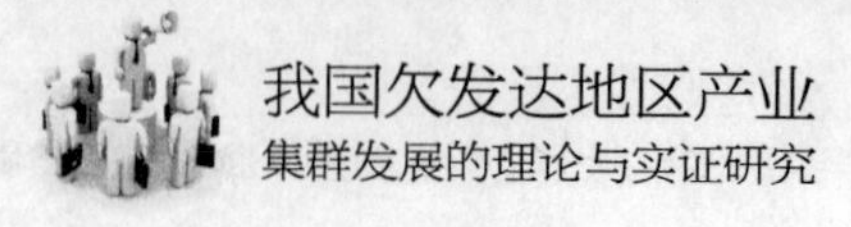

（张其仔，2001）。

新经济社会学主要批判了探讨制度存在和发展的新古典方法，即新制度经济学。在古典经济学和新古典经济学中，社会因素一直被看做是市场竞争的障碍。近年来，这种状况发生了改变，人们渐渐认识到经济活动并不是纯市场行为，而是构建在特定的社会结构的背景下的活动，经济学理论越来越重视社会结构和社会关系对经济活动的影响。特别是美国新经济社会学大师格兰诺维特（Granovetter）于1985年在美国《美国社会学》杂志上发表了著名文章《经济行动与社会结构：嵌入性问题》，提出"嵌入性"（Embeddedness）概念。他指出，嵌入性是指经济行动及其后果会受到行动者双方关系以及整个网络关系的影响，他用"嵌入性"概念来描述那些使交易行为偏离利润最大化目标的非经济因素的社会影响，证明交易行为主体之间的关系远比威廉姆森的从市场到等级的渐变谱线要复杂。

随着企业集团、产业集群等网络组织的发展，研究者认识到很多交易都是有社会联系的，社会网络是促成企业间合作的基础。主要依赖人际信任的这种人际关系的非正式性并不意味着脆弱，反而可能蕴涵一种潜在的力量，比如在合同不完全的情况下，非正式的人际信任的约束力往往能保证在合同规范的内容之外，双方在秉承善意的基础上，继续以适当的形式履行合约。这种基于信任的行为有三个关键特征：首先，社会网络中的企业愿意合作承担风险，而不害怕机会主义行为；其次，企业愿意重新组织他们的关系，而不必害怕报复；最后，企业愿意采取集体行动，以达到互利的共同目标（王缉慈，2001）。所以，所有经济关系都依赖规范、制度和行为主体对一系列行为假设的共识，从这个角度看，所有经济关系（甚至集聚中的"纯"市场关系）都是镶嵌在社会中的，而并非只是经济决策本身的结果。从Huggins（2001）对某些国家实施企业网络发展战略的研究来看，潜在网络成员之间如果缺乏社会连通性，而仅仅出于经济动机，网络战略并不能促成企业合作的成功。

很多学者研究了社会网络在产业集群发展过程中的重要性。在不同的国家和地区，社会网络在产业集群中的作用强度是不同的。玛蒂娜（Martina）认为，同发达国家相比，在发展中国家，私人关系对商业更为重要。此外，在一些高技术产业集群，如在美国硅谷地区，企业网络以及企业、个人之间的非正式交流网络通常由相似的教育背景（如很多工程师毕业于斯坦福大学）和职业背景（如很多企业家早期就职于仙童公司），以及西部先驱者们建立的非正式社会关系和合作传统促成的。前两者是一种类似于准家族式的社会关系。而在传统产业集群，如“第三意大利”地区，企业网络多建立在家族、邻里关系的基础上（朱华晟，2003）。这说明，对于不同的产业集群，起主要作用的社会关系也不相同。

网络组织理论的发展趋势。新古典经济学和新制度经济学对企业和市场的分析多是不全面的，强调企业和市场的不同——生产和交易，从而忽略了其相同点——交易。经济学界在很长一段时间内忽略了社会组织，他们只研究物质资本和人力资本，从而忽略了社会资本对经济发展的作用。所以，从对运输成本、企业间的物质投入产出关系的关注转向对经济活动所处的制度和社会文化环境的关注，是近年来产业集群研究的一个重要特点。一段时间以来，主流经济学对嵌入性和社会资本产生浓厚兴趣，嵌入性和社会资本日益成为区域经济发展重要的推动因素。

随着网络组织理论的发展，其主要内容既涵盖了威廉姆森分析框架中从市场到等级制的组织结构谱线，同时还包括网络行为主体之间的非贸易的相互依赖性。企业的决策性为既受到基于生产和贸易关系的经济联系，包括前后向联系、水平联系等关系的影响，又受到社会关系的影响。经济组织是基于正式契约的经济关系，社会组织是基于非正式契约的社会关系。在分工协作中，经济网络和社会网络相互嵌套，相互促进，螺旋上升。经济组织与社会组织之间的融合是减少交易费用，促进分工并产生新的生产力的一个重要因素。

3. 新产业区理论

有关新产业区的研究与很多学科相关，产业空间集聚行为的分析实际上与技术创新、组织演化、制度分析等理论前沿结合到了一起。涉及的学派主要有新产业区学派、新产业空间学派、集群学派和技术学派等，如表 2 -7 所示（王缉慈，2001）。20 世纪 70 年代末和 80 年代初，一些区域呈现出经济衰退的景象，相当数量企业纷纷破产，大量工人失业，人们生活质量相对降低。而与此相反，欧洲和北美少数几个地区经济发展依然保持平稳，甚至继续增长，成为成功地战胜衰退的“经济之星”。这些地区有多种多样的产业，不仅包括技术先进部门，还包括传统的劳动密集部门。典型的发展迅速区域主要有意大利中部和东北部的艾未利亚—罗马格纳（Emillia—Romagna）和图斯卡尼（Tuscany）等地区、德国的巴登—符腾堡（Baden—Wiirlermberg）、法国的欧叶纳、西班牙的巴塞罗那（Barcelona）和美国加利福尼亚的硅谷等。这些地区大量的中小企业彼此间发展了高效的竞争与合作关系，形成了高度灵活专业化的生产协作网络，具有极强的内生发展动力，依靠不竭的创新能力保持了地方产业的竞争优势，人们称之为新产业区现象。

表 2－7　　　　产业集群理论的发展

比较项	新的产业空间	新产业区论	创新环境	波特的集群概念	创新系统
来源	Scott（1980）Christopherson and Storper（1986）	Bagnasco（1977）Piore and Sabel（1984）	GREMI（1997）	Porter（1990）	Nelson（1993）
初始来源	Coase，Williamson	Marshall（1898）	Granovetter（1985）		
借用的主要概念	交易费用、投入产出系统	劳动分工、创新气氛	根植性、弱联系	钻石理论	
主要分析	垂直分离，本地化集聚	弹性专精、制度	企业家、创新气氛	竞争优势的获得是高度本地化过程	为引导产生创新的区域的制度、法规、实践等组成的系统
空间集聚原理	垂直分离—集聚（交易费用观点）	嵌入性、弹性专精、本地化	本地化的接网的学习过程	竞争者、生产者和消费者的本地互动	机构联系、与供应商和客商靠近
结构和机构	产业结构的逻辑	地方行为主体植根在社会文化环境之中	环境作为结网的机构的扩散组织	受钻石理论影响的企业战略	制度系统
原理的演进	机会窗口、锁定	历史的（在社会、文化和企业家精神因素方面的变化）	历史的和行为的	创造竞争优势、钻石互动	长波、路径依赖

续 表

比较项	新的产业空间	新产业区论	创新环境	波特的集群概念	创新系统
主要的批评	时空间集聚的概念和机构的作用分析不足	（本地的和全球的）经济—社会关系过于和谐	过多强调成功的故事、太强调高技术	忽视企业间关系的社会方面	缺乏系统之间的相互依赖的理论
最近的贡献	重点是“非贸易的相互依赖”	更多的划分产业区的种类	加强制度方面的重点	加强重视网络（在集群中和在国际上）	区域和部门串在一起

（1）新产业区学派

新产业区概念是 1977 年由意大利的巴格那斯科（Bagnasco）首次提出，定义为：“新产业区是具有共同社会背景的人们和企业在一定自然地域上形成的社会地域生产综合体”。它是根据 19 世纪马歇尔研究的具有创新环境的小企业集聚区（马歇尔式产业区）概念演化而来的，对此进行系统研究的是 1984 年皮埃尔和赛伯（Piore and Sable）合著的《第二次产业分工》（*The Second Industrial Divide*）。

新产业区学派的理论贡献在于：

第一，有关新产业区概念的提出和特征描述。挪威学者罗弗里（2002）指出，新产业区本质是一个中小企业群组成的地域系统，更准确地说，是一个地理上有界的中小企业群构成的网络系统。在灵活性很强的新技术时代，世界经济可以看做是由专业化生产区域拼合而成的。

第二，有关产业集群的特点和识别标志。一是同业和相关产业的很多公司在地理上集聚；二是有支撑的制度结构；三是企业在地方网络中密集地交易、交流和互动。新产业区的主要识别标志是本地网络和根植性。

第三，有关产业集群的机制和优势来源。皮埃尔和赛伯认为，“第三意大利”的产业区发展是中小企业在弹性专精基础上实现的集聚。而这些中小企业集聚区，由于专业化程度高，企业间协同作用强，可以与以大企业为核心的区域进行竞争。他们还认为灵活性和专业化是大批量生产的替代。

第四，有关制度的观点。区域经济成功地应对未知世界的根本是适当的制度网络。

第五，有关新产业区的类型。马库森在“光滑空间中的黏着点：产业区的分类”一文中，提出了四种典型的产业区类型：①马歇尔式工业区（Marshallian District），意大利式产业区为其变体形式。②轮轴式产业区（Hub - and - spoke District），其地域结构围绕一种或几种工业的一个或多个主要企业。③卫星平台式产业区（Satellite Platform District），主要由跨国公司的分支工厂组成。④国家力量依赖型产业区（State - centered District）。她认为，在美国，轮轴式和卫星平台式产业区比另外两种重要。

（2）新产业空间学派

新产业空间学派以交易成本的思想为基础，该学派的代表人物是斯多波和沃克（Storper and Walker）。

新产业空间学派的理论贡献在于（秦夏明，2005）：

第一，关于集聚的原因。为了使交易费用最小化，企业需要集聚。

第二，关于产业集群的动态特征。Storper 和 Walker 指出，工业区域是工业本身的产物，工业化过程孕育着工业区域。也就是说，工业化的地理形态是由工业发展的内动力产生的，并不是如古典区位理论所论述的那样，由原料地和消费地等外力所引发的，根据这种认识，产业区可以看做工业化的空间动态，在工业化的进程中，产业区的形态不断发生变化。

第三，关于产业集群的形成条件。该理论首先提出区位规格和区位能力，认为新产业的产生并不受对大型工厂和产业综合体巨额投资的影响，也不受历史背景方面的影响，它可能在各地自由选择区位，打开“区位机会窗口”。

第四，关于产业集群的制度环境观点。该理论认为，在产业集群中，市场本身纵然存在很多形式的合同，也并不能成功地协调交易关系，在集聚中的制度安排是更广的制度环境和进一步发展路径的基础。

（3）技术学派

该学派的主要代表是 GREMI 小组的区域创新环境学派和内尔森为代表的区域创新系统学派。

GREMI 小组是由法国、意大利、瑞士等国区域科学家组成的区域创新环境研究小组。1985 年，GREMI 小组首先指出区域创新环境对区域内企业集聚发生的强大作用，并认为，欧洲和北美的一些新产业区之所以保持发展和竞争的优势，关键在于区域内形成了创新的环境。企业的发展依赖于其在区域内结成的网络，这种区域的网络不仅仅包括同一产业或相关产业上的企业与企业之间的、正式的经济网络，而且还包括企业在创新和发展过程中，与当地的大学和研究机构等科教组织、行会等中介服务组织以及地方政府等公共组织机构之间的合作而结成的研究和开发合作网、企业家间、社会关系网等。由于区域创新网络的不断发展，促进了区域创新网络的发育和创新功能的提高。

创新系统理论认为，区域创新系统是指区域网络各个节点（企业、大学、研究机构和政府等）在协同作用中结网而创新，并融入到区域的创新环境中而组成的系统，即区域创新网络与区域创新环境有效叠加而形成的系统。区域创新系统具有开放性、本地化、动态性和系统性等特点。

（4）集群学派

产业集群问题现今被提到了关系区域、国家竞争优势的高度，它与波特的竞争管理学理论直接相关，事实上，产业集群（Industrial Clusters）这一提法也是由波特首先提出的。1998 年，波特在《哈佛商业评论》上发表了“企业集群和新竞争经济学”一文，系统提出了以产业集群为主要研究目标的新竞争经济理论。波特认为产业集群是集中在特定区域的在业务上相互联系的一群企业和相关机构。这种由独立的、非正式联系的企业及相关机构形成的产业集群代表着一种能在效率、效益及韧性方面创造竞争优势的空间组织形式，它所产生的持续竞争优势源于特定区域的知识、联系及激励，是远距离的竞争对手所不能达到的。波特认为有三个原因可以解释为什么产业集群对竞争优势是至关重要的。其一，产业集群能够提高集群内企业的生产率，使每个企业在不牺牲大规模企业所缺少的韧性的条件下从集群中获益，集群内企业之间的竞争及相互模仿推动了成本的下降与操作方法的优化；其二，产业集群能够提高集群内企业的持续创新能力，并日益成为创新的中心；其三，产业集群能够降低企业进入的风险，促进企业的产生与发展。产业集群通常形成一个重要的本地市场，一个企业可以从已经建立的各种联系中获益，一个扩张了的产业集群放大了已经描述的产业集群的所有利益，增加了每一个企业都受益的竞争与合作的机会。

2.3 小结

本章从研究的相关概念界定入手，对欠发达地区和产业集群的概念和理论基础进行了归纳，目的在于为下面的研究提供理论依据。

（1）根据研究的需要，介绍了欠发达地区的概念，对产业集群概念进行界定。并主要依据地理划分法把我国欠发达地区确定为中西部地区。

（2）归纳了欠发达地区经济发展的相关理论，主要有增长极理论、梯度推移理论和中心—边缘区理论。

（3）归纳了产业集群的相关理论，主要有产业集聚理论、网络组织理论和新产业区理论。

3　我国欠发达地区产业集群发展状况及战略选择

3.1　产业集群是欠发达地区实现跨越式发展的有效途径

产业集群是区域富裕的原因而非结果，例如被誉为“产业集群发展典范”的“第三意大利”以前就是意大利的欠发达地区。世界上许多发展中国家正致力于发展产业集群，拉丁美洲的秘鲁、巴西、墨西哥、委内瑞拉、洪都拉斯、尼加拉瓜和牙买加等国，有几百个区域政府，大约15000个城市，几乎到处都有产业集群计划。非洲的南非、肯尼亚、津巴布韦和坦桑尼亚等国也有各类产业集群存在。东欧的波兰、匈牙利、斯洛文尼亚等国也发展了产业集群。亚洲的巴基斯坦、印度尼西亚也有发展程度不同的专业化的产业集群(顾强，王缉慈，2002)。产业集群作为区域经济发展的强大载体，是欠发达地区提高区域经济竞争力，实现跨越式发展的有效途径。

3.1.1　我国欠发达地区经济发展劣势分析

我国欠发达地区通常分布在地理环境恶劣、生态环境差、基础设施落后的地方。总体特征表现为土地资源丰富、人口稀少、少数民族人口比例较高；城市化及工业化水平低、农业生产比重较大；市场化程度低、国有经济比重大、对外开放程度低，发展滞后。在自然、地理、历史、市场和观念等方面都存在着劣势，而经济发展水平较低是欠发达地区最突出的劣势，其直接原因在于技术、资金和人才方面处于劣势地位。具体可概括如下：

(1) 技术水平落后。2009年，全国三种专利申请受理量及授权量分别为877611项和501786项，其中东部地区三种专利申请量和三种专利授权量分别占全国的81.64%和81.05%，而西部地区分别占全国的6.27%和8.15%，中部地区分别占全国的12.09%和10.80%。欠发达地区三种专利受理量占全国的比重比东部地区平均低63个百分点，三项专利授权量占全国的比重比东部地区平均低62.1个百分点。

（2）资金短缺。2009年，我国人均GDP为25575元，西部地区只有19288.5元，是全国平均水平的75.4%。最低的是贵州省10309元，只有全国平均水平的40.3%，其次是甘肃省12872元，只有全国平均水平的50.3%。中部地区稍好，达到21001.1元，是全国平均水平的82.1%，但只是东部地区的36.2%。同时欠发达地区对外资的吸纳能力也弱。2009年，全国实际利用外商直接投资900.33亿美元，西部地区占全国平均水平不足5%。

（3）人口素质低。2009年，全国6岁及6岁以上人口中受过大专以上教育的人口比例为7.29%，东部地区的比例为14.4%，而西部、中部地区的比例分别为9.7%、12.4%，平均比东部地区少3.35个百分点。2009年，在全国15岁及以上人口的调查中，西部地区的文盲人口占15岁及以上人口的比重为15.2%，中部地区的文盲人口占15岁及以上人口的比重为10.4%，分别比东部地区高6.4个百分点和1.6个百分点。

3.1.2 产业集群特性及优势分析

1. 产业集群特性

产业集群作为一种中间性组织形式，具有不同于企业组织和市场组织的特性。罗若愚认为产业集群应具有以下七方面的主要特征：地理上的临近和空间上的集聚性，产业同质性和关联性，弹性专精的生产方式，网络化的组织结构，根植性，动态演化性和开放性。朱华晟认为产业集群还应有以下特征：集群内企业间存在多种特定关系，集群运行机制的基础是“信任和承诺”等人文因素。魏江在对产业集群发展总体特点分析的基础上，从普遍意义上把产业集群的特征具体概括为四个方面：地理特征，经济外部性特征，内部成员关联特征和经济外部性特征。他并认为产业集群经济外部性特征可以通过创新网络进行考察（王志华，2005）。

本书认为产业集群有别于其他组织形式的最本质的特性主要表现在四个方面：专业化分工、地理集中性、根植性和资源共享。这四个特性相互依托，缺一不可。

（1）专业化分工。由于生产的技术可分性以及垂直分离的生产组织方式，集群内企业总是集中于有限的产品和过程，形成专业化特点。纵向专业化分工和横向经济协作实现弹性专精的生产和经营活动，使产业集群内的企业之间、企业与支撑机构之间产生紧密的联系。其成员企业通常包括上游的零部件、机械和服务等专门的供应商，下游的客商向侧面延伸到互补产品的制造商和由于共同投入培训技能和技术而相联系的公司以及基础设施的供应者。而且各组成部分之间具有一定的网络关系，通过结网不断增进相互间的信任，在互动中创新，从而使产业集群的竞争力得以保持。

（2）地理集中性。地理集中性是指大量的相关产业相互集中在特定的地域范围内。企业地理位置的集中必然带来产业集群中企业间的地理接近。地理接近有利于知识获取和社会资本的形成，正如波特所说，对于产业而言，地理集中性就好像一个磁场，会把高级人才和其他关键要素吸引进来。集群内各企业地缘接近，但彼此独立。各企业是独立的法人，保持各自的所有制、隶属关系、投资渠道，实行独立核算，按市场原则进行平等交易，具有自己的主导产业和竞争优势。

（3）根植性。也叫社会文化特征，它强调经济主体的地方联系，是指经济行为深深嵌入区域的社会、文化和政治等关系中。在产业集群发展过程中，它和区域内各种传统、宗教、历史习惯及在此基础上形成的价值观、人与人之间的关系密切地联系在一起。这不仅使得生产要素组织成本降低，促进知识的扩散和溢出，而且还可以有效地防止各种机会主义行为的发生。根植性决定了产业集群的竞争优势难以模仿。

（4）资源共享。与分散的企业相比，集群内企业具有配套服务及基础设施优势。比如共同分享各种基础设施、服务设施、公共信息资源和市场网络；共同利用某些辅助企业，包括提供零部件或中间产品、加工下角料或废料以及提供生产性服务的辅助企业；减少能源和原料损耗，缩短原料和产品运输距离，从而节约生产和运输成本；减少由于分散布局所需的额外投资，并利用地理临近而节省相互间物流和信息流的转移费用，从而降低生产成本。

2. 产业集群优势分析

一个国家或地区在国际上具有竞争优势的关键是产业的竞争优势，而产业的竞争优势来源于彼此相关的产业集群。产业集群表现出的强劲、持续的竞争优势，引起众多学者的关注，并从不同角度对其加以分析和概括。如吴宣恭教授比较全面地将产业集群的竞争优势概括为资源优势、成本优势、创新优势、市场优势和扩张优势；李新春突出“企业家要素（包括地方政府和企业家的企业家精神）”，将波特的“钻石模型”扩展为以企业家协调为核心的产业集群竞争优势“新钻石模型”；王缉慈、魏守华从经济学、社会学、创新学三个角度，用直接经济要素的低成本、产品差异化、区域营销和市场议价能力优势以及非直接经济要素的区域创新系统优势和社会资本优势进行分析。郑胜利、周丽群和朱有国则将产业集群的竞争优势概括为：资源获取优势、市场效率优势、创新创业优势和市场扩张优势。

本书认为产业集群的优势是在产业集群特性的基础上产生的一种集体效率。主要表现在两个方面：一是经济效率，表现为生产成本和交易成本降低带来的生产效率的提高；二是创新效率，表现为创新成本降低带来的创新能力的提高。而产业集群的经济效率和创新效率实质上是通过人才优势、资金优势和技术优势来实现的。判断一个经济群体是否成为产业集群，应主要分析在一定地域集中的具有专业化分工的众多企业群体是否具有群体的人才优势、资金优势和技术优势。下面从产业集群特性出发，分析产业集群人才优势、资金优势和技术优势的形成。

（1）人才优势

产业集群的地理集中促进了产业在区域内的分工，必然带来人口的空间集中。所以，当劳动力需求不确定时，无论雇主还是雇员都倾向于选择经济活动集中的区域。一方面，产业集群的发展会吸引熟练工人、企业家、经理人等各类人才向本地集中，使企业更容易招聘到有专业技能和工作经验的雇员。而各种人才也更倾向于去产业集群区域谋职，因为那里有更多的工作机会，而且能够获得择业的便利。产业集群可以节省双方信息搜寻费用，降低求职、工作过程中的交通费用及时间成本。另一方面，劳动力在区域内企业间自由流动，会加剧人才的竞争，从而促进员工进行智力投资，提高劳动力的专业化水平，加快了信息、思想的扩散和传播速度。所以，产业集群内劳动力在数量和质量上可以实现有效供给。

（2）资金优势

产业集群内的企业获取金融贷款比分散的中小企业具有优势。一方面，集群内企业具有较高的信用，因为集群内企业为维护自身在产业集群环境内的声誉，机会主义倾向较小，不会轻易逃债。另一方面，银行可以降低信贷风险，因为产业集群容易使投资者了解产业的发展动态，判断拟投资企业的发展前景，从而降低投资风险。同时，产业集群也降低了投资者寻找投资项目的信息成本。

（3）技术优势

由于技术创新的复杂性和不确定性、产品生命周期缩短、需求追求个性化等原因，创新从过去线性模式向现在的非线性、复合模式转变，单个企业难以在产业链的各个环节保证创新的成功率，而集群内企业通过相互合作、相互学习，通过交互式作用过程，创新的基础和条件要优越于单个孤立的企业，既降低了创新的风险，又提高了创新的成功率。产业集群内企业和机构通过地理集中性和根植性，便捷了企业间通过人员流动与私人交流等形式建立稳定和持续的关系，为组织内部及不同组织之间的隐含经验类知识准确地传递与扩散提供了基础条件，从而有利于提高技术创新速度。

3.1.3 产业集群优势与欠发达地区劣势耦合模型

如上所述，产业集群所具有的专业化分工、地理集中性、根植性和资源共享等基本特性，决定了产业集群的人才优势、资金优势和技术优势，基于前面对欠发达地区劣势的分析，可见，产业集群优势与欠发达地区劣势可以有效耦合，如图 3－1 所示。

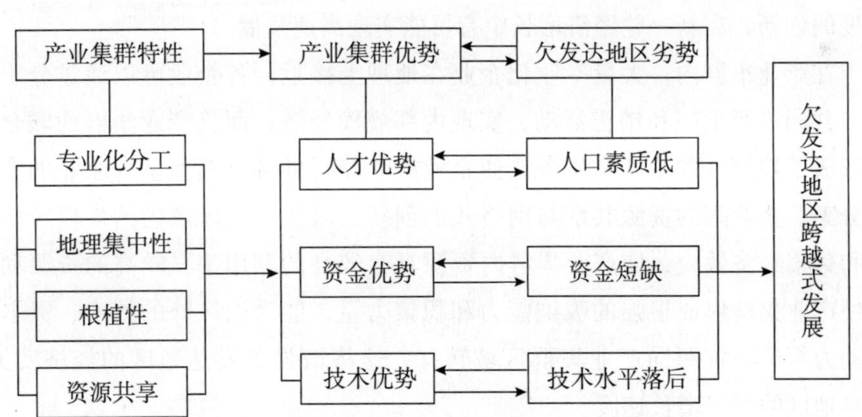

图 3－1 产业集群优势与欠发达地区劣势耦合模型

根据模型所示的产业集群与欠发达地区经济发展之间的关联性及互动发展，可以得出结论：产业集群是欠发达地区实现跨越式发展的一个有效途径。

1. 欠发达地区需要跨越式发展

跨越式发展是欠发达区经济发展的现实选择。

第一，欠发达地区要想缩小与发达地区的差距，在时间上不允许按部就班地发展。区域经济发展的实践证明，在经济全球化进程中，个别后发国家或地区抓住科技革命的机遇，实现跨越式发展，赶超先进国家，是一种普遍现象。

第二，欠发达地区可以运用后发优势缩小与发达地区的差距。虽然欠发达地区在经济和社会的发展水平上与其他地区相比有着较大的差距，但是经济和社会发展又具有较大潜力，资源较为丰富，生态环境尚未遭到较大的破坏。而且，欠发达地区还可以利用从先发展的国家或先发区域引进的各种先进技术并经模仿、消化吸收和改进提高，效仿或借鉴各种先进制度并经本土化改造所产生的追赶优势，通过实施不平衡发展战略，先在重点行业、重点领域和重点地区率先突破，并带动和促进其他行业、其他领域和其他地区快速跟进，最终实现经济、科技、文化等领域的整体跃迁。

2. 产业集群优势可以弥补跨越式发展的资源缺口

欠发达地区实现跨越式发展存在人才、资金和技术等资源上的缺口。发展产业集群由其特性决定的产业集群人才、技术和资金优势可以为欠发达地区提供直接的经济发展动力，使欠发达地区随着改革的深化、社会的发展、制度的创新，在新一轮经济增长中有可能实现高速发展。

在产业集群内，大量专业化企业在地理上接近，各企业可以通过分工协作，共同进行生产和销售活动，实现内部规模经济；而且产业集群的联合需求形成了规模性的生产和服务，使企业能够获得外部规模经济。企业的专业化分工、企业间的资源共享与网络式的创新，以及整个区域内的规模经济效应和聚集经济效应，使产业集群内资源具有较高的利用率。较高的资源利用率使产业集群形成很强的吸纳能力和积聚力量，能吸引区外的技术、资本和劳动力等经济资源向产业集群区域转移，这将增强欠发达地区的经济实力，提高地区的经济增长速度。

3.2 我国欠发达地区产业集群发展状况分析

3.2.1 *历史回顾*

我国欠发达地区虽然缺乏相对于东部地区的典型的具有竞争优势的产业

集群，但基于各种不同的产业背景，也出现了一些产业集群发展的雏形。

第一，基于历史文化传统形成的产业集群。在我国欠发达地区的某些省区市，有着悠久的历史和灿烂的文化。如湖南省浏阳市的花炮产业。浏阳的花炮产业有1300多年的历史，目前，浏阳市共有花炮企业800多家，辅助企业1000多家，从业人员40余万人，占全市人口的三分之一。2003年全市花炮总产值26亿元，创税4.3亿元。花炮产品远销132个国家和地区，2003年创外汇1.8亿美元，在全国的花炮出口中占50%以上。再如，江西景德镇也是由于制瓷历史悠久，文化底蕴深厚，才成为中外著名的瓷都，成为全国最大的、完整的、有浓郁传统特征的陶瓷产业集群。

第二，基于自然资源条件形成的产业集群。我国欠发达地区拥有丰富的土地、矿藏、水电、生物等自然资源，形成了像四川德阳装备机械产业区、六盘水一枝花煤炭—冶金工业基地，云南旅游业、烟草业和花卉基地，黑龙江奶业等围绕自然条件形成的产业集群。如河南濮阳县文留镇的玻璃制品集群的形成就是受益于当地廉价的油气资源，濮阳油田70%的天然气产于此地，从而吸引了大量的外地企业进入，注入了大量资金和先进技术，促进了该镇高耗能的玻璃制品业的快速发展。

第三，基于政府扶持形成的产业集群。随着发达地区产业集群的成功，欠发达地区政府也越来越重视产业集群战略的运用。例如，广西荔浦县经济发展的条件相对较差，成为广西“零资源”现象的样板，是政府对民营经济发展的直接推动，使其成为全国最大的木制衣架小产业集群。

3.2.2 发展现状

1. 出现了产业的集群化发展趋势

随着历史上形成的产业集聚的进一步发展以及西部大开发战略的实施，我国欠发达地区产业集群现象也初见端倪。如景德镇陶瓷产业集群、郑州的肉食加工业集群和方便面产业集群、武汉的光电信息产业集群、西安的电子产业集群、重庆的汽摩业集群、云南的烟草业集群、黄山环氧树脂集群、广西宾阳县机制纸集群等都已成为带动地方经济发展的主要动力。

在国内外产业发展呈现集群化的趋势中，我国欠发达地区的很多产业也出现集群化。例如，随着全国医药业的集群化发展，吉林省通化医药产业集群、湖南长沙浏阳生物医药园、西安生物技术园、武汉葛店生物医药基地等都得到发展。此外，河南省堰师市翟县的针织业、江西省万载县和湖南省浏阳市的花炮制造业等都呈集群状分布。

发展比较典型的是云南烟草产业集群，云南的中部和东部七个地市（昆明、玉溪、楚雄、昭通、曲靖、红河和大理），与烟草生产相联系的产业集聚活动大约有 18 万平方千米，占云南土地面积的 45.7%，涉及烟草种植和加工（例如种子、化肥、塑料薄膜和煤炭）、卷烟生产设备、中间品投入和专门服务的供应（例如纸张、过滤嘴、化学药品、塑料、印刷、仓库和运输等）等 1000 多个公司和 300 多个产品销售中心。云南烟草经济的扩张伴随着规模递增收益，带动了相关产业的发展，并形成了产业扩张、就业增长和技术进步的良性互动机制。尽管烟草产业集群并未从根本上改变云南经济的不发达状况和在全国的落后面貌，但是，作为工业化传播和区域经济发展重要载体的产业集群现象，却极大地促进了云南经济的发展（朱英明，2003）。

2. 集群数量少，档次低，分布不均衡

与发达地区相比，我国欠发达地区产业集群数量稀少，主要分布在江西、四川、湖南等省，而西藏、青海等省区，几乎没有已经识别出来的产业集群。各省资源条件的差异以及计划经济时期产业“山、散、洞”式的布局原则，造成了我国欠发达地区产业集群分布的不均衡。

我国欠发达地区由于人才、资金和技术方面的劣势，产业集群的发展多集中在劳动密集型产业中，如资源的初级开发、纺织、服装、鞋业、农产品加工等，产业集群的优势主要来源于低成本战略。

3.2.3 存在的问题

我国欠发达地区产业集群虽然有了一定的发展，但在其形成和发展过程中仍然面临一些不容忽视的问题。

1. 产业规模小，聚集程度低

产业集群的聚集程度是指产业集群生产的产品在整个市场范围中所占的比重。在我国欠发达地区，只有云南的烟草花卉产业、山西的煤炭产业、四川的钢铁产业等极少数产业集群的产品，在全国市场中占有较大比例。而大多数产业集群难以形成规模效应，以重庆汽车产业集群为例，同发达国家和国内一些大企业比，重庆汽车工业的集中度很低，无论是规模、流动资产、固定资产净值，还是产量、销售收入、上缴利税，同一汽、上汽、东风等大集团相比，重庆汽车工业都处于下风。

2. 专业化程度低，产业关联少，发展机制缺损

专业化分工和产业互动是产业集群的最大效应，如在苍南县不足45平方千米的金乡镇标牌产业集群中，小小徽章生产的设计、熔铝、写字、刻模、晒版、打锤、钻孔、镀黄、点漆、制针、打号码、装配以及包装等十几道工序，全都有独立的企业（加工专业户）来完成，而且每道工序产生的半成品都通过市场进行交易，共由800多家企业参与各道工序集合起来才形成了一条完整的产业链，表现出较强的集群效应。但由于处于发展初级阶段，我国欠发达地区促进产业集群发展的机制尚未建立，致使这一效应并没有得到很好的发挥。如武汉光电子信息产业集群，是材料生产型产业，有三大系列产品，一是光纤光缆产品，其产业链短，生产原料大多从国外进口，产品的市场总量需求趋于过剩。二是光传输设备，主要配件由武汉邮科院自制和上海、江苏、浙江、广东等地配套，武汉本地配套按产品价值计算几乎为零。三是光电器件，是多种产品的产品簇，由于其品种多、市场占有率高等优势，可以形成企业生产群体，但目前企业生产的产品是以武汉邮科院“吃独食”为主，配件外地购进为辅的生产格局。三大产品系列都基本没有在本地配套，没有形成企业生产群体。

所以，我国欠发达地区的产业集群大多数还处于企业的堆积阶段，企业内部垂直一体化程度高，企业同大学、科研院所的联系较为松散，一些产业发展只有企业没有产业。而且，由于这种企业的空间聚集缺乏内在的产业关联，缺乏形成的机制和发展的动力，企业缺乏强烈的根植性，这种空间上的聚集就表现出很大的脆弱性。

3. 集群网络不健全

产业集群是由大量产业联系密切的企业及其相关支撑机构在空间上聚集所形成的地方网络。由于体制上的条块分割，我国欠发达地区产业集群网络并不健全，主要表现为政府缺位、龙头企业与企业家精神缺失及中介机构不完善等。

产业集群的形成一般都有一个关键性企业，通过该关键性企业的衍生、裂变、创新与被模仿而逐步形成产业集群。一个规模大、技术开发能力强、产品市场占有率高的龙头企业可以在其周围形成若干个为之配套加工的中小企业群体，它对产业集群的形成和发展起着至关重要的作用。例如，中关村电子信息产业集群的关键性企业就是由中科院陈春先等一批科研人员于 1980 年 10 月创办的“北京等离子体学会先进技术发展服务部”，其后，中科院其他相关所的科研人员纷纷效仿，三年中先后创办了科海、京海、四通、信通等一批相关企业。而我国欠发达地区缺少这样的关键性企业，缺少企业家的创业精神和冒险精神，这也是产业集群形成的一个障碍。

中介服务体系发展滞后，缺少完善的公共培训中心、新技术推广中心、质量检测中心和信息中心等，这使很多市场经济主体处在盲目状态；缺少完善的社会监督体系，如质量监管、诚信监督、知识产权保障等，就很难有一个公平健康的市场环境。

4. 创新环境薄弱

创新能力是区域经济持续发展和提高区域竞争力的关键要素。创新要有环境，我国欠发达地区缺乏相应的政策环境、产业环境和社会文化环境。由于我国欠发达地区经济总量小以及二元经济结构，造成了市场规模狭小。与东部地区相比较为闭塞，欠发达地区存在一些不利于产业发展的文化，如封建保守、遵循等级、小富即安等意识，这使其更容易缺乏不畏失败的创新精神。

发达地区具有优越的政策优势、区位优势、比较完备的基础设施优势、先行改革开放的体制优势和社会文化优势，具有极强的极地效应，并成为外商投资的首选之地。良好的体制和市场化运行机制是产业集群得以形成和快速发展的先决条件。从国际大背景看，经济全球化、新的科技革命快速发展；从国内形势看，经济运行机制进一步市场化，这些都使欠发达地区产业发展面临的国际国内竞争压力增大。因此，欠发达地区必须适应国内外经济结构调整的趋势，形成独具特色的产业体系。

3.3 我国欠发达地区产业集群发展的 SWOT 分析

SWOT 由英文优势（Strength）、劣势（Weakness）、机遇（Opportunity）、威胁（Threat）四个词的第一个英文字母构成，是一种战略环境分析的新方法。这种方法就是在比较优势与劣势、机遇与威胁的过程中，按照扬长避短、趋利避害的原则，制定和采取相应的企业战略。SWOT 分析法经过改进与创新已不再局限于对单个企业规划发展的分析，而被广泛用来评价事物发展的前景。目前，SWOT 分析法被广泛应用在行业、机构、专门性系统以及区域的经济分析中。

3.3.1 我国欠发达地区产业集群发展的外部环境

对于我国欠发达地区产业集群来说，经济变革、社会变动等各种外部环境因素都会影响其形成和发展，但最关键的因素还是产业环境，即产业转移和全球生产网络。

1. 产业转移

（1）产业转移的一般路径

产业转移是指产业生产从发达国家和地区转移到欠发达国家和地区（东道国）。按产业转移涉及的地域范围不同，产业转移可分为国际产业转移和国内产业转移。

从国际产业转移来看，20 世纪下半叶开始，一些劳动密集型产业，甚至资本密集型产业与技术密集型产业，由发达国家陆续转移到一些发展中国家和地区，随后这些产业又转移到其他国家和地区，由此形成一个永不衰竭的国际产业转移浪潮。第二次世界大战后，全球经济大致经历了三次国际性的产业转移。第一次发生在 20 世纪 50 年代，美国将钢铁、纺织等传统产业向日本、西德、加拿大等国家转移，集中力量发展半导体、电子计算机、医药、通信等技术密集型产业。第二次产业转移发生在 20 世纪 60 ~ 80 年代，日本、西德等国家把部分劳动密集型产业转移到发展中国家和地区（如“亚洲四小龙”等），转向发展电子集成电路、机械制造、精细化工等消耗能源和原材料少而附加值高的技术密集型产业。第三次国际产业转移开始于 20 世纪 90 年代末，国际制造业开始逐渐向中国转移。三次产业转移的过程，如图 3 - 2 所示（何肖秋，2003）。

我国参与国际产业转移是伴随着改革开放政策的逐步实施开始的。随着我国加入 WTO、国内市场进一步开放，国外产业向我国转移的速度、规模、领域越来越大，如图 3 - 3 所示。图 3 - 3 表示我国从 1985 开始历年实际利用外资和外商直接投资的情况，1979—1984 年，实际利用外资 181.87 亿美元，其中外商直接投资为 41.04 亿美元。2009 年，这两个数字已经上升为 918.04 亿美元和 900.33 亿美元，是 1979—1984 年这六年的总和的 5.05 倍和 21.94

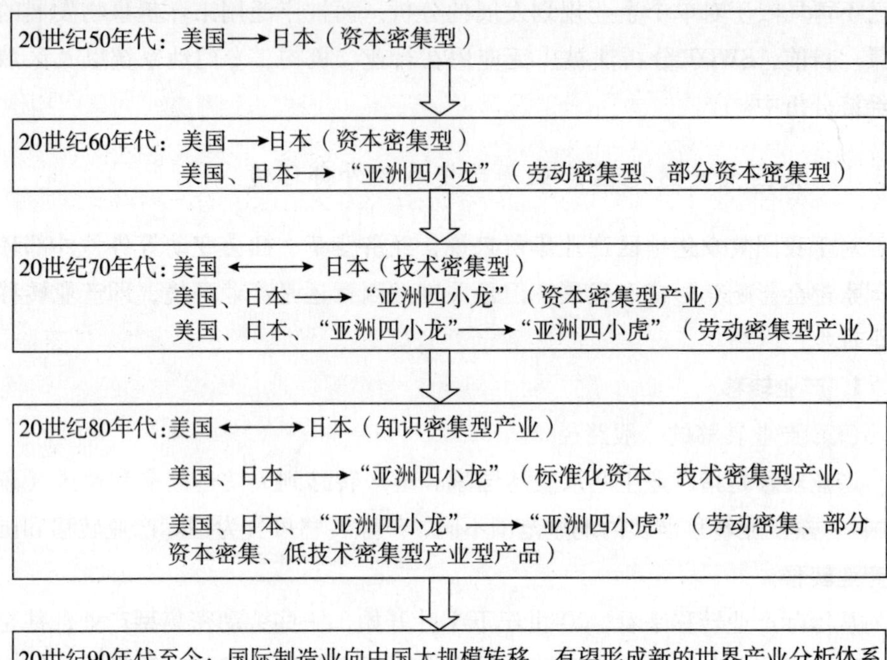

图3-2 第二次世界大战后历次国际产业转移与传递浪潮示意

倍。而且，新一轮国际产业向我国的转移也已经开始，它将对我国经济增长和发展战略的选择产生重大影响。

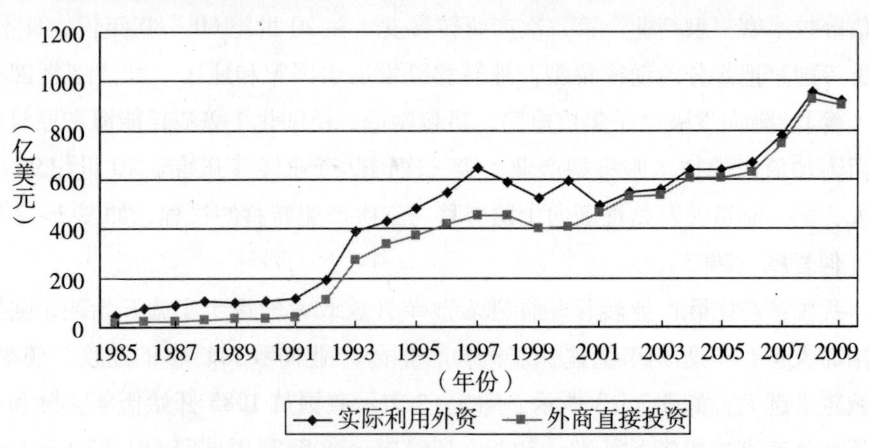

图3-3 我国历年实际利用外资和外商直接投资

资料来源：《中国统计年鉴2010》。

从国内产业转移来看，国际产业转移主要集中在我国东部地区（王晓鲁，樊纲，2004）。发展到一定程度以后，东部地区又将一部分劳动密集型产业及高耗能、高成本产业向中西部欠发达地区转移。我国欠发达地区充分利用国外向我国产业转移和东部向中西部产业转移两大趋势，成为承接国内外发达地区产业转移的热土。在承接产业转移方面，欠发达地区的一些省份取得了不俗的成绩。2010 年，江西省开放型经济完成投资 3828 亿元，增长 33.8%，占全社会固定资产投资的 43.6%，成为江西省经济发展实现进位赶超最重要的推动力。2010 年，江西省实际利用外资突破 50 亿美元，达到 51 亿美元，总量超过河北居全国第 12 位，在中部地区保持领先地位；引进省外 5000 万元以上项目资金 1927.4 亿元，增长 41%。

（2）产业转移具有关联带动效应

产业转移一般从加工装配开始，经过资本、技术、管理经验等的积累，过渡到零部件和原材料的本地化生产。产业转移往往具有关联带动效应，它将在很大程度上促进移入区域整个经济的发展，促进东道国产业集群的形成和发展。

东莞 IT 产业集群的形成和发展正是抓住了产业转移的契机，首先中国台湾承接了美国硅谷的产业转移逐渐形成新竹工业园区，随着新竹的发展又进一步向东莞转移。20 世纪 80 年代初期开始，台商利用东莞沿海开放区域的优惠政策以及土地和劳动力的低成本优势，从事“三来一补”加工贸易，即所谓“台湾接单、东莞生产、香港出货”的生产模式。“三来一补”虽然层次较低，但它通过乘数效应实现了资本的原始积累，使东莞逐步地从因陋就简到“筑巢引凤”，从“三来一补”前进到向 IT 强市进军的新阶段。

从 20 世纪 90 年代开始，台商的投资形态逐渐改为 PC 零组件、手机制造等技术层次较低的资讯产业，如台达电子的 PC 零组件厂、光宝电源供应器厂、英志 PC 机壳厂、诚洲监视器厂、源兴科技的监视器和光碟机厂等台湾 IT 企业都是登陆较早的台湾高科技厂商。特别是此时正是台湾电子类制造企业因台湾本地生产成本日益增加而寻求产业转移的时期，大量台商落户东莞，电子及通信产品制造业年均增长率超过 20%，形成了以台商企业为主的电子及通信设备制造业企业的集聚。在这一时期，电子资讯产品制造业的增长速度大大快于全市整个工业的平均增长速度，成为工业行业中的最大行业。大众、鸿友、美格、源兴和微星等许多著名的企业就是在这一时期进驻东莞，大型企业的配套厂、上下游厂也开始逐渐进驻。

20世纪90年代中期以后，台湾电子资讯企业组群式的迁移过程开始改变本地产业网络的形态。台湾电子资讯企业是直接移植原有整条产业链中的部分生产链，所以具有高度分工合作关系的台商电子通信设备制造企业通过集中就可以形成产业集群。随着中国加入WTO，台商IT业投资大陆热也空前高涨。大批的电子零件在东莞生产，这使该市由简单的“三来一补”加工基地成为全球IT业加工基地，从而彻底结束了东莞经济只有“满天星斗”而缺乏“一轮明月”的历史。东莞以十几年的积累，形成了自己的IT产业集群。

2. 全球产业网络

随着生产和贸易全球化的不断深入，世界价值创造体系在全球出现了前所未有的垂直分离和再构。一方面，发达国家重新定位自身的核心能力，将重心由生产制造转移到了创新和设计、市场营销、服务和制造业中高附加值环节；另一方面，发展中国家由于接受了大量从发达国家转移出来的生产制造等价值环节，从而获得了前所未有的发展机会。面对全球经济这一深刻变化，集群的发展也出现新的特征：产业集群作为区域经济发展的一种载体，正快速以不同方式嵌入全球价值链（Humphrey and Schmitz，2000）。它逐渐专注于全球价值链当中的某个环节，而弱化或放弃其他环节，并通过大量的外部联系寻求与全球产业网络的融合，力求最大程度地获取价值。产业的全球价值链，跨越国家和区域的边界，把基于同一产业的不同区域的产业集群整合起来，形成全球产业网络，如图3－4所示（文婷，曾刚，2005）。全球价值链的地理分布特征是“大区域离散小区域集聚”。全球价值链中各个价值环节在形式上虽然可以看做一个连续的过程，不过在全球化过程中这一完整连续的价值链条实际上是被一段段分开的（片断化），在空间上一般离散地分布各地。研究表明，虽然全球价值链的片断化导致各个价值环节在全球空间上呈现离散分布格局，但是分离出去的各个价值片断一般都具有高度的地理集聚特征。正是各个价值环节的地理集聚特性使得很多产业集群成为了全球价值链条中的一个从属部分，由此也说明了为什么成熟的产业集群都是一个高度开放的经济系统，而且外部联系对产业集群的健康、持续发展也是十分关键的。因此，产业集群一般都是全球价值链条在空间上的一个组成部分，是全球价值链片断化的结果，其发展轨迹或提升路径也应该沿着全球价值链逐步完成。

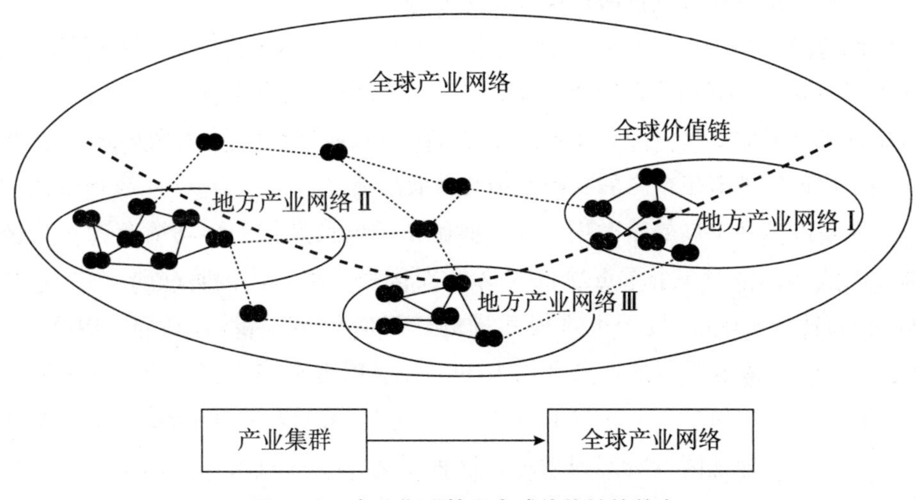

图3－4　产业集群基于全球价值链的整合

由于全球价值链各个环节的价值分布不同、进入壁垒不同、权力分布不同，与其他环节的整合方式也不同，融入全球经济的产业集群，表现出不同的生命力。产业集群的发展在带来希望的同时也隐藏着危机。在激烈的全球竞争中，有的地方产业集群优势强化，继续繁荣发展，比如美国的硅谷、意大利的萨斯罗尔陶瓷产业集群等；而有的地方产业集群优势弱化，后劲不足、创新能力有限、价值流失严重，甚至走向没落和终结，比如巴基斯坦东北部的锡亚尔科特的医药器械产业集群、美国底特律“汽车城”、匹兹堡钢铁产业集群、中国温州桥头镇纽扣小产业集群等。在发达国家已经占据了全球价值链的高端环节的情况下，很多发展中国家的集群在全球产业价值链中停留于价值实现的低端环节，在全球产业网络中处于被支配地位，没有自主型的核心竞争力只能被动地跟随名目繁多的国际产业标准，在劳动力密集型产业上展开激烈的价格战，很难在全球市场上有效参与经济活动，更谈不上从全球化中获得收益。

3.3.2　我国欠发达地区产业集群发展的内部条件

在内部条件的优势与劣势分析中，本书引入 PEST 分析法，即从政治（Politics）、经济（Economy）、社会文化（Society）和技术（Technology）的角度分析内部条件的变化对我国欠发达地区产业集群发展的影响。考虑到与产业集群发展的相关性，本书分别选取政策情况、经济发展总体水平、教育文化和科学技术作为分析的指标。

1. 政策情况

（1）国家的区域发展政策

新中国成立60多年来，我国区域经济的发展历程与基本格局是：前30年实施均衡发展战略，之后实施非均衡发展战略。

在实施均衡发展战略时期，我国实施了“向内地倾斜，均衡布局”的区域发展战略，将156个重点项目的80%安排在内地，按国防战略“山、散、洞”布局原则，重点展开大规模西进的“三线地区建设”。1953—1975年，沿海地区的基本建设投资比重平均为34.5%，内地平均为55.5%，并形成内地以能源、原材料生产和重加工为主，沿海以轻加工为主的经济结构。

但由于内地地区投资回报率低，这种平衡发展的政策实际上是以牺牲整体经济效率为代价的。十一届三中全会，我们总结了经验教训，提出要遵循地区不平衡发展的客观历史规律，允许一部分有条件的地区先发展起来带动后发展的地区，最终达到共同富裕，即“效率优先，兼顾公平”，先发展东部地区再帮助差的地区的非均衡发展战略。

改革开放以来，我国东、中、西部各地区经济全方位增长，在经济增长速度、经济总量扩张规模、经济结构升级和人民生活提高等方面，都取得了历史性的重大成就。但是，非均衡发展战略扩大了东部与中西部的差距。从人均地区生产总值来看，1978年东部与中西部地区的绝对差距分别为153.6元和212.9元，到2005年分别扩大到15167元和16788元。由于自然、历史和现实的诸多原因，在一个时期内，西部、中部与东部地区的差距呈急剧扩大之势，如果任其发展下去，会影响到全国稳定。根据两个大局的思想，1999年，中央提出了加快中西部地区发展的问题。

（2）地方政府的产业集群政策

中央政策的倾斜以及沿海地区产业集群发展的成功经验，为推动中西部地区的改革开放提供了重大启示和经验，地方政府也逐渐把培育产业集群作为一种重要的战略选择。

例如，江西省政府在推进工业化的过程中，着力培育产业集群，促进生产要素向六大支柱产业集聚，向骨干龙头企业集聚，向中心城市集聚，向工业园区集聚，形成一批竞争能力较强的产业集聚区域（伍长南，2005），如表3-1所示。

表 3-1　　截至 2008 年 2 月江西六大支柱产业主要经济指标

指标名称	单位数（个）	产品销售收入		利润总额（万元）	利税总额	
		累计（万元）	增长（%）		累计（万元）	增长（%）
六大支柱产业合计	2352	5558102	37.71	218046	501392	19.81
汽车和航空及精密制造业	103	397513	27.62	1365	15742	33.03
特色冶金和金属制造业	346	2763419	48.06	123587	196340	20.71
中成药和生物制药业	194	300835	18.74	20895	36051	27.69
电子信息和现代家电业	90	212801	38.50	1954	5652	58.89
食品工业	507	758561	37.79	46133	171681	41.45
精细化工	1112	1124973	24.91	24113	75926	-16.42

资料来源：江西省统计局。

2. 经济发展总体水平

衡量区域经济发展总体水平的核心指标是 GDP 总量和人均 GDP。2009 年，我国欠发达地区的 GDP 总量为 153416.79 亿元，只占全国 GDP 总量的 45.06%，与东部差距很大，只是东部地区 GDP 总量的 82%。我国欠发达地区人均 GDP 为 61290.7 元，比全国平均水平低 5430.2 元，比东部地区低 37889.9 元；尤其是西部地区只有 19288.5 元，只及全国平均水平的 75.4%，东部的 33.2%。

2009 年，我国欠发达地区人民生活水平进一步提高，比如西部地区城镇居民平均每人全部年收入为 15523.03 元，平均每人消费性支出为 10641.98 元，尽管提高很多，仍然只是全国平均水平的 82.31% 和 86.77%。中部地区城镇居民平均每人全部年收入为 15539.39 元，平均每人消费性支出为 10031.06 元，占全国平均水平的 82.4% 和 81.79%。

资源在区域经济开发的诸多因素中，占据极为重要的位置。欠发达地区自然资源富集，尤其矿产资源丰富，矿种齐全，具有多种燃料资源、金属矿资源和非金属矿资源。由于经济比较落后，对自然资源的开发利用程度较低，自然资源总量一般比发达地区丰富。这无疑为我国欠发达地区经济发展提供了极为有利的条件。但是，自然资源多处于生态脆弱地带，目前尚无法或难以大规模开发、利用，仅是一种潜在的经济资源。

从产业结构上看，欠发达地区特征是农业比重较高，非农业比重较低如表3－2所示。

表3－2　　2009年东、中、西部地区GDP的产业构成

地区	国内生产总值		第一产业		第二产业		第三产业	
	亿元	%	亿元	%	亿元	%	亿元	%
全国	340506.9	100	35226.0	10.3	157638.8	46.3	147642.1	43.4
东部	211886.0	63.0	14289.98	8.5	104956.5	53.6	92640.46	43.6
中部	86443.31	20.3	11741.24	18.1	43156.88	53.0	31545.19	36.9
西部	66973.48	19.7	9198.33	20.7	31782.86	50.1	25992.29	46.3

资料来源：《中国统计年鉴2010》。

第一产业比重高，说明我国欠发达地区产业结构的演化处于低级阶段，而农业生产本身不倾向于集聚。第二产业比重低，影响了制造业产业集群的发展。不仅如此，欠发达地区初级资源型产业在工业中占绝对比重，产品加工深度浅，技术附加值低，工业内部各部门主要以对自然资源的开采和初加工为主，工业结构处于低级阶段。从产业结构运转上看，欠发达地区产业之间联系松散，集合质量不高，投入产出转换率或经济扩张乘数很低。从发展导向来看，产业结构基本上是面对资源而不是市场。产业发展和资源转换的基本程序是自然资源—技术—市场，这种发展模式不仅决定了欠发达地区不利的贸易条件，更重要的是其产业结构缺乏对市场导向的反应能力，对新的、更具需求弹性的市场机会反应迟钝。这些都是产业集群发展的障碍。

3. 教育文化

欠发达地区经济积累有限，对教育投入始终处于较低水平。2008年，我国欠发达地区教育经费占全国比重如下：西部地区为22.0%，中部地区为22.96%，比东部地区分别少22.22和21.26个百分点。教育经费投入与东部地区差距极大，如图3－5所示，中部地区和西部地区的投入总和不及东部地区。其中，最低省份西藏教育经费为494122万元，只占全国总投入的0.3%，其次，青海是702612万元，只占全国总投入的0.48%。

由于我国欠发达地区教育经费投入低，所以，高等学校数量较少（图3－6），受教育程度较低（表3－3），人口素质较差。如图表所示，我国欠发

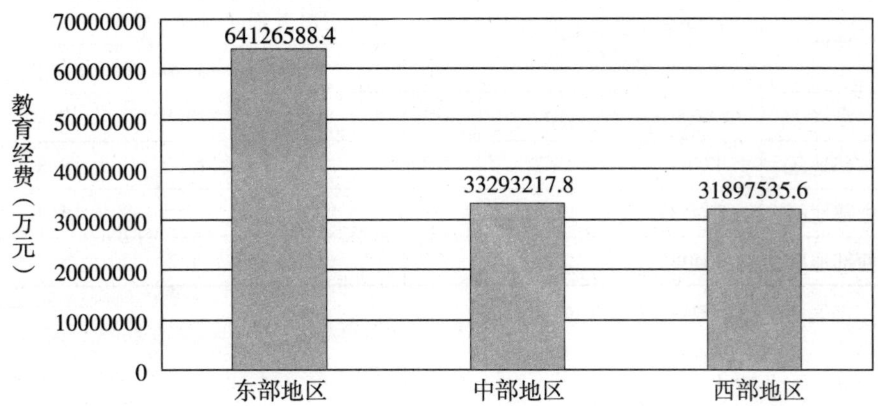

图 3-5　2008 年各地区教育经费示意

资料来源：《中国统计年鉴 2010》。

达地区的高等学校的数量与东部地区相比，还存在一定差距。西部地区占全国总量的 27.2%，只是东部地区的 54.2%；中部地区，占全国总量的 24.03%，是东部地区的 71.3%。从受教育程度来看，我国欠发达地区与东部地区相比，除了存在相对差外，绝对差距更明显。我国欠发达地区 6 岁及 6 岁以上人口中（全国 1% 人口抽样调查样本数据），仅有小学教育程度的平均为 36%，比东部地区高出 6.3 个百分点。

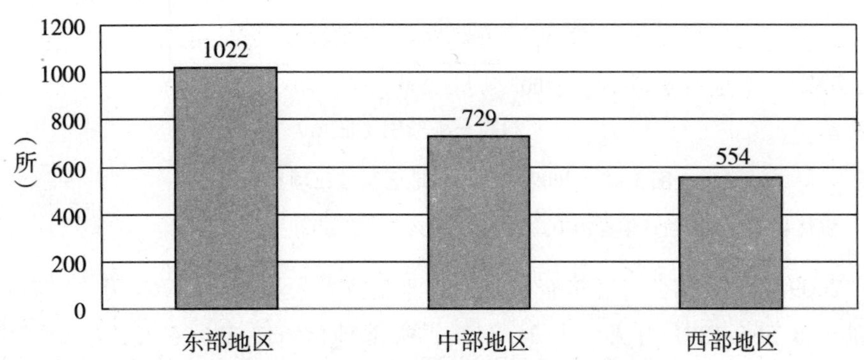

图 3-6　2009 年各地区普通高等学校比例

资料来源：《中国统计年鉴 2010》。

表 3-3　　2009 年我国各地区人口受教育程度比较

地区	6 岁及 6 岁以上人口（人）及比例（%）		受教育程度构成（%）			
			小学	初中	高中	大专以上
全国	1091868	100	30.1	41.7	13.8	7.3
东部地区	477884	43.77	27.6	42.8	15.0	8.8
中部地区	349539	32.01	28.0	44.5	14.4	6.3
西部地区	264445	24.2	37.6	35.9	3.2	5.8

资料来源：《中国统计年鉴 2010》。

4. 科学技术

我国欠发达地区科技三项费用为 90.83 亿元，占全国总费用的 31.61%，东部地区则占总费用的 68.39%，如图 3-7 所示。其中，西部地区科技三项费用只及东部地区的 21.4%，中部地区只及东部地区的 17.0%，中西部之和才只有东部地区的 46.2%。

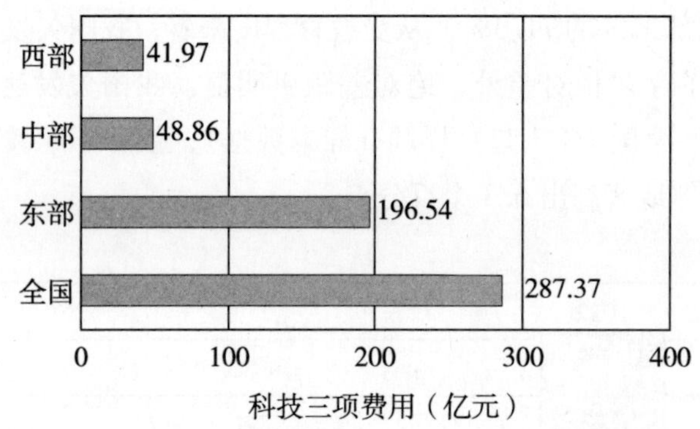

图 3-7　2009 年我国各地区科技三项费用比较

资料来源：《中国统计年鉴 2010》。

2009 年，我国公有经济企事业单位专业技术人员 2321.1769 万人。其中，西部地区 565.1391 万人，占 24.34%；中部地区 631.286 万人，占 27.2%。而且，我国欠发达地区公有经济企事业单位专业技术人员总和才与东部地区相当，如图 3-8 所示。

科技成果转化率低，主要表现为技术市场成交额小，如图 3-9 所示，欠发达地区为 313.88 亿元，仅为全国的 20.2%，也只有东部地区的 25.4%。

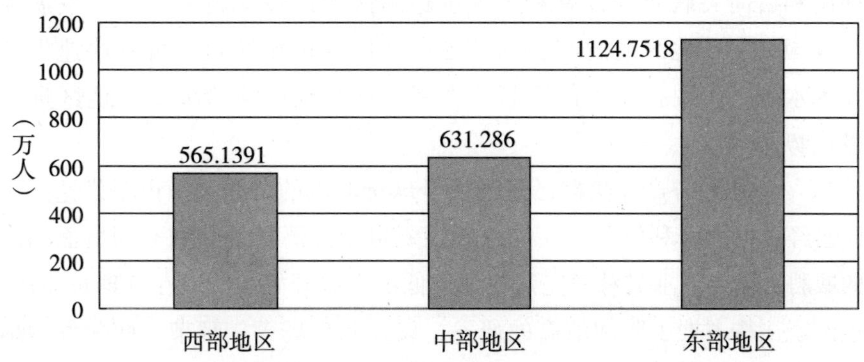

图 3-8　2009 年我国各地区公有经济企事业单位专业技术人员数

资料来源：《中国统计年鉴 2010》。

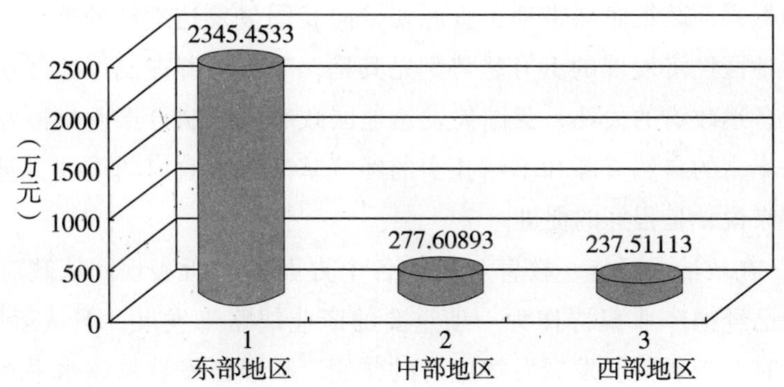

图 3-9　2009 年我国各地区技术市场成交额

资料来源：《中国统计年鉴 2010》。

3.3.3　基于 SWOT 分析的战略选择

1. S、W、O、T 分析

通过对我国欠发达地区产业集群发展的内外部环境分析，我们可以找到我国欠发达地区产业集群发展外部环境的“O”、“T”和内部条件“S”、“W”。

“O”为国际产业转移及其引发的国内产业转移为我国欠发达地区产业集群发展带来的巨大发展空间和机遇。而且，产业转移具有关联带动效应，外商以及区外投资以整个产业链的形式进行，某个或某些企业的迁移带来了它的前向和后向关联企业，有利于欠发达地区的产业集群的形成、发展和升级。我国欠发达地区通过与发达地区以及国际市场接轨，可以快速提升本地技术水平，实现技术上的跨越式发展，这是全球化给欠发达地区带来的后发优势。

“T”为在地方产业集群已经融入全球价值链的背景下，由于发达国家和地区已经占据了有利位置，欠发达地区要想获得更多的利润空间所面临的极大的威胁。因为产业转移总是从附加值低的产业开始，所以在全球价值链中，发达国家往往占据了附加值高的研发、设计和市场营销环节，而欠发达地区只能从事价值链中生产制造环节，从低端嵌入全球价值链。

“S”主要表现在我国欠发达地区的经济发展趋势和政策倾斜。随着我国区域经济政策从均衡发展到非均衡发展再到西部大开发、中部崛起和东北老工业基地振兴，政策倾斜带动了资源要素向我国欠发达地区的流动，也带动了欠发达地区经济发展的上升趋势。尤其是，产业集群在发达地区获得的成功引起了各地政府的关注，我国欠发达地区政府先后制订产业集群发展的战略计划。丰富的自然资源和不断扎实的经济基础以及政府的重视，对产业集群的发展来说，是很好的促进。

“W”在政治、经济、教育和科技各个方面都有所表现。从政府政策来看，政府已经把产业集群作为一项重要的产业战略来发展，但从运作来看，政府还没有对产业集群发展发挥应有的作用。从经济发展总体水平看，我国欠发达地区经济发展处于上升趋势，有较高的增长率，对产业集聚要素的吸引力增强。但我国欠发达地区经济发展水平与东部地区相比差距还很大，还存在资源要素外流的现象。而在教育文化和科学技术方面，欠发达地区与东部地区相比劣势更加明显。从教育文化来看，由于我国欠发达地区教育投入低，人们的平均受教育程度低，所以欠发达地区缺乏产业集群发展所需的各种人才。从科学技术来看，无论是科技投入、技术人员数量，还是技术市场成交额，都与东部地区存在极大的差距，这也是我国欠发达地区产业集群发展所面临的最大的劣势。

2. 战略选择

在分析 S、W、O、T 的基础上，结合 SWOT 分析的四种战略，即 SO 战略、WO 战略、ST 战略和 WT 战略，对我国欠发达地区产业集群发展进行战略选择。SO 为进攻战略，WT 为防守战略，WO、ST 为攻防兼备战略，这些战略为我国欠发达地区产业集群发展提供了全面而具有针对性的战略选择范围。

我国欠发达地区发展产业集群的内外条件均有优势和劣势，所以，我们应该选择内外结合互动发展的战略。WT 战略是指内外部条件均不如意，不能进攻也无力扭转，是直接克服内部弱点和避免外部威胁的战略。对我国欠发达地区来说，在产业集群已融入全球经济的背景下，发展产业集群所面临的技术劣势和在全球价值链中面临的被支配地位，仅仅依靠自身的防守难以获得飞跃发展，所以，WT 战略对我国欠发达地区发展产业集群不合适。而 SO 战略、WO 战略、ST 战略均采用了内外结合的战略，即分别为依靠内部优势抓住外部机会，利用外部机会改进内部弱点，利用内部优势避免或减轻外部威胁，是我国欠发达地区发展产业集群应该采用的战略，如图 3－10 所示。

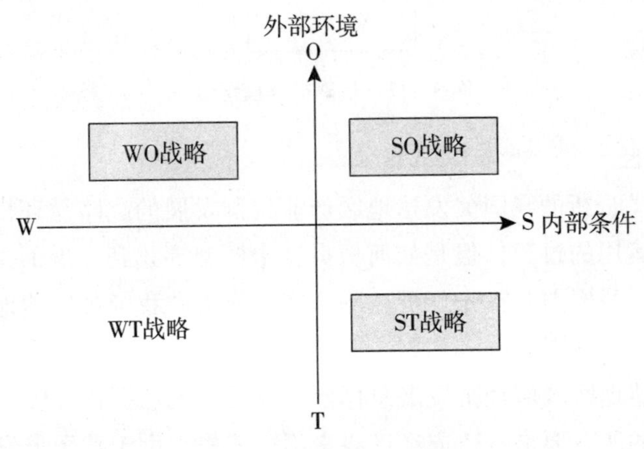

图 3－10　SWOT 战略选择

按照 SO 战略、WO 战略、ST 战略，我国欠发达地区发展产业集群可以充分利用或依靠国家的政策倾斜和地方政府的重视以及经济发展快速上升的优势，抓住产业转移的机会，承接发达国家和地区转移的产业，尽可能多地学习吸收他们的经验、技术和知识，促进本地集群的发展和成熟，从而吸引更多的资金、技术和人才。随着产业集群自身实力的提升，欠发达地区产业集群可以不断改变在全球价值链中价值实现空间极小的被支配的地位，沿着全球价值链向上攀登，实现产业集群的升级。所以，基于 SWOT 分析的我国欠发达地区产业集群的发展战略，应该是由 SO 战略→WO 战略→ST 战略，再到 SO 战略的螺旋上升的良性循环过程，最后自然就实现了 WT 战略，如图3 －11所示。

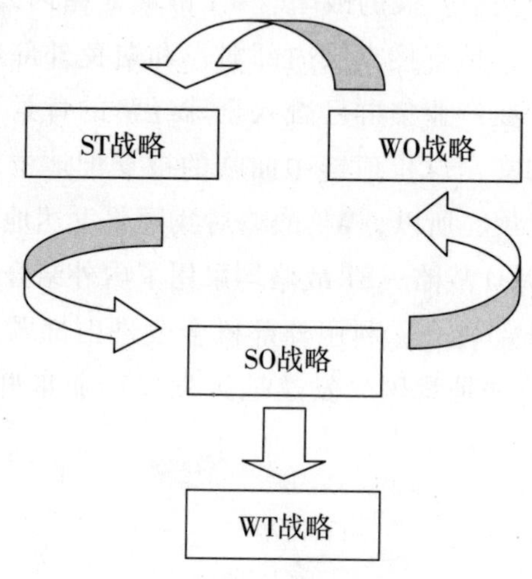

图 3 －11　战略循环模型

3. 发展路径

基于 SWOT 分析的我国欠发达地区产业集群发展的战略循环模型，描述了战略选择及运用的过程，但是如何根据这个模型寻找到发展的路径，具体落实到行动上，我们需要首先分析一下 SWOT 分析中我国欠发达地区产业集群发展劣势产生的原因。

由于欠发达地区区域经济发展总体水平落后，无法提供并吸引住产业集群发展所需要的所有要素，造成经济要素不断流失。由于我国欠发达地区教育文化和科学技术与东部地区有着明显的差距，其技术创新能力较弱，因此欠发达地区已有的资源优势无法充分发挥其效应。

技术创新能力弱是由于科技三项费用在全国处于较低水平，由于国有企业单位专业技术人员数量少，由于技术市场成交额比重低，但这些只是我国欠发达地区产业集群发展中技术创新能力弱的外在表现和一般性原因。产生这种劣势的根本原因，主要是缺乏培育创新能力和营造创新环境的区域创新系统，缺乏促进资源整合、主体互动和能力提升的产业集群形成机制和发展的动力机制，以及缺乏对我国欠发达地区产业集群发展的具体模式的构建。由于技术相对落后，欠发达地区只能在发达地区占据价值链高端的同时，在价值链低端从事一些劳动密集型产业，如资源初级开发、纺织、服装和农产品加工等。这种局面不利于我国欠发达地区通过发展产业集群来实现区域经济的跨越式发展。

产业集群的竞争优势主要体现在两个方面：一方面，通过产业集群内企业间的合作与竞争以及群体协同效应，可以获得诸多经济方面的竞争优势，如生产成本优势、区域营销优势和市场竞争优势等；另一方面，通过支撑机构和企业间的相互作用，将形成一个区域创新系统，提升整个产业集群的创新能力（李刚，2005）。所以，我国欠发达地区产业集群发展的路径就是根据区域发展实际形成一套有效的发展机制，培育一个完善的区域创新系统，选择一种合适的发展模式。发展技术路线如图 3 – 12 所示。

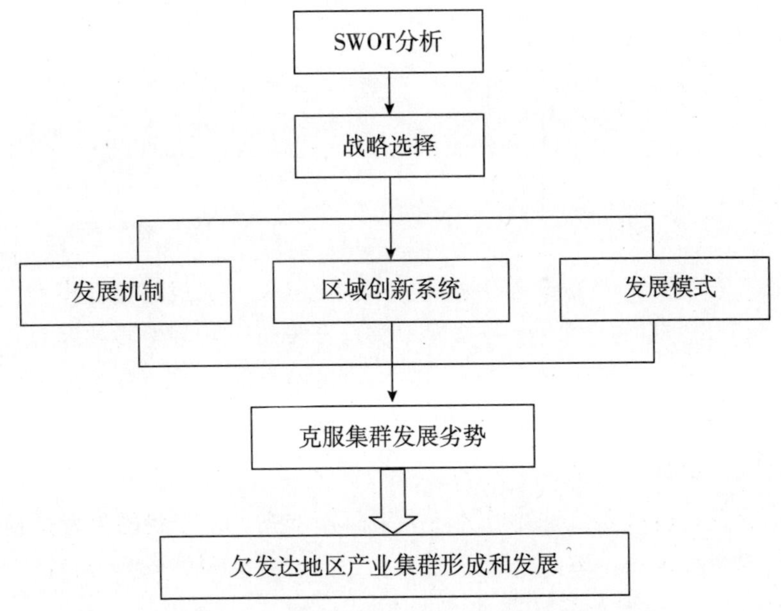

图 3 – 12　我国欠发达地区产业集群发展的技术路线

3.4 小结

在验证产业集群是欠发达地区实现跨越式发展的有效途径基础上，本章分析了我国欠发达地区产业集群发展的状况、发展的战略环境，从而找到影响发展的关键因素。

（1）从分析我国欠发达地区经济发展劣势、产业集群特性和优势出发，通过产业集群优势及欠发达地区劣势耦合模型，证明产业集群是欠发达地区实现跨越式发展的有效途径。

（2）通过对我国欠发达地区产业集群发展的历史回顾，分析发展现状和存在问题，进一步明确我国欠发达地区产业集群的发展状况。

（3）运用SWOT分析方法，找到我国欠发达地区产业集群发展的“O”、“T”、“S”、“W”，进行战略选择，并分析劣势产生原因，确定我国欠发达地区产业集群发展的路径，即根据区域发展实际形成一套有效的发展机制，培育一个完善的区域创新系统，选择一种合适的发展模式。

4　我国欠发达地区产业集群形成和发展机制

本章通过对产业集群成功和衰退规律的研究，主要分析我国欠发达地区产业集群的形成机制和发展机制的核心——动力机制，这是我国欠发达地区产业集群形成并得以持续、健康发展的保证。

4.1　网络关系的发育状况决定产业集群的兴衰

在产业集群的形成过程中，营造产业集群竞争优势的自身特性，即专业化分工、地理集中性、根植性和资源共享都发挥着重要的作用。而这些特性的存在都必须有一个内在基础：地理集中的企业之间必须相互关联。

4.1.1　产业集群的网络属性

产业集群实质上是一个网络，因为在产业集群内，具备网络组织结构的三个基本变量（活动、行为主体和资源）。产业集群网络的行为主体包括产业集群中的企业、大学、研究机构、地方政府、金融机构以及中介机构等；产业集群内的资源包括硬件基础设施、金融资产、人力资源等；产业集群中的活动主要指产业集群内部行为主体之间的相互作用。产业集群网络的基本形态如图 4 - 1 所示。

Keeble 和 Wilkinson 强调产业集群具有地理接近性和关系接近性，从而使产业集群呈现出网络特性。而在长期以来的研究中，产业集群的关系接近性特征被忽略了，对产业集群自身的网络属性研究很少，直到 Granovetter 的“嵌入性”（Embeddedness）理论的提出和社会网络分析方法（Social Network Analysis，SNA）的兴起，关系接近性才重新引起学术界的关注。嵌入性思想对于产业集群研究的启示是：仅仅从地理层面分析产业集群的产生、发展远

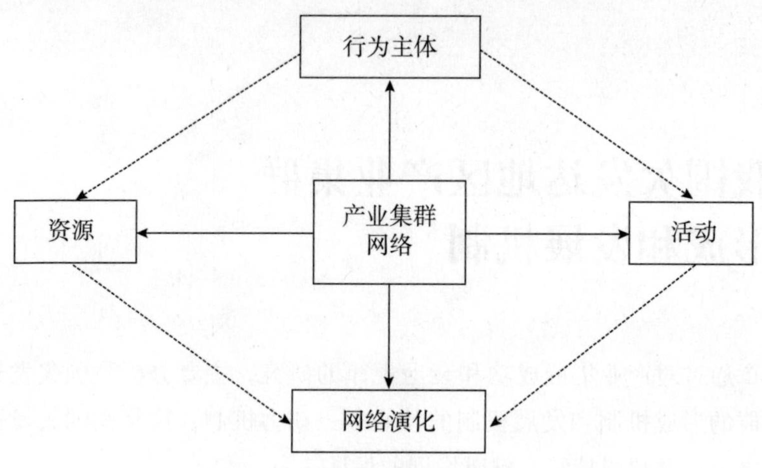

图 4－1　产业集群网络的基本形态

远不够，对产业集群的分析需要重新置于对社会关系分析的基础上，其中组织间关系的类型、性质及其结构的研究成为理解产业集群及其竞争优势的重要基础（蔡宁，吴结兵，2006）。社会网络分析方法作为社会科学研究的一种新的范式，为从量化角度分析产业集群网络关系结构特征对产业集群发展的影响，提供了有效的工具。

产业集群由一群互相联系的企业和机构构成。波特认为，产业集群企业包括最终产品或服务的企业、金融机构以及相关产业的企业。产业集群还包括下游产业的成员如销售商和顾客，互补性产品制造商，专业化基础设施供应商，政府和其他提供专业化训练、教育、信息、研究和技术支援的机构（如大学和科研机构），以及制定标准的机构。对产业集群有重要影响力的政府机关，也是产业集群的组成部分。最后，产业集群还包括同业工会和其他支持产业集群成员的民间团体。这些主体之间并不只是地理上的接近，更为重要的是互相之间密切联系，共同分享市场、技术、劳动力以及各种信息，形成既竞争又合作的关系。因此，网络关系是产业集群的本质特性。

Ahuja 认为产业集群内企业间存在生产、市场、技术、采购、基础设施等方面的关联，同时又存在基于声誉、友谊、相互依存和利他行为的竞合关系。因此，产业集群是拥有经济属性、社会属性和自学习属性的网络组织。

网络组织理论认为，网络组织比市场组织稳定，比层级组织灵活，是一种介于市场组织和层级组织之间的新的组织形式。由于网络组织动态开放、灵活等特性，提供了比企业等级组织更为广阔的学习界面，因此，产业集群网络是知识、技术流通的核心手段和重要工具，也是区域经济发展的重要载体。

网络结构使产业集群具有通畅的流动渠道，知识、信息和资源在网络中被水平地、双向地、交互地传播，拓展了产业集群内企业获取知识、信息和资源的来源；网络结构有助于促成产业集群内企业有意识地、主动地互动，实现基于产业链的紧密合作，以及资源共享和优势互补；网络结构使得创新的技术更容易扩散和转移，降低了创新的成本和风险，提高了创新的效率和成功率，促进产业集群高速化创新；网络结构有助于降低市场的不确定性、降低隐性成本、减少机会主义的发生；网络结构的延伸有益于产业集群吸纳外界新知识与新技术，有利于产业集群融入全球产业链和全球市场，防治产业集群“锁定”（刘爱雄，张高亮，朱斌，2006）。

4.1.2 产业集群竞争优势产生的基础

产业集群竞争优势的来源是多方面的，由于产业集群的类型和特点不同，竞争优势的来源也有较大的不同，如美国硅谷的竞争优势在于它的创新环境，而意大利产业区的竞争优势得益于它的社会网络。现有文献的解释可以归纳为四种观点：要素观点、内部关联观点、能力观点和外部关联观点。

要素观点不再是传统的基于成本的自然禀赋等因素，而是区域内因集聚、竞争、合作、创新和“干中学”而产生的动态的因素，是由基于自由选择的平等自由宽松的工作环境、开放的信息交流环境和创新的文化环境组成的社会资本，是生产成本优势、基于质量基础的产品差异化优势、区域营销优势和市场竞争优势。

内部关联观点认为企业通过集聚并且联合行动可以获得单个企业所不能得到的益处，这种联合又存在生产、市场、技术、采购、基础设施等方面的关联，同时又存在基于声誉、友谊、相互依存和利他行为的竞合关系，通过网络效应分析产业集群竞争优势的产生。

基于能力观点解释产业集群的竞争优势，是集中于产业集群的资源整合能力和创新能力。

外部关联观点关注产业集群的外部联系、产业集群间的互动、全球价值链治理等“外生成长因素”对产业集群发展的影响。他们研究地方经济和全球经济的相互联系，强调产业集群不能封闭发展，必须融入全球产业网络以实现持续的发展。

现有文献对产业集群竞争优势的研究，基于纯经济学角度、社会经济学角度和创新学角度，得出了不同结论。这些观点有一个共同的基础，就是都基于一定的网络关系。内部关联观点和外部关联观点都直接说明了网络关系对产业集群竞争优势产生的作用。要素观点和能力观点虽然并未直接从网络关系角度出发，但是，要素观点中的社会资本，强调的是产业集群的社会关系；能力观点中的资源整合能力和创新能力都要以网络关系为基础，产业集群内良性的竞争合作关系，有利于促进群内资源要素的合理配置，促进群内技术创新以及形成良性质量控制圈（Bell M and Albu M，1999）。所以，产业集群竞争优势产生的基础是良好的网络关系。

4.1.3　产业集群衰退的原因

1. 产业集群衰退的表现

（1）产业集群的灵活性逐渐降低，可控性逐渐增加

企业生命周期理论的创立者美国学者伊查克·爱迪斯（Ichark Adizes）认为，企业的生长和老化同生物体一样，主要是通过灵活性和可控性这两大因素之间的关系来表现，并决定其在生命周期中所处的位置。其他系统同企业一样，灵活性和可控性之间的关系也不是一成不变的。在建立初期，系统主体具有一定的自主权，主体之间的关系是很灵活的、松散的。但系统主体的发展目标必定与系统发展目标不一致，要受到系统的约束。随着约束的加深，系统的灵活性会逐渐降低，而可控性逐渐增加，进而导致系统的僵化，如图 4－2 所示。因此，从灵活性和可控性的发展趋势来说，系统具有自身的生命周期。

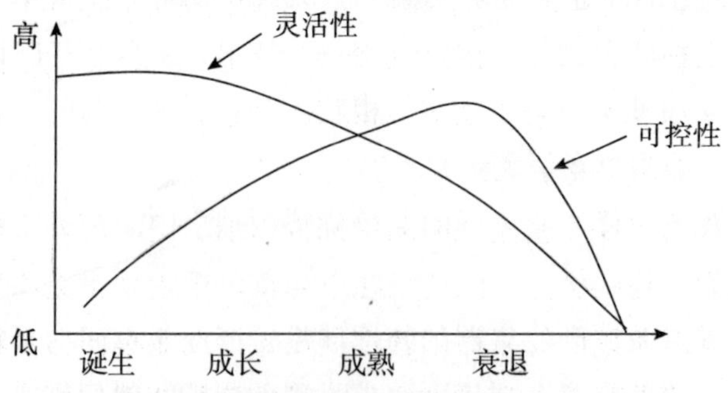

图 4－2　系统的灵活性与可控性关系

产业集群是由相互联系的企业和相关机构构成的复杂系统，因此，它的生命周期符合灵活性与可控性关系。产业集群进入衰退阶段时，可控性明显高于灵活性，演化为封闭僵化的系统。正如 Markusen 所说，产业集群越成功，越倾向于发展成一个封闭的系统，进而逐步丧失应变市场变化的能力，导致竞争力不断下降，直至产业集群的消亡。

（2）产业集群网络收益逐渐小于网络成本

产业集群在建立初期的竞争优势主要表现为成本优势，即由生产成本、运输成本、交易成本、信息成本等成本的降低而带来的产业集群收益。但随着产业集群不断成熟，维持产业集群发展的网络成本不断增加，当网络成本大于产业集群收益时，产业集群就不断走向衰退，如图 4－3 所示。

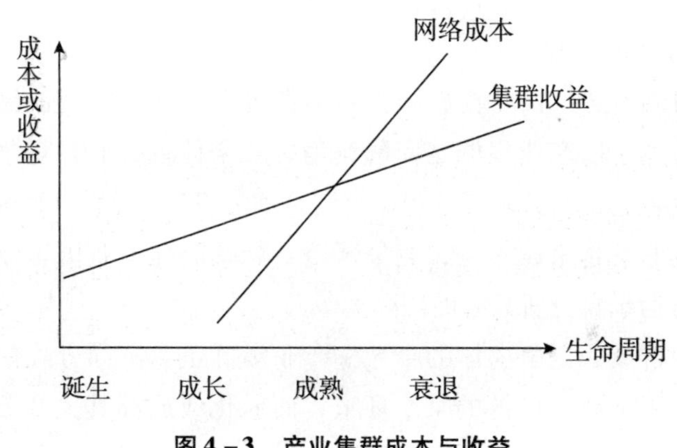

图 4－3　产业集群成本与收益

（3）产业集群衰退指标特征明显

进入衰退阶段，产业集群表现为企业数量开始减少，中介服务组织开始逐步撤出产业集群，产业集群产业规模变小；企业间分工协作网络被打破，上下游产业链发生断裂；产业集群核心产业竞争力衰退；产业集群文化开始没落。

2. 产业集群衰退的一般性原因分析

（1）内部矛盾的积累

产业集群作为市场和企业之间的中间性组织，同时具备了市场机制与传统单体科层组织结构的优点，因此，在市场竞争中表现出无法比拟的竞争优势。但是，由于产业集群的路径依赖性，根植于产业集群自身特性的竞争优势，往往缺乏自我更新与提升的能力，并且由于长期固化而成为导致产业集群衰退的核心刚性。核心刚性又称核心刚度或能力陷阱，主要是由于过分追求既定目标造成的，它的存在严重地制约了企业的战略选择。

①产业集群内企业的高度专业化分工增加了企业资产的专用性，使产业集群内企业以最优规模进行生产，但提高产业集群效率的同时也失去了柔性。

②地理空间的临近和文化背景的相同极大地促进了产业集群企业之间的学习，但由于具有基本相同的能力和信息，往往在面对相同的机会和威胁时作出相似甚至相同的生产经营决策，导致战略趋同。

③产业集群内企业相互关联在相互信任基础上建立的网络化结构降低了交易成本，但是加大了产业集群的封闭性，使整个产业集群对外部知识、技术的获取能力以及对外部环境的应变能力减弱。

④协同与溢出效应使众多企业坐享创新外溢的好处，但也滋生了“搭便车”的思想，引发了产业集群内企业的创新惰性。

（2）外部环境的改变

在技术日新月异、产品更新频繁和消费者需求偏好多变的激烈竞争环境中，全球经济竞争以产业集群之间的竞争方式来体现，而且竞争优势正以逐渐加快的速度被创造出来和侵蚀掉。特别是加入 WTO 以后，我国经济和市场与全球经济的联系越来越紧密，竞争环境日趋动态化，我国工业从来没有像今天这样系命运于自身所具有的国际竞争力。

在产业集群成为竞争主体的今天，产业集群正以不同方式快速嵌入全球价值链，专注于全球价值链的某个环节，而弱化或放弃其他环节，并通过大量的外部联系寻求与全球产业网络的融合，力求最大限度地获取价值。而我国的产业集群依然停留在成本优势阶段，没有完全嵌入全球价值链，或者即使嵌入全球价值链也仅仅停留于价值实现的低端环节。当它们的低成本优势消失以后，单纯依靠价格的低端竞争很难使它们在全球市场上长久立足。也就是说产业集群的存在并不意味着可以一劳永逸地获得区域经济持续增长。趋于封闭的产业集群系统很难获取外部的信息和资源，更谈不上获取国际竞争力。

3. 产业集群衰退的根本原因

结合产业集群衰退问题的文献综述，国内外学者从不同的研究视角、基于不同的研究方法，对产业集群衰退的原因采用了不同的表述形式，可以概括为内部因素导致的产业集群衰退和外部因素导致的产业集群衰退，如表4－1所示。

表 4－1　产业集群衰退的原因

	主要观点	代表人物
内部因素	结构性风险	Tichy G
	封闭、区域锁定、群体思维惯性、网络性风险	Markusen，Abrahamson 和 Fombrun，Pouder 和 Richard，Porter，蔡宁、杨闩柱和吴结兵
	自稔性风险	吴晓波和耿帅
	技术风险和制度风险	杨峰、杨文选和李卫锋
	柠檬市场风险	雷如桥和陈继祥
	品牌风险、“搭便车行为”	刘芹和陈继祥
	近交衰退风险和传染病风险	陈金波
外部因素	外部环境动态演化	Porter
	技术生命周期	Bent Dalum
	周期性风险	O. M. Fritz
	基于网络嵌入性的生命周期	蔡秀玲和林竞君

国内外学者关于产业集群衰退问题的研究，基本上停留于产业集群衰退的现象层面，或是产业集群衰退的某一方面原因的分析，对产业集群衰退的根本原因并没有达成共识。而且，产业集群按照不同划分标准可以分为不同类型，而不同类型产业集群具有不同的生命周期发展规律。所以，不同类型的产业集群和同一产业集群在不同生命周期表现为不同的风险，如表 4－2（冉庆国，黄清，2007）和表 4－3 所示。

表 4－2　不同类型产业集群的风险

类型	意大利式产业集群	卫星式产业集群	轮轴式产业集群
主要特征	以中小企业居多；专业性强；地方竞争激烈；合作网络；基于信任的关系	以中小企业居多；依赖外部企业；基于低廉的劳动成本	大规模地方企业和中小企业；明显的等级制度
主要优点	柔性专业化；产品质量高；创新潜力大	成本优势；技能/隐性知识	成本优势；柔性；大企业作用重要

续 表

类型	意大利式产业集群	卫星式产业集群	轮轴式产业集群
主要风险	路径依赖；面临经济环境和技术突变适应缓慢；停滞/衰退；内部劳动分工的变迁；部分活动外包给其他区域；轮轴式结构出现	销售和投入依赖外部参与者；有限的诀窍影响了竞争优势升级；前向和后向工序的整合；提供客户全套产品或服务	整个产业集群依赖少数大企业的绩效；停滞/衰退（如果大企业衰退/停滞）；升级，内部分工变化

表 4－3　　　　产业集群不同时期的风险

生命周期	诞生期	成长期	成熟期	衰退期
风险	战略趋同风险	本地化风险 政策风险 金融风险	路径依赖风险 锁定风险	企业退出 产业转型

根据表4－2和表4－3，我们发现，产业集群类型不同、所处时期不同所面临的潜在风险也不同，而且并不是所有的产业集群都会经过前三个阶段才进入到衰退期，衰退期可能会提前到来。通过对现有文献的研究，我们很难找到产业集群衰退的共同原因。也就是说，网络性风险、自稔性风险、品牌风险、柠檬市场风险等只是产业集群衰退的诱发性因素。通过以上研究，我们也发现，导致产业集群衰退的内部因素的产生，主要是由于内部网络发育不健全；导致产业集群衰退的外部因素的产生，主要是由于产业集群外部网络不完善，不能完全适应动态环境的变化。

所以，导致产业集群衰退的根本原因是产业集群内主体的关联性松散以及缺乏外部联系（冉庆国，黄清，2007）。在 Keeble 和 Wilkinson 强调的产业集群的地理接近性和关系接近性中，地理接近性是产业集群形成初期产业集聚非常关键的基础性的指标，也是比较容易实现的目标。而关系接近性在产业集群发展整个过程中起着至关重要的作用。随着产业集群的发展，基于专业化分工的主体间联系会越来越紧密。但是，在复杂多变的环境中，仅仅依靠内部联系是不够的，产业集群关系的僵化和锁定效应会导致产业集群适应外部环境变化的能力减弱或丧失。因为当环境变化时，产业集群关系的内容和形式就需要进行调整。也就是说，产业集群要想获得持续发展，产业集群关系应该有利于产业集群主体面对复杂动态的环境时，能够迅速整合内外资源，不断更新核心能力，适时进行战略转换，形成新的竞争优势。

综合以上分析，我们可以看到，产业集群通过网络才能体现出高于单个企业的竞争优势，网络关系的发育状况决定了产业集群的成功与衰退。

4.2 我国欠发达地区产业集群的形成机制

产业集群内的企业和地方政府、中介机构、科研院所、金融机构等网络主体通过协同，构成了纵横交错的网络，可以获得其他区域企业所没有的竞争优势，从而促进区域经济的增长。产业集群作为一种具有网络结构特点的产业组织，其发展和演化的基础在于内在的行为主体的竞争优势及其结构性整合。也就是说，产业集群内各行为主体的特征及其相互关系将直接影响到产业集群的形成和发展。本节着重分析产业集群网络主体及其相互关系借助网络实现知识、信息、资源等的流动，从而促进我国欠发达地区产业集群形成的机制。

4.2.1 形成条件

对于产业集群的形成，学术界给予了各种各样的分析。符正平分析了供给和需求两个方面的条件，傅允生从资源禀赋的角度分析了网络机制的重要性，郑凤田从宏观、中观和微观三个层次分析了产业集群形成的条件，郑胜利则认为产业集群是一定区域的历史与现实、内生与外生、主观与客观等一系列相互交错因素综合作用的结果。

根据对产业集群竞争优势产生的规律和产业集群衰退根本原因的分析，我们认为，产业集群形成和发展的关键在于网络关系的发育状况。网络关系是居于一定区域的网络主体（企业是产业集群网络最重要的主体）的相互关联，因此，从本质上分析，产业集群形成的条件主要是产业关联和地理集中。

随着技术的发展，生产过程划分为一系列有关联的生产环节。分工与交易的复杂化使得在经济中通过什么样的形式连结不同的分工与交易活动成为日益突出的问题（吴金明，邵昶，2006）。伴随着市场的不确定性和技术变革的日新月异，企业难以独立应付越来越复杂的分工与交易活动，不得不依靠企业间的相互关联。在一定区域内形成产业集聚，这种搜寻与吸聚最佳企业组织结构的动力与实践就成为产业集群形成的过程，如图 4 - 4 所示。

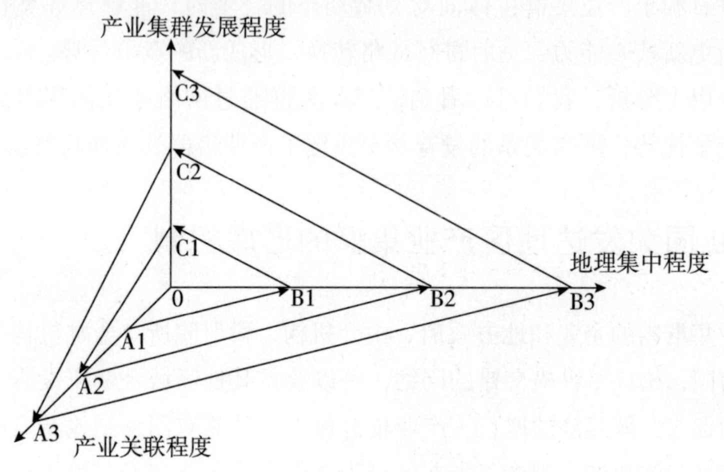

图 4 -4　产业集群形成的蛛网模型

产业集群的形成首先是由产业关联引起的，产业关联如果在一定的地理位置形成集中，就会不断引起产业集群组织的深化。在图 4 -4 中，A1、A2、A3 表示产业关联的程度，其中，A3 > A2 > A1 表示产业关联程度的不断加深；B1、B2、B3 表示地理集中程度，B3 > B2 > B1 表示地理集中程度的不断加深；C1、C2、C3 表示产业集群的发展程度，其中，C3 > C2 > C1 表示产业集群规模日益扩大和产业集群结构日益复杂化。三个坐标相交的原点 0，表示既无产业关联又无地理集中更无产业集群产生的初始状态。

从 A1 点开始，而不是从坐标原点开始，意味着产业关联是产业集群产生的起点。为了交易的方便，产业关联要求地理集中。也就是说，产业关联 A1 的存在促进了产业地理集中程度 B1 的产生，在 A1 和 B1 共同的作用下，形成产业集群的 C1 发展程度。C1 的这种产业集群形式的产生又促进了产业关联的进一步发展，于是，产业关联就从 A1 演化到 A2。相应地，在 A2 的作用下，地理集中程度从 B1 发展到 B2，A2 和 B2 又促进了产业集群形式从 C1 发展到 C2。接着，按照同样的原理，C2 促使 A2 发展到 A3，A3 又促使 B2 发展到 B3，A3 和 B3 又促使产业集群从 C2 发展到 C3……如此周而复始，使产业集群不断形成发展。

4.2.2　形成的关联机制

在我国欠发达地区产业集群构建的过程中，最需要解决的问题是如何加强各种产业联系。产业集群的产业联系主要包括网络内部的联系和网络外部的联系。产业集群网络主体包括企业、大学、地方政府、金融服务机构以及中介机构等，各个部分之间并不是孤立的，而是相互依存的。网络主体间相互联系以及与网络外主体的关联，形成了核心网络层、辅助网络层和外部网络层三个网络层次，网络结构如图4－5所示。

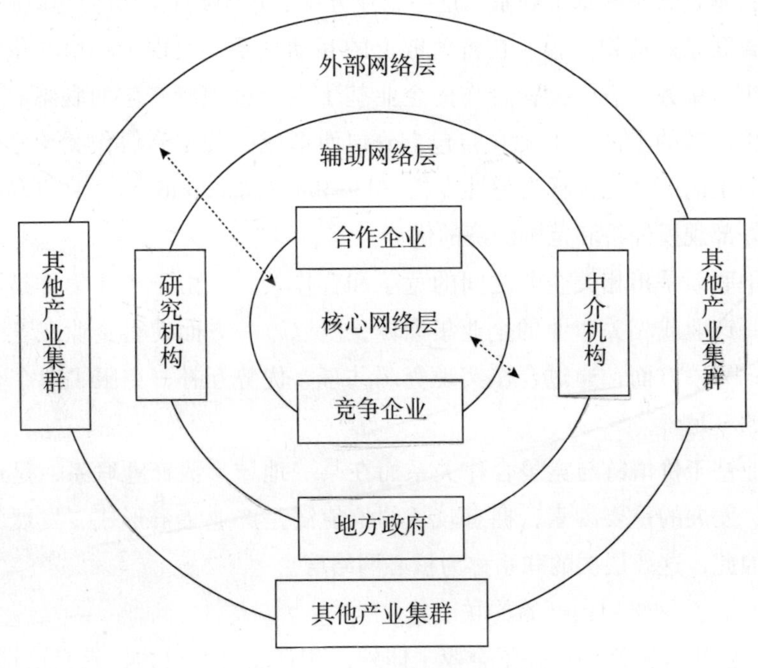

图4－5　产业集群网络结构

产业集群形成的内在规律是：从核心网络层内部企业和企业的关联开始，引起辅助网络层的关联并形成一定的空间布局。产业集群内不同企业实现价值的不同，直接导致产业集群的组织形式、空间布局、供需流动的特色与差异，这些差异会促使企业之间的竞争与合作并推动产业集群的不断演变，直到在关联机制的作用下，产业集群内部实现一种均衡并达到稳定状态时，产业集群才最终得以形成。

产业集群的三个网络结构层次在两个维度上相互关联，包括网络层内部的关联和不同网络层的关联。关联的内容越丰富，产业集群形成和发展越成熟。

1. 网络层内部的关联

（1）核心网络层内部的关联

在产业集群中，彼此独立但又有着特定关系的企业之间，存在着广泛的分工与协作，以实现优势互补、资源共享和成本节约。核心网络层体现各类相关企业之间的经济联系，是以物质和技术联系而结成的网络。它表现为两种形式：垂直联系和水平联系。这些企业分享、承担共同的机会与威胁。

垂直联系是指相关企业在价值链上的互动关系，表现为一组在供货、生产、销售、服务等方面紧密合作的企业基于生产过程所产生的联系。企业处于产品价值链的上游、下游和转包、分包而形成的分工和协作关系之中。这种高度分工的关系也被称为弹性专精（Flexible Specialization），具有马歇尔所提出的外部规模经济和范围经济的优势。

水平联系是指相关企业之间的竞争和合作关系。由于产业集群是大量的处于同一产业或相关产业的企业集聚体，所以，一方面使得企业在竞争中发展壮大；另一方面，通过合作实现资源共享、优势互补，克服了单个企业创新资源的不足。

企业基于价值链与竞争合作关系而在某一地域形成产业联系，是产业集群形成、发展的重要因素，拥有较长的价值链是产业集群形成、发展的核心条件，因此，这一层次的联系称为核心网络层。

（2）辅助网络层内部的关联

在产业集群网络中，除了企业主体外，还存在科研机构、教育培训机构、政府部门以及各类中介服务机构等主体。这些机构主要是为产业集群内企业发展和产业集群发展提供服务，所以称为辅助网络层。

2. 不同网络层之间的关联

这一维度的关联主要表现为核心网络层和辅助网络层之间、内部网络层与外部网络层之间的关联。

核心网络层与辅助网络层之间的关联体现为企业与产业集群内其他经济主体的互动关系，主要表现为各类机构为企业提供技术、人才、资本以及咨询培训等服务功能，实现知识、信息、资源等从辅助网络向核心网络流动。表现为政府通过投入资金直接建立，通过培育市场机制推动建立，通过制定和完善政策、法律法规，通过政策激励与规范实施，为中介机构、科研机构等主体的发展创造良好的环境。

内外网络层之间的互动关系体现为核心网络层和辅助网络层同外部环境中的企业、产业集群之间的互动关系，从而实现知识、信息、资源等从外部网络向内部网络流动。因为，随着经济全球化的进一步发展，各地方产业集群的发展自然融入全球产业价值链。地方产业集群与其他企业和产业集群的联系成为必然，这也是避免产业集群因封闭、锁定效应而衰退的根本所在。

在产业集群形成以后，由于它具有外部规模经济性、竞合效应（Competition Effects）和企业间协同发展等竞争优势和聚集功能，使得产业集群内企业不断衍生和裂变以及外部企业大量涌入和集结，企业之间的专业化分工与协作关系不断得到发展和完善，整个企业集群会成为一个“网络价值链群”（Clusters of Network Value Chain）。

在我国欠发达地区，产业集聚现象较多，之所以没能形成大规模的成熟的产业集群，就是因为这些企业之间的产业联系不足，各自为战。所以，构建我国欠发达地区产业集群必须通过关联机制，促进各网络层内部及其相互之间的互动关系。

4.2.3 形成的调控机制

对于我国欠发达地区产业集群的形成，关联机制只是解决了产业关联的问题。产业集群的形成不完全由关联机制所决定，它还受到企业内部管理、市场竞争结构和政府调控的影响。对产业集群的调控有三个维度：微观维——企业内部的自我调控；中观维——行业或市场结构调控；宏观维——政府监管。

现实中产业集群的形成是在上述三个维度共同调控下的产物。微观维调控解决的“企业边界”问题，它和企业治理结构包括企业产权设计等有关；中观维调控解决的是企业与企业在产业链中的位置和地位关系问题，包括企业在产业链的节点中是否处于垄断地位及其如何调控等；宏观维调控解决的是如何引入竞争和提高企业的效率问题。

微观维和中观维的相互作用就是企业之间的关联，宏观维和微观维的相互作用体现在政府对当地企业，主要是龙头企业的扶持上，宏观维对中观维的调控体现在招商引资和技术标准的制定等方面。

结合我国欠发达地区产业集群发展的 SWOT 分析结果，我们发现，企业作为核心网络层的核心，是产业集群三个网络层次关联的基础，而在企业中企业家作用不容忽视。政府作为辅助网络层的核心，通过政策支持、环境创建促进了产业集群三个网络层次间的互动，对我国欠发达地区产业集群的形成发展将起到至关重要的作用。

1. 企业家与我国欠发达地区产业集群的形成

这里的“企业家”是指产业集群中的企业家主体和企业家精神。

企业家与经济增长的关系最早可以追溯到熊彼特，他强调经济增长过程中追求利润最大化的企业家对推动创新和经济增长的作用。波特也指出，国家优势的核心是“发明”和“企业家”。霍尔康姆（Holcombe）则称，经济增长的发动机就是企业家精神。传统意义上，企业家的定义往往简单地建立在所有权分配的基础上，即企业家就是企业的最大股东、最高决策者。熊彼特对企业家角色和产业变革中的创新进行了观察，通过追踪经济变化中的破坏性创新和识别企业家创新者，熊彼特将企业家精神及其与动态不确定性的联系置于经济学推理的中心地位。在熊彼特的眼里，企业家是创新的主体，他们破坏均衡的市场结构并从中攫取利润；如果没有企业家的创新，市场将处于均衡状态。正是企业家通过创新，打破旧的均衡，实现了创新利润，“破坏性的创造”因此得名（田红云，陈继祥，2006）。

企业家作为地区经济发展的活跃因子，构成产业集群形成和发展的一个关键要素条件。杜拉克认为企业家是勇于并善于进行创新实践的人，企业家精神就是创新实践行为。产业集群中企业家精神可概括为六个“一种”：一种对现实永不满足的精神，一种见缝插针的冒险精神，一种从一分钱开始的创业精神，一种不断摸索模仿的学习精神，一种跌倒再爬起的永不言败的精神，一种追求自身实现奉献社会的精神（刘冀生，2003）。

在我国欠发达地区，企业家对产业集群的形成和发展所起的作用更是不容忽视。欠发达地区最为缺乏的是企业家，有了企业家就会有项目、资金和专业技术人才。在我国欠发达地区，是否具有企业家精神资源往往决定产业集群发展的前景。如果在这些地方拥有较为丰富的企业家精神，又具有较多的创业实践机会与良好的创业环境，以及在创新企业家及其创业活动的示范带动下，产业集群就会形成和发展。尤其在形成阶段，具有创新精神的个别企业家往往可以利用其掌握的社会关系网络发现识别新的业务机会。这些企业家在产业集群形成、发展过程中扮演着率先进入者和示范者的角色，其后的进入者通过模仿获得新建企业必要的技能和知识。许多的产业集群都是在这些具有创新、创业精神的企业家的带动下形成和发展的。

2. 政府与我国欠发达地区产业集群的形成

Edward Feser 主张："产业集聚化是自生、自发程序的结果，政府在产业集聚中的作用比想象的小得多，集聚现象最多只是为改革政策提供原则指导，发展中国家要想通过产业集聚政策来发展经济，成功的希望很渺茫。"

"增长极"理论进一步探讨了政府干预与政策作用亦可以人为创造产业集群在特定区域的发生与发展。国内学者对欠发达地区产业集群发展的研究也普遍发现，政府在产业集群的发展中具有十分重要的作用。郭勇，罗波阳和朱有志（2005）通过对照分析了陈家坊镇政府不同时期近乎相反的政策，以及该地服装产业集群的兴衰历史，发现"政府的行为在欠发达地区产业集群演化过程中是至关重要的"。吴晓军则从欠发达地区体制效率较低、"市场缺位"（尤其是中介组织薄弱）、政绩考核等三个方面，说明在欠发达地区产业集群发展过程中，地方政府注定是强势政府，能够成为推动产业集群成长的主导力量。钱平凡认为，欠发达地区政府在产业集群的成长与升级过程中，担当着规划、指导、宣传与支持的角色。

虽然大多数学者把产业集群的进化看成是一个自组织的过程，但在实践中确实也存在着一些案例表明政府政策对产业集群的成长起到很重要的作用，例如，印度班加罗尔的软件集群、我国台湾的新竹高技术园区等产业集群的成功经验表明，政府能够通过与企业、地方机构的合作制定有效的政策促进产业集群的形成与发展。由于我国欠发达地区市场的力量较弱，政府的作用在产业集群形成和发展中更是不可缺少。

李成金（2005）在研究地方政府促进装备制造业中小企业集群成长机理的过程中，运用了集体效率原理。集体效率认为集聚通过两个机制激发经济活动：马歇尔外部性和合作。马歇尔外部性也称为被动的集体效率，当经营同一行业的企业在特定的区域集聚后，往往能自动地产生积极的外部经济效应，能够大大降低企业的生产成本。主动的集体效率只能通过旨在产生合作和结网这些有目的的活动才能实现。主动的集体效率可以使产业集群中的中小企业更好地应付外界市场环境的变化，是产业集群生存或消亡的重要决定因素之一。

这一研究成果对我们研究地方政府对我国欠发达地区产业集群发展的促进作用很有借鉴意义。地方政府在促进我国欠发达地区产业集群发展方面可以产生积极的作用，其机理是通过地方政府的干预获取被动的和主动的集体效率。我国欠发达地区的地方政府可以通过投资共用基础设施等方式帮助当地产业集群获取被动集体效率，通过促进产业集群内企业间的横向合作以及纵向分工的形成和发展来帮助当地产业集群获取主动的集体效率。也就是说，政府的作用主要表现在两个方面：一方面，通过改善交通、通信等基础设施来营造企业发展与创新的硬环境；另一方面，积极创造有利于创新的软环境。

政府行为的主要形式是产业集群政策。如丹麦政府的“产业网络协作项目”（Industrial Network Cooperation Programme）成功地为300多个产业集群提供金融服务；瑞典的创新系统机构Vinnova推出了全国性项目计划，以扶持瑞典产业集群的科技育成中心；葡萄牙的联合创新支持计划（Integrated Innovation Support Programme）以创新和产业集群为核心，重点发展创新集群等。各种专项发展项目可以为产业集群发展带来机会，也可以解决产业集群发展中存在的不足或某种危机。

企业家个人处于将技术、产业和地区向前推进的最有利地位，在产业集群形成和发展的所有阶段，企业家的动力作用都是极为明显的，企业家是产业集群发展的原动力。正因为如此，政府的经济发展政策应该关注激励企业家。在激励企业家方面，地方政府政策所起作用更多的是辅助性的，而且这种作用在产业集群发展的后期阶段比较有效。

4.3 我国欠发达地区产业集群发展的动力机制

产业集群主体作用发挥以及互动的发生，还需要一定的机制来推动和维持。与发达地区相比，我国欠发达地区产业集群发展除了集聚效应、外部经济、规模经济等机制外，特别需要的是产业集群发展的动力机制。因为，动力机制作为推动产业集群发展的根本动力，是产业集群发展的核心。产业集群发展的动力机制是驱动产业集群发展和演化的力量结构体系及其运行规则，具有一定的稳定性和规律性。完善的动力机制是产业集群得以持续、健康发展的保证，它可以将产业集群中任何可获得的要素很快转化为竞争优势，而且能带来持续的竞争优势，如图4－6所示。在动力机制作用下，产业集群竞争优势往往具有自我繁殖和演进趋势。“调整过程”表示动力机制的变动和调整，造成了产业集群竞争优势的起伏。动力机制越成熟，调整时间就越短，竞争优势增长就越快（刘恒江，陈继祥，2005）。

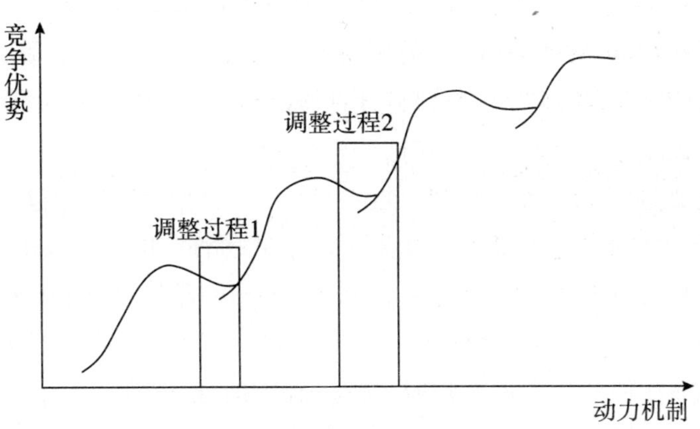

图 4－6　产业集群动力机制与竞争优势的关系

集群动力机制的作用是复杂的，不同的产业集群有不同的动力机制。结合我国欠发达地区产业集群发展的特点，动力机制应该是由机遇、创业机制、网络协作和集体学习共同作用的正反馈系统。

4.3.1　动力机制分析

1. 机遇

在经济全球化浪潮的推动下，众多国外和境外跨国企业在全球范围内组织生产运营，欠发达地区的资源环境优势备受青睐。我国沿海发达地区 30 多年来经济获得了蓬勃发展，民间资本积累接近饱和，产业结构也正面临着调整和升级，大量的制造业特别是劳动密集型制造业呈现出向欠发达地区进行梯度转移的趋势。资本、技术和人才特别是高级管理技术人才是欠发达地区最为稀缺的，而这些却正是国外、境外和沿海发达地区的强项，是向欠发达地区输出的主要生产要素。20 世纪 90 年代，出现了发达国家制造产业向我国转移，国内制造产业又向经济欠发达地区转移的现象。一些欠发达地区紧紧抓住这一机遇，将本地打造成为沿海发达地区产业转移的“承接基地”，大大促进了我国欠发达地区产业集群的发展。

湖北仙桃市彭场无纺布产业集群就是在世界产业转移的大背景下形成和发展起来的。无纺布最早出现在美墨边境，20 世纪 80 年代初，转向劳动力相对便宜的中国沿海，10年后，开始向中国内地转移。1992年，彭场镇草席总厂根据这一契机，转向无纺布制品出口加工产业。2000年年初，该镇无纺布加工出口企业达到17家。2011年，拥有工业企业168家，从业人员近3万人。其中无纺布制品加工和配套企业达116家，外商独资、合资企业10多家，工贸合作企业50多家，拥有自营出口权企业42家，从业人员2.2万人。彭场工业以无纺布产业为主导，在这116家无防布系列企业中，无纺布生产、制品加工企业78家，橡筋、拉链、纽扣、滤纸、分切、线厂和包装等配套企业38家，年出口集装箱标柜1.5万多个，出口交货值20亿元，占全国无纺布制品出口总量的40%，已成为全国最大的无纺布制品出口基地。目前，彭场无纺布产业集群效应明显并逐步提升，正以配套能力强、生产成本低、产品质量优、制品品种全、技术创新快等优势抢占市场竞争的制高点。今日彭场，体制更具活力，经济更具实力，城镇更具魅力，产业更具竞争力。目前，彭场也正以更加开明的政策、更加开放的形象、更加优越的环境、更加周全的服务热忱欢迎海内外客商前来投资兴业，大展宏图，共同打造中国无纺布工业城，建设富裕而美丽的新彭场。

2. 创业机制

创业机制是指影响个体创业决策及实施的各种因素及其作用方式和后果，包括高级生产要素的供给、容忍失败鼓励创业的创业精神、完备的服务体系等内容。创业机制存在着一种快速淘汰、鼓励创新、催生新企业的机制，产业集群中比较健全的创业机制能够提供优越的创业环境和平台，极大地促进企业家的诞生和新企业的创办。

创业机制包括以下几点：第一，创业的意愿和激励。一方面，个体内在的获利动机驱使、创业精神拉动、周围成功创业者的积极影响等因素，使一些潜在创业者产生创业冲动；另一方面，稳定的法规、政策环境，如保护创新思想、扶持创业的制度和政策，使潜在的创业者对创业活动的前景抱有稳定的预期。第二，可提供潜在创业者学习模仿对象。潜在的创业者是否决定创业，还取决于周围成功创业者的创业活动对他来说是否具有可比性。只有那些具有可比性的成功创业者才能对潜在创业者起到示范作用。第三，创业门槛。包括政府对行业准入的限制、创业所必需的条件，如资金、厂房、机器设备、原材料、专业知识技能、购销渠道等是否容易达到创业最低要求。如果把潜在创业者的创业活动看成是创新及其扩散过程，个体采纳某项创新的决策取决于系统内其他已经采纳该决策，并且已经做出相应的行为变化的个体的人数及其对创新效果的满意程度。第四，创业保障。一方面，创业成功后，在企业持续发展过程中能否充分保障并实现创业者的创业利益，如股权、期权、知识产权等权益；另一方面，创业者退出创业活动或创业失败后被迫退出时，退出门槛越低，则创业风险越小。如果有可预见的相对稳定的创业保障，必然会有更多微观主体选择创业（杨静文，朱宪辰，冯俊文，2004）。

在我国欠发达地区，还没有形成有规模的产业集群，而且缺乏企业家要素，所以，创业机制是我国欠发达地区产业集群发展的最重要的动力。在我国欠发达的产业集聚区，比较健全的创业机制可以调动区内蕴藏的市场信息，提供人才、技术、资金、设备、部件、经营诀窍等必要的投入资源，诱发新企业的诞生，既可以促进产业集群内部企业衍生，又可以吸纳产业集群外部创业者。

3. 网络协作

产业集群不同于完全竞争市场组织与纵向一体化企业组织的主要特点就在于它的网络性。这种网络是以共同地域为空间架构，以产业链为纽带，以分工与专业化生产为基础的地方企业与机构的集合。产业集群的网络性在很大程度上受到社会网络关系的约束。以亲缘、血缘、业缘与乡缘等关系为基础构成的社会网络关系，具有天然的合作意愿与信任关系。这种社会网络关系所具有的聚合作用使产业集群主体间交流更方便，协作更容易，不仅降低交易费用，而且能够形成相对稳定的预期从而导致产业集群的形成与发展。

专业化企业之间的交流与合作是我国欠发达地区产业集群发展的最基本支撑力，也是我国欠发达地区产业集群获取独特竞争力和区域竞争优势的基础。在我国欠发达地区，企业之间缺少互动意识和协作理念，不重视群体效应的发挥和释放，企业间互补性的专业化分工与合作很不充分。我国欠发达地区产业集群可以利用畅通于信任和分工合作基础上的密集的关系网络，进行资源的交流、分配以及创新，企业、政府和中间组织之间形成互补性的协调发展机制。产业集群内部发达的网络系统可以使先进的技术和管理经验通过人员的流动扩散到产业集群内的其他企业中，为产业集群内企业的衍生和发展提供便利条件，同时也规避了创办新企业的风险。产业集群外部网络系统可以促进发达地区的先进技术、人才、资金、经验等要素向我国欠发达地区流动。因此，网络协作是我国欠发达地区承接发达地区知识转移的最直接、最重要的形式。产业集群内的企业因为地域的接近和领导人之间的密切联系，形成共同的正式或非正式的行为规范和惯例，彼此之间容易建立密切的合作关系，从而减少机会主义倾向，降低合作的风险和成本，因此，其合作的机会和成功的可能性无疑会大大增加。

4. 集体学习

与传统的学习理论侧重个人作为学习主体不同，集体学习是产业集群内成员企业为了应付技术、环境等不确定性的挑战而协调行动，本质上是知识空间转移的一种有效载体（Capello R，1999）。集体学习是产业集群背景下群内企业与机构等组织间的互动所带来的知识传递、积累及新知识的产生过程，是知识积累的社会过程，依靠共同的规则与程序，使得个体可以协调行动，解决问题。集体学习可分为产业集群内部学习和产业集群外部学习两种。

（1）产业集群内部学习

产业集群内部学习的主体主要是各种类型的企业与相关机构，这些企业和相关机构的科学家、工程师、技术人员以及工人组成了学习队伍，共同创新，显示了较强的解决问题的集体性。他们通过前向、后向、水平学习，可获取各种知识资源，包括产品设计思想、工艺技术诀窍等，通过这些知识资源提升企业原先较低的技术水平、工艺设计水平等。

产业集群内部学习的前提，一是地理临近性增加了集群内主体交流的机会；二是相同或相近的社会文化背景加强了知识、信息等在集群内主体间流通的速度；三是路径依赖性促进了知识、信息在产业集群主体间的交流。

（2）产业集群外部学习

集群中企业长期的集体学习和连续的知识积累可能会使整个集群被一条日渐没有竞争力的技术轨道锁定，因而向外部知识源学习对于“创新环境”的持续成功而言就非常有必要。

在快速变化的动态竞争环境中，只有不断调整经营策略适应外部环境变化的产业集群才能生存下来。所以，产业集群企业还必须从外部同行、外部客户、外部供应商以及外部公共技术支持部门等获取知识资源，从而提升对外部市场、顾客价值、新产品新工艺的新知识和新信息，以预测外部环境的变化，降低未来环境的不确定性风险，提升企业把握未来成长途径的能力。

国内外相关文献以及大量的实证研究表明，集体学习对于整个区域的经济活动有着显著的关联性。对于我国欠发达地区产业集群发展来讲，集群集体学习则更加重要，尤其是产业集群外部学习，它不仅要通过学习来适应外部动态竞争的环境，还要通过学习来避免内部学习可能导致的技术锁定，更重要的是在集群形成和发展的整个过程中，都要学习发达地区产业集群积累的经验教训。

4.3.2 动力机制模型

机遇、创业机制、网络协作和集体学习从不同角度，揭示了我国欠发达地区产业集群发展的动力源泉。实际上，这些机制在运行过程中，相互影响，共同作用于我国欠发达地区产业集群的发展过程。

1. 动力机制四维模型

这些机制是相辅相成的，它们互相融合构成产业集群的动力机制，如图4－7所示，动力机制的作用使得产业集群持续、健康发展。

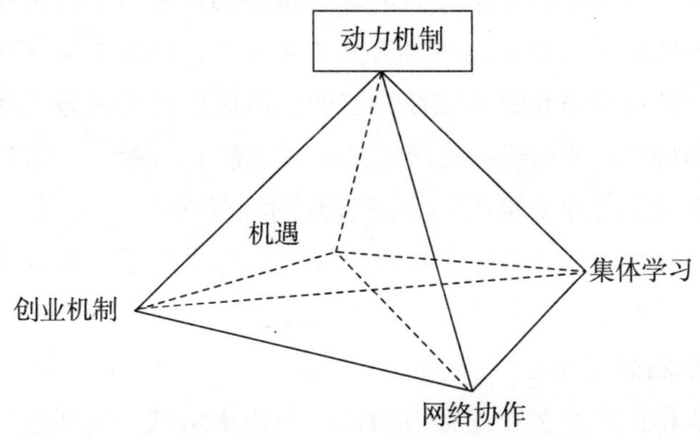

图4－7 我国欠发达地区产业集群发展的动力机制四维模型

机遇和创业机制的结合形成了产业集群最初的企业。首先对一个地区而言，在给定现有资源的条件下，机遇的产生是外部因素变动的结果。菲尔德曼（Feldman）在考察美国国会大厦地区产业集群的形成原因时指出，在1970—1990年的二十年间，该地区经历了一系列外部政策变化的影响，如政府裁员、政府向私营部门采购商品和劳务，这两项措施降低了企业家创业风险的门槛。除了需求方面的变化外，为了应对美国日益降低的竞争性，《Stevenson－Wydler 技术创新法案》和《Bayh－Dole 大学及小企业专利法》

等一揽子政策法案将政府资助的知识资本向工业企业转移。在国会大厦地区的大量联邦和大学实验室被允许向小企业发放发明使用许可证。1982 年的《小企业创新发展法》要求所有年度研究和发展预算超过 1 亿美元的联邦机构必须为小企业留出 1% 的研究发展基金。所有这些措施都为企业家的创业提供了大量的机会和必要条件。

回顾我国一些产业集群的发展历程，也同样如此。改革开放解放了农村的生产力，有着传统的“鸡毛换糖”历史的温州人走上了经商之路；苏南也一样，苏南素来有“男商女耕”的传统，政策的变化产生了商机，而当地传统的历史文化积淀又孕育了企业家（田红云，陈继祥，田伟，2006）。机遇和创业机制逐渐形成产业集群网络组织；反过来，网络协作又进一步促进创业机制的发挥，推动产业集群通过集体学习走向成熟。

产业集群的集体学习是一种网络式学习过程，网络式学习过程的实现需要一定程度的网络协作。集群中企业与机构是相互依赖的，而不是独立的，集群就具有了结构和结构化的行为方式。按照马歇尔对于产业地方化的经典论述，集群的网络可以视为四种相互重叠的网络形式：企业家网络、劳动力网络、投入—产出网络和技术网络。这四种网络形式都体现在集群网络的结构，即构成集群的企业与机构之间的关系中（蔡宁，吴结兵，2005）。轮轴式产业集群和卫星式产业集群是两种最基本的集群网络结构。可以看出，组织的重叠性与互补性构成集群结构的显著特征，这体现了组织间知识的重叠与互补，强化了组织的学习功能。

2. 动力机制演化模型

产业集群作为一种企业聚集有效的产业组织形式，犹如生物有机体一样有其生命周期过程。奥地利区域经济学家 Tichy 在借鉴佛农（Vernon）“产品生命周期”理论的基础上，从时间维度考察了产业集群的演进，并将产业集群的生命周期划分为四个阶段：诞生阶段（The Formative Phase）、成长阶段（The Growth Phase）、成熟阶段（The Maturity Phase）和衰退阶段（The Petrify Phase）。由于产业集群的发展是一个连续发生的动态过程，动力机制是逐渐形成并蕴藏于其中，因而动力机制必然会随着产业集群发展变化而演化。

虽然动力机制实际上是同时作用于产业集群发展的不同阶段，但这些机制对处于不同发展阶段的产业集群的影响程度不同。根据以上分析，构建我国欠发达地区产业集群发展的动力机制演化模型如下：

$$C\ (T_n)\ = \lambda_1 OP + \lambda_2 EM + \lambda_3 NE + \lambda_4 CL + \varepsilon$$

其中，$C\ (T_n)$ 代表产业集群发展不同阶段的竞争优势，$T_n \in (T_1, T_2, T_3, T_4)$，分别代表产业集群发展的四个阶段；$\lambda_n$（$n=1, 2, 3, 4, 0 \leqslant |\lambda_n| \leqslant 1$）分别为各动力机制对因变量（产业集群竞争优势）的贡献权重，$|\lambda_n|$ 数值越大，表明该权重对应的自变量对产业集群成长的贡献越大；*OP* 代表机遇（Opportunity），*EM* 代表创业机制（Entrepreneurial Mechanism），*NE* 代表网络协作（Net Cooperation），*CL* 代表集体学习（Collection Learning）；ε 为随机扰动项，代表可能被忽略的变量的贡献。

当 $T_n = T_1$ 时，处于产业集群诞生阶段，机遇是产业集群形成的主要动力，$\text{Max}\lambda_n = \text{Max}\lambda_1$；当 $T_n = T_2$ 时，处于产业集群成长阶段，创业机制是产业集群发展的主要动力，$\text{Max}\lambda_n = \text{Max}\lambda_2$；当 $T_n = T_3$ 时，处于产业集群成熟阶段，网络协作是产业集群发展的主要动力，$\text{Max}\lambda_n = \text{Max}\lambda_3$；当 $T_n = T_4$ 时，处于产业集群衰退转化阶段，产业集群由于群体思维抑制了创新，就会面临三大风险：结构性风险、周期性风险和网络性风险，集体学习是规避风险的主要动力，$\text{Max}\lambda_n = \text{Max}\lambda_4$。

4.4 小结

依据产业集群网络观点，本章系统研究了我国欠发达地区产业集群的形成机制和发展机制的核心——动力机制。

（1）在明确网络关系是产业集群的本质特性的基础上，通过对产业集群衰退根本原因和竞争优势来源的分析，指出网络关系的发育状况决定了产业集群的成功与衰退。

（2）在产业集群网络观点的基础上，分析我国欠发达地区产业集群的形成机制，即形成的条件、形成的关联机制和调控机制。

（3）指出我国欠发达地区产业集群发展的动力机制是由机遇、创业机制、网络协作和集体学习共同作用的正反馈系统，并构建了动力机制四维模型和动力机制演化模型作进一步分析。

5　我国欠发达地区产业集群发展的区域创新系统

人类社会已进入知识经济时代，知识经济的本质特征是创新。创新能力不仅决定了区域经济发展的持续性和竞争力，而且也决定了生产要素的使用效率。也就是说，欠发达地区在通过发展产业集群来发挥后发优势、实施“赶超”战略、缩小与发达地区差距的过程中，只有以创新为契机，使创新成为集群和区域经济增长的根本动力，不断提高区域创新能力，才能实现我国欠发达地区产业集群发展的持续性。

5.1　产业集群创新系统概述

5.1.1　区域创新系统定义

美籍奥地利学者约瑟夫·熊彼特最早提出和研究了创新问题，之后创新活动经历了由个体的、偶然的、随机的创新行为向多主体参与的、系统的、有组织的创新行为的过渡，使建立与形成创新系统成为创新的内在要求。

所谓创新系统（体系）是指能够基于市场机制和国家战略引导，有效促进各类创新主体进行网络化互动的组织系统，涉及创新的主体、创新的体制和机制、创新的环境等多个方面（徐冠华，2003）。创新主体的多层次性自然决定了创新系统的多层次性。就一个国家而言，必须具有国家级的创新系统，以提高国家或民族在国际竞争和世界格局中的地位；就一个地区、一个特定区域，尤其是一级地方政府的行政区域而言，也必须有自己的创新系统，以提高区域经济和社会发展的竞争力；就一个企业而言，也同样存在一个创新系统的问题，以提高自身创新能力，增强市场竞争力。

区域创新系统（Regional Innovation System）是在20世纪90年代才开始

出现的概念，而引入我国是在20世纪90年代末。到目前为止，国内外有关区域创新系统的主要定义如表5-1所示。

表5-1　　国内外关于区域创新系统的定义

作　者	概　　念
Cooke，Morgan（1993）	区域内企业和其他组织系统地学习，并根植于制度环境的系统
Carlsson（2003）	相互联系的要素（如主体、企业和其他组织）以及他们的态度构成和维持的制度系统
赵修卫（2000）	在一定地区范围内，通过有机结合各种创新资源和要素，以促进区域内创新活动为目的的系统
黄鲁成（2000）	在特定的经济区域内，各种与创新相联系的主体要素（创新的机构和组织）、非主体要素（创新所需要的物质条件）以及协调各要素之间关系的制度和政策网络
潘德均（2001）	一个地区内有关部门和机构相互作用而形成的推动创新的网络
顾新（2001）	在一国内的一定地域范围内，将新的区域经济发展要素或这些要素的新组合引入区域经济系统，创造一种新的更为有效的资源配置方式，实现新的系统功能，使区域内经济资源得到更有效利用，从而提高区域创新能力，推动产业结构升级，形成区域竞争优势，促进区域经济跨越式发展
谭清美（2002）	区域范围内的创新要素构成的创新功能系统，是区域范围内的一种社会经济系统
林迎星（2002）	区域内各创新行为参与者在一定的创新环境下相互合作所形成的促进创新的系统
刘斌（2003）	在一定经济区域内与创新全过程相关的组织、机构和实现条件所组成的网络体系及其运行规律，由主体、环境和连接三个部分构成，具有输出技术知识、物质产品和效益三种功能

从表5-1的各种定义可以看出，学术界对区域创新系统概念的重要分歧表现在五个方面：①对区域创新系统中的“区域”的理解不同，有的认为是经济区域，有的认为是行政区域，更多的认为是技术区域；②对区域创新系统定义的角度不同，大多数人是从区域创新系统的构成要素及结构去定义，也有的是从区域创新系统的自组织形式或运行方式去定义（如将区域创新系统定义为创新网络），还有的是从区域创新系统的作用与功能去定义；③对区

域创新系统功能的认识不同，一般认为区域创新系统的主要功能是技术创新，但也有的认为区域创新系统的功能应包括制度创新、组织创新等在内；④对区域创新系统的构成要素认识不同，一般认为区域创新系统是由企业、大学和科研机构、政府、中介机构等创新主体构成，但对主体数量的认识不一，也有的认为区域创新系统的构成要素不仅包括不同的创新主体，而且还包括创新资源、创新环境等；⑤对区域创新系统的性质认识不同，有人认为区域创新系统是一个技术系统，也有人认为区域创新系统是一个社会系统，还有人认为区域创新系统是一个社会经济系统（邹再进，2006）。

区域创新系统具有层次性，在区域创新系统的研究中，必须明确所研究区域的特殊性，才能得出与区域的实际情况真正符合的结论。要科学的界定区域创新系统的概念，必须符合以下三个要求：①明确区域范围和性质；②明确系统结构，包括构成要素及组织方式；③明确系统功能。所以，区域创新系统是指在一定的区域范围内，各种构成要素相互结合，以提高区域创新能力的系统。

5.1.2 产业集群的本质是区域创新系统

马歇尔在1890年的《经济学原理》中最早将产业集群（产业区）定义为，在一个由历史与自然共同限定的区域内，其中的中小企业积极地相互作用，与当地社会形成一个完善的系统。波特也认为产业集群是一组在地理上靠近的、相互联系的公司和关联机构，他们之间由于具有共性和互补性而联结在一起。这些定义比较充分地反映了产业集群的外在特征，但并不能反映产业集群的本质。为更好地发展产业集群经济，有必要对其本质做进一步的探讨。

经济合作与发展组织（OECD）的一个研究项目对产业集群的本质进行了很好的总结，各国学者对产业集群本质的理解如表5－2（许庆瑞，毛凯军，2002）所示。

表5－2　　产业集群的本质

国家	对产业集群的理解	国家	对产业集群的理解
德国	相似公司的聚集和创新模式	美国	供应链网络和生产网络
意大利	产业知识流	加拿大	创新系统
墨西哥	创新系统	澳大利亚	创新的网络和生产网络
荷兰	价值链和生产网络	法国	由知识连接起来的独特组合
英国	区域创新系统	爱尔兰	价值链和生产网络

从表5－2可看到，比较多的国家认为产业集群的本质是创新系统。而且，结合前面对产业集群概念的研究，产业集群符合区域创新系统概念界定的三个要求：①产业集群具有地理集中性，总要落在一定的区域上；②产业集群由众多的企业、机构组成，并具有一定的关联性；③企业、机构联系在一起的目的在于追求集群式创新的效应。所以，产业集群本质上是一个区域创新系统。产业集群实际上是把产业与区域经济发展，通过专业化分工有效地结合起来，它是区域创新系统的重要载体。因此，我们可以给出产业集群创新系统的定义，产业集群创新系统是指在产业集群区域内，企业、机构、大学、政府等主体在一定网络关系基础上促进创新，提升产业集群创新能力的社会经济系统。

但是，产业集群创新系统与其他创新系统相比，有它的特殊性。

（1）产业集群创新系统中的创新主体是在一个相关产业价值链或知识、生产网络上。产业集群内的企业围绕某一类产品或服务而展开紧密的分工合作，这些分工合作再加上网络成员间的激烈竞争共同促进了产业集群的知识库成长，从而提升了产业集群的创新能力。其他区域的不同产业的企业聚集并不必然地形成产业集群。

（2）产业集群创新系统有完善的辅助性机构。辅助性机构支持企业的创新及日常经营活动，比如商会、质量监督部门、风险投资企业、会计师事务所、大学等。产业集群创新系统比起一般的区域创新系统来说，要完善得多。作为一个创新系统，产业集群内的分工协作是十分细致的，每个企业在整个产业集群价值链上只占据一个或几个关节，而不是全部。这样，就需要有专门的机构联结、协调各个环节上的企业，在信息的提供、知识的交流、资金的筹集、业务的咨询、战略的策划、人才市场的建立上提供专门的服务，以节省企业创新的成本，提高创新效率。

（3）产业集群创新系统有健全的创新环境。比如一些制度规范、文化、习惯等，产业集群本身的形成及发展对这些因素有很大的需求，产业集群的演化也促进了它们的成熟。制度对产业集群实现创新有着巨大的影响，如果各种规范的制度能够彼此协调，有利于知识的传播、人才及其他创新要素的流动，就会促进产业集群内各创新主体间的长期合作，就能够很好地利用分工协作的优越性和产业集群的创造性，而且可以抑制产业集群内部可能出现的任意行为和机会主义行为。而一个区域鼓励创新、鼓励冒险、宽容失败的文化氛围则能激发企业的向心力和创新热情，促进协作关系的形成。

5.2 我国欠发达地区产业集群创新系统结构与功能

根据系统科学原理，系统是由相互关联、相互制约、相互作用的部分所组成的具有某种功能的有机整体。每个系统在时间、空间及功能上都有着一定的层次结构，具有多个子系统，整个系统的功能并不等于各个子系统功能的简单叠加，而是各个子系统功能的有机耦合，其整体功能大于各子系统功能之和。产业集群创新系统也具有自己独特的结构和功能。

5.2.1 产业集群创新系统结构

系统的结构是指系统内部各组成要素之间在空间或时间方面的有机联系与相互作用的方式或顺序。研究产业集群创新系统的结构就是研究产业集群创新系统的组成要素、各要素在系统中的地位及相互关系，以及各要素相互作用的方式等内容。

1. 产业集群创新系统的基本要素

对产业集群创新系统结构的认识，可以借鉴区域创新系统结构的研究。而对区域创新系统结构的研究，多来源于对西方国家创新系统的借鉴，典型的当数美国和世界经济合作与发展组织（OECD）的国家创新系统模式。

基于美国国家创新系统模式的区域创新系统结构研究认为：区域创新系统在结构上一般分为创新执行机构、创新基础设施、创新资源、创新环境和区际（国际）互动五大部分。

基于世界经济合作与发展组织国家创新系统模式的区域创新系统结构研究认为：创新是不同主体和机构间复杂的相互作用的结果。创新系统的核心是企业，此外，科研机构和高校、中介机构也是创新系统中的主体。他们把区域创新系统作为一个动态系统来对待，包括创新动力、转移因素、科学和工程基础、环境条件四大要素。

结合以上分析和产业集群与一般区域的差别，可以将产业集群创新系统结构分为五部分。

（1）创新主体。产业集群创新系统中的创新主体主要是企业、大学、科研机构、中介机构和地方政府。其中，企业是区域创新的核心；大学是知识创新和知识传播的主体；研究机构是知识创新和技术创新的补充力量；中介机构是产业集群创新系统的重要纽带；地方政府的作用主要是通过制度安排来提供服务，推动创新系统的整合，提高区域内部创新效率。产业集群创新系统中的创新主体虽然与其他区域创新主体基本相同，但是，产业集群创新系统中的创新主体是处于相关产业价值链上的。

（2）创新资源。创新资源包括自然资源、人才、知识、专利、信息和资金等资源，还包括国家技术标准、数据库、信息网络、大型科研设施和图书馆等基础设施。

（3）基于价值链的产业联系。这种产业联系是影响产业集群创新主体创新活动的重要合作机制，也是产业集群创新系统与一般区域创新系统的本质区别所在。基于价值链的产业联系，首先是各主体的内部运营机制健全，其次是主体之间的联系合理，运行高效。

（4）创新环境。创新环境是指为产业集群创新系统提供规则和机会的体制和结构因素，包括各级政府政策等政策环境，法律法规等法制环境，管理体制等经济环境，市场和服务等市场环境，还包括影响企业了解和传递新信息的人文、社会、文化因素等社会文化环境。

（5）创新系统的开放性。产业集群创新系统应鼓励创新主体参与同其他产业集群之间的竞争与合作，包括科技交流与合作以及贸易等。

2. 产业集群创新系统结构模型

根据以上产业集群创新系统基本要素的分析，构建产业集群创新系统结构模型，如图 5－1 所示。

在产业集群创新系统中，创新主体是创新的执行者、参与者和推动者；创新资源是创新的基础和条件；基于价值链的产业联系是促进创新的运行机制；创新环境是创新得以顺利进行的根本保障；创新系统的开放性是克服创新系统封闭、锁定状态，增强创新系统持续发展的必要条件，这五个方面缺一不可。高质量的主体结构、合理的创新资源配置、高效的运行机制、优化的创新环境和有效的产业集群间的竞争与合作，有利于产业集群创新系统的持续发展和演进。

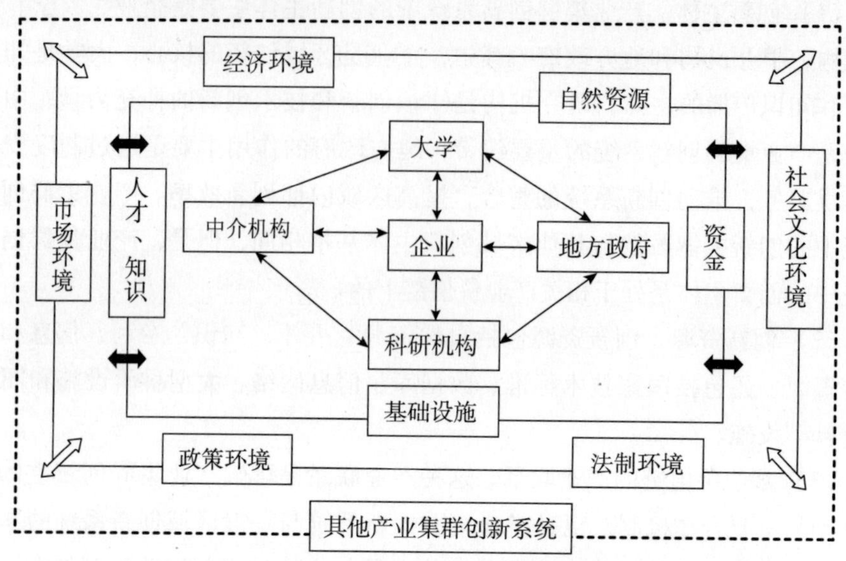

图 5－1　产业集群创新系统结构模型

5.2.2　产业集群创新系统功能

根据系统论的观点，系统是结构与功能的统一体，系统的结构与系统的功能是对应的，有什么样的结构，就有什么样的功能。系统的功能是指系统与外部环境相互联系和相互作用过程的秩序和能力，体现了系统与外部环境之间的物质、能量和信息的输入和输出的变换关系。因此，通过学者们对区域创新系统功能和产业集群创新系统结构的研究，可以推断出产业集群创新系统的功能。

学者们对区域创新系统功能的研究（表 5－3），虽各具特色，但主要表现为：①有的将区域创新系统功能视为区域创新系统的要素；②有的将区域创新系统功能视为实现区域创新系统功能的结果；③有的将区域创新系统功能视为实现区域创新系统功能的手段或途径；④有的将区域创新系统功能视为区域创新系统产生的效应（邹再进，2006）。这些观点都没有抓住区域创新系统的本质特征，没有突出区域创新系统功能的整体性。

前面分析已知，产业集群本质上是一个区域创新系统，产业集群创新系统是指在产业集群区域内，企业、机构、大学、政府等主体在一定网络关系基础上促进创新，提升产业集群创新能力的社会经济系统。这表明，产业集群创新系统建立的根本目的就是推动创新，建立的结果就是提升产业集群创新能力。所以，产业集群创新系统功能就是推动创新，提升产业集群创新能力。

表5－3　　区域创新系统功能

作　者	区域创新系统功能
冯之俊（1999）	制度创新、技术创新、管理创新、服务创新
黄鲁成（2000），李子彪（2004）	协调功能、催化功能、化险功能、解惑功能
董一哲（2000）	减少交易成本，增加规模经济，减少研发投资，分散研发风险，资源共享，能力互补，集成产业技术
顾新（2001），李松辉（2003），李学军（2004）	推动区域产业结构升级，形成区域产业竞争优势，实现区域经济跨越式发展
王稼琼（1999），刘友金（2001），邱红（2002）	激活中小企业、改造传统产业、产品创新与成果转化、制度与机制创新、发展高新技术企业
谭清美（2002）	集聚功能、辐射功能、新陈代谢功能

5.2.3 我国欠发达地区产业集群创新系统的结构主体

我们分析了在通常情况下产业集群创新系统的结构与功能，它是分析我国欠发达地区产业集群创新系统的重要基础。我国欠发达地区产业集群创新系统构建的首要任务，就是根据创新环境和产业集群发展生命周期的不同，确认产业集群创新系统的结构主体。

在一般情况下，创新能力的核心在于技术创新。技术创新是一项与市场密切相关的活动，只有企业才会在市场机制的激励下不断地从事创新，所以，企业成为技术创新的主体。大学与研究机构由于为企业提供创新知识和科技人才，成为技术创新的源泉。由于大学、科研机构与企业的发展目标及运作机制的不同，往往会形成创新源泉与创新主体之间的脱节，需要中介机构在其中架起技术创新的桥梁。而在市场机制作用比较充分、市场发育比较成熟的区域，政府则是宏观调控者。

在我国欠发达地区，由于市场发育不健全、市场机制难以充分发挥作用、创新资源不易获得等原因，产业集群创新系统的构建，就要充分注意政府的作用。

事实上，不仅在不同的创新环境上，创新系统的结构主体不同，而且在不同的系统发展阶段，创新主体在系统中发挥的作用与功能也是不同的。一般情况下，欠发达地区产业集群创新系统的结构主体，在产业集群不同的生命周期阶段，也发生着变化，并且表现出不同的特征，如表5-4所示。

表5-4　　产业集群创新系统结构主体在各发展阶段的主要特征

阶　段	企业及企业家	政府	中介机构	大学等研究机构
诞生阶段	作用弱	主导	不健全	作用弱
成长成熟阶段	主导	引导	快速发展	作用加强
转化阶段	共同作用	共同作用	共同作用	共同作用

（1）诞生阶段。该阶段的创新系统正处于构建时期或雏形期，各组成要素出现集聚现象，但系统的建立需要政府来推动。在我国欠发达地区，由于受经济转型的影响，尤其是严重受到传统计划经济的影响，推动创新的市场机制尚未形成。企业在创新意识、创新条件方面都比较薄弱，很难独立承担提升产业集群创新能力的作用。在产业集群创新系统的雏形阶段，地方政府通过争取国家、省部级重大工业项目，以大项目来带动产业集群区域的技术创新；通过争取优惠政策，以较低的成本吸引技术创新；通过为企业的技术创新项目提供银行担保，以获取资金来推进技术创新等手段，对提升我国欠发达地区产业集群创新能力起着重大作用。

（2）成长成熟阶段。在欠发达地区政府的主导作用下，企业、中介机构和大学等研究机构得到较大发展。政府由于职能转变，在产业集群创新系统中的作用大大削弱。企业渐渐成为创新主体，各主体间联系加强，系统走向成熟。由于欠发达地区产业集群区域企业数量少、产值低、创新资源缺乏、研究与开发能力弱、创新能力不强，企业的创新主体的地位要经过一个相当长的历程才能真正确立。

（3）转化阶段。在系统经过成熟出现衰退迹象时，系统各主体应该协同作用，增强系统的开放性，共同寻求新的机会。

从以上分析可以看出，我国欠发达地区产业集群创新系统的结构也决定了它的功能在于推动创新，提升创新能力，而创新能力又是我国欠发达地区产业集群实现跨越式发展的动力。

5.3 我国欠发达地区产业集群创新能力

5.3.1 产业集群创新能力概念

产业集群的创新能力始终是支撑产业集群持续发展的决定力量。熊彼特在20世纪初期首先从经济学角度提出了创新理论。他认为，创新就是把一种从来没有过的关于生产要素和生产条件的新组合引入生产体系。他认为创新概念包括以下五种情况：①采用一种新的产品；②采用一种新的生产方法；③开辟一个新的市场；④掠夺或控制原材料或半制成品的一种新的供应来源；⑤实现任何一种工业的新的组织。继熊彼特之后，很多经济学家和管理学家都开始了创新问题的研究，并且对创新的含义有着各自的理解。可以归纳为三种基本形式：①从创新者的角度看，创新是指一种开发新事物的过程；②从接受者的角度看，创新是指新事物的发展过程；③从使用者的角度看，创新是指新事物本身的应用过程。Lundvall认为创新能力是指把一般知识转化为专用知识的潜力。Westnhal认为产业集群创新能力是一种总体能力，创新能力是组织能力、适应能力、技术和信息的获取能力的综合。

综合以上观点，我们认为，产业集群创新能力是指在一个产业集群范围内，通过专业化分工和协作，充分发挥产业集群创新主体的积极性，高效配置产业集群创新资源，将创新构想转化为新产品、新工艺、新服务的综合能力。

产业集群创新能力的特点：①创新主体是企业，还包括大学、研究机构、中介机构和政府；②强调在专业化分工和协作前提下的产业集群中创新主体间的互动行为；③强调地理临近引起的知识、技术和信息的流动；④强调产业集群创新主体所共同面临的创新环境。

产业集群创新能力区别于企业的创新能力，主要体现在：

（1）它的运行是在由地理临近和专业化分工与协作形成的网络关系基础上。正如贝克尔（Becker）和莫菲（Murphy）指出的，分工水平的提高使每个企业知道了越来越多的越来越细节化的事情。产业集群内主体基于产业链分工越来越细致，对知识和技术的掌握越来越专业化，使他们无法完成一个完整产品的创新，他们只能在创新时彼此协作，强调主体间知识与技术的交流与传播。

（2）产业集群的创新表现为集群式创新或网络式创新，是指产业集群主体利用产业集群竞争优势进行的协同创新，通过集体属性得以实现。个体的能力可以在地区间复制和模仿，而根植于企业网络和个人联系中的特定模式则不能方便地在地区间复制和模仿，因为这种结构化模式所体现的集体能力比个体能力更加复杂和难以模仿。如果个体能力的可模仿性概率是0.9，那么由10个独立个体所构成的群体其整体能力的可模仿性概率就是$0.9^{10}=0.35$，可模仿性概率大大降低（蔡宁，吴结兵，2006）。

5.3.2　我国欠发达地区产业集群创新能力驱动要素

为了有效提升我国欠发达地区产业集群创新能力，必须首先要明确它的构成。根据对我国欠发达地区产业集群创新系统的结构和功能以及产业集群创新能力的分析，我们认为，我国欠发达地区产业集群创新能力的驱动要素主要体现在四个方面：企业创新能力、集群知识、网络能力和创新环境，这四个要素相互联系、相互影响、相互补充、相互制约，共同提升产业集群的创新能力，作用关系如图5－2所示。

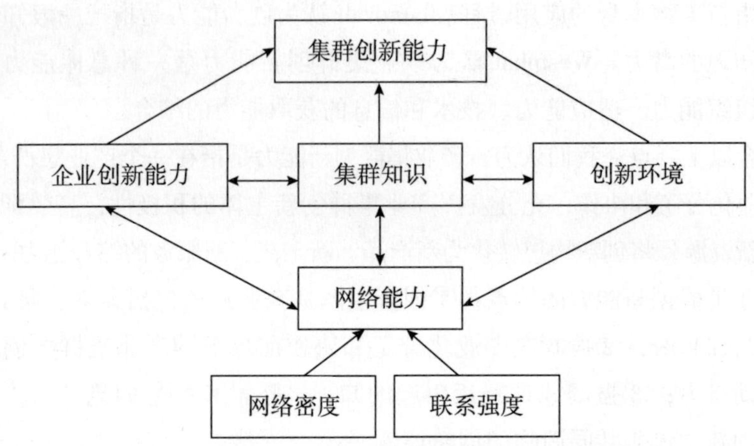

图5－2　我国欠发达地区产业集群创新能力驱动要素

从系统的角度来看，创新能力是一种系统的整合能力，是一种能力集合体或资源束，这一能力集合体或资源束由核心资源构成，而核心资源又由集中关键资源组合而成。产业集群创新能力系统可用下式表示：

$$C=fc(P_1,P_2,P_3,P_4)$$

C，P_1，P_2，P_3，P_4分别表示产业集群创新能力、企业创新能力、集群知识、网络能力和创新环境。产业集群创新能力并不是企业创新能力的简单加总，而是企业在一定创新环境下，通过网络的有效联系，促进产业集群知识在网络中的流动而形成的。

如果把产业集群的外部环境作用力看做是恒定的，其变化只是一种随机涨落，则产业集群创新能力的形成过程也可近似看做是产业集群系统内部的自组织运动过程，其形成和演化是系统内部不同基本能力、子系统间互为因果、相互作用、相互适应的结果。产业集群中的这些基本能力、子系统各自的状态变化及它们的相互作用，用自组织运动方程加以描述，经过对范正认的企业动力学模型的转换（鲁开垠，2004），可建立如下的产业集群动力学模型：

$$\mathrm{d}C/\mathrm{d}t = -KC + g(P_1, P_2, P_3, P_4) + F$$

$$\mathrm{d}P_1/\mathrm{d}t = -K_1P_1 + g_1(P_1, P_2, P_3, P_4)$$

$$\mathrm{d}P_2/\mathrm{d}t = -K_2P_2 + g_2(P_1, P_2, P_3, P_4)$$

$$\mathrm{d}P_3/\mathrm{d}t = -K_3P_3 + g_3(P_1, P_2, P_3, P_4)$$

$$\mathrm{d}P_4/\mathrm{d}t = -K_4P_4 + g_4(P_1, P_2, P_3, P_4)$$

模型中的 K_1，K_2，K_3，K_4 和 K 分别表示 P_1，P_2，P_3，P_4 和 C 的变化率与其原有状态的关系，g_1，g_2，g_3，g_4 和 g 分别表示 P_1，P_2，P_3，P_4 间的协同作用分别对产业集群中的 P_1，P_2，P_3，P_4 和 C 变化率影响的大小。F 表示随机涨落外力对产业集群创新能力变化的影响，t 表示时间。

1. 企业创新能力

产业集群是一个系统，是由不同元素组成的。企业是构成产业集群的核心元素，所以，企业的创新能力是决定产业集群创新能力的重要力量。

但是，产业集群企业的创新能力与一般企业的创新能力有所不同，它是在产业集群网络环境下通过一定的网络关系形成和发展起来的。

所以，产业集群网络结构不同，企业的创新能力也不同。根据 Peter Knorriga 和 Jorg Meyer Stamer 对发展中国家的产业集群分类的研究，从结构上划分，可以把我国欠发达地区产业集群分为两种类型：卫星式产业集群和轮轴式产业集群。卫星式产业集群中，大量中小企业地位比较平等，竞争激烈，容易激发创新的产生，但是，由于不确定性高，创新极易被模仿，导致产业集群创新能力难以有效提高。轮轴式产业集群中，以核心企业为中心，其他中小企业环绕在它周围，进行配套服务。核心企业信息和知识资源最为丰富，成为创新的主要源泉。所以，卫星式产业集群创新能力的提高，需要依靠一定的运行机制来协调众多中小企业的创新积极性。轮轴式产业集群创新能力的提高，主要依靠核心企业的创新能力。我国欠发达地区产业集群类型以轮轴式为主，所以，核心企业的创新能力对于欠发达地区产业集群的发展至关重要。

2. 集群知识

集群知识方便了技术交换，在某种程度上能够激发产业集群的创新行为。根据集群知识属性和可获得程度，将集群知识分为显性知识和隐性知识两大类。

（1）显性知识

显性知识有一定的存在形式和固定的载体，是指以专利、发明创造、文件、规章制度、设计图、报告等形式存在的知识，是可表述出来的事实知识和原理知识。

显性知识是可以编码或数据库化的知识，所以，产业集群中显性知识的获得取决于企业获取显性知识的方法。一般来说包括以下四个方面的方法：

①建立企业知识库。它由以下知识组成，即企业基本信息、企业组织结构信息、产品服务信息、基本流程信息、顾客信息等，通过知识清点展示公司内外的所有信息资源，便于员工获取知识。

②建立知识网络。这包括企业内部知识网络和企业外部知识网络，例如供应商网络、用户网络、专家网络、相关政府部门的网络等，企业可以充分利用这些网络获取知识。

③绘制知识地图。知识地图起到一个向导的作用，它本身并不是知识。知识地图的特点是指出拥有知识的人，并告诉组织中的人们，当他们需要专业知识时到哪里去找。这是一种采用智能化的向导代理，引导检索人员找到目标，指引用户系统阅读各种资料。企业拥有一幅好的知识地图，员工们就可以方便地找到知识源。

④提供信息技术设备软件工具，是知识获取的重要保证。高新机器设备，现代信息技术应用，不仅打破了信息交流、知识获取的时间限制，而且使交流和知识获取形式更为直观。因此，公司提供知识获取的技术设施、软硬件平台，是获取知识的物质技术保证（游麟麟，2005）。

（2）隐性知识

隐性知识是指工作诀窍、经验、价值体系等，是难以用文字明确表述的技能知识和人力知识。隐性知识存在于个人、组织的特殊关系之中，或存在于特定的规范、态度、信息流程以及决策方式之中，如产业集群内企业的生产方式，也有可能存在于产业集群之外，如产业集群生产供应网络，或产业集群内的企业之间，如价值链。隐性知识没有独立的载体。

日本学者野中郁次郎认为，隐性知识是高度个人化的知识，有其自身的特殊含义。隐性知识不仅隐含在个人经验中，同时也涉及个人信念、世界观、价值体系等因素。因此，隐性知识不易被模仿、尚未编码和显性化。Polanyi认为，人类的大部分知识以隐性的方式而存在，如在实验室中获取的操作技能和专门技术。显然，隐性知识隐含着更多的创新思想，这些创新思想又是产业集群最需要的，它不仅能促进集群知识的发展，更是提高产业集群创新能力的动力源泉。根据隐性知识可编码程度，可将产业集群隐性知识化分为：可编码的隐性知识、不易编码的隐性知识和不能编码的隐性知识。产业集群隐性知识具有六个层次：

①员工个体层次拥有的隐性知识。员工个体拥有的隐性知识是高度个体化、不易言传和模仿的知识，深植于员工个人的行动与经验之中，同时也深藏于员工个人价值观念与心智模式之中。员工个体拥有的技能类隐性知识包括那些非正式的、难以明确表达的技能、技巧、经验和诀窍等，这类隐性知识与个人经验、行为和工作内容紧密相关，是个人长期积累和创造的结果。员工个体层次拥有的隐性知识，通过网络联系转化为集群知识，是构成产业集群创新能力的重要知识基础。

②企业内部团队与部门层次拥有的隐性知识。企业内团队与部门中的个体由于彼此紧密的互动和直接沟通，通过模仿与练习、感悟和领会，形成彼此能够意会却不易言传的隐性知识。主要特点是它表现为团队与部门所掌握的技艺、操作过程以及群体成员的默契、协作能力等。

③企业层次拥有的隐性知识。企业层次拥有的隐性知识既不能脱离企业中个体或团队与部门的隐性知识而独立存在，但又不是个体隐性知识或团队与部门隐性知识的简单加和，而是在对员工个体、团队与部门和从企业外部获取的各种知识进行有效整合及长期实践的基础上形成的知识特质。它表现为只有企业层次才具有的企业文化、价值体系、企业惯例、共同愿景等，这些是难以清晰说明，但却发挥着重要作用的知识。

④价值链层次拥有的隐性知识。这一层次的隐性知识主要体现为合作经验和能力等，是由价值链上的成员企业围绕产品价值链在作业过程中的体验、模仿和“干中学”而形成的。

⑤协作网络层次拥有的隐性知识。协作网络层次的隐性知识是涉及多个企业、多个价值链活动中产生的隐性知识，主要表现为协作经验，协作网络中的成员在纵向、横向和交叉多维度的合作中体验并分享的多边合作的经验。

⑥集群层次拥有的隐性知识。产业集群与产业集群外部环境之间广泛地存在着多种知识的交流与转化，从而高效地获取各种所需要的外部知识，包括大量的隐性知识。从产业集群外部获取的隐性知识由产业集群内不同层次知识主体所掌握，特别是由企业层次、价值链层次所掌握，最终转化成为企业内部、价值链层次的隐性知识和显性知识（鲁开垠，2004）。

产业集群内部主体之间、产业集群与外部环境之间的隐性知识经过一定的流动与转化，如图 5－3 所示，隐性知识不断地转化为显性知识，个人知识不断地转化为组织知识，零散的知识不断地转化为系统的知识，产业集群知识就不断地实现创新，知识螺旋不断地上升和放大。

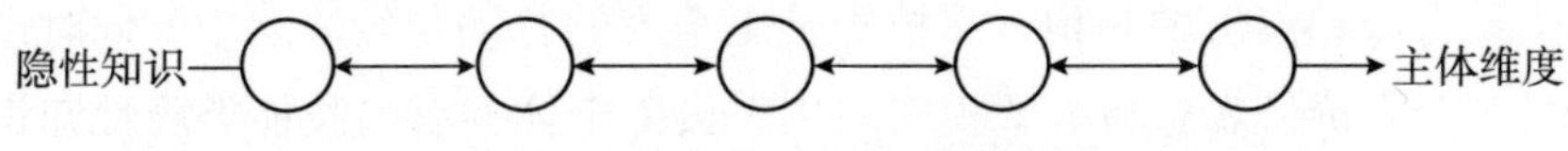

图 5－3　集群隐性知识层次及流动图示

3. 网络能力

产业集群创新系统是一个由各要素和资源组成的开放的复杂系统，创新主体间的资源配置与协调决定产业集群创新实现的效率和效果。新经济社会学认为，企业间、企业与其他组织间的网络是企业获取信息、知识的主要渠道，也是促进地方知识、技术创新的重要因素。企业所在产业集群的社会资本状况、企业与这些网络成员的互动、交往程度决定着双方的信任与合作程度，也由此决定着企业可获得的信息、知识的广度与深度。从这一意义上讲，网络能力即网络发育程度，是决定产业集群创新能力的关键因素之一。

由于区域创新系统动态开放、灵活等特性，如果基于网络组织运行会显得更加高效，网络组织提供了比企业等级组织更为广阔的学习界面，使创新可以在多个层面上、多个环节中发生，创新能力会更强。对于欠发达地区来说，培育网络能力尤为重要。因为欠发达地区产业集群中，区域创新主体发育不良，创新资源缺乏，创新环境较差，通过培育网络能力，有助于加强创新主体的联系，形成创新合力；有助于有限创新资源的合理流动，提高创新资源的配置效率；有助于形成创新的社会文化氛围，提高政府服务的针对性和服务效率，从而优化创新环境；更重要的是，通过区域创新能力在欠发达地区的发育和根植，能加强欠发达地区的创新积累，提高欠发达地区的竞争优势（邹再进，2006）。所以，网络能力是驱动欠发达地区产业集群创新系统有效运行，提高区域创新能力的有效途径。

网络能力是指网络的发育程度，即各种网络关系的发育程度。与新经济社会学（New Economic Sociology）相联系的社会网络分析方法已经从一种具体的研究方法拓展为一种理论框架，社会网络理论最基本的分析单位是各种网络关系，以发现这些关系对组织的影响。Tichy，Tushman 和 Fombrun 认为，网络关系可用交易内容、连接强度及结构特征来描述，其中连接强度包括强度、互惠、期望的明确程度和复合程度，结构特征包括规模、密度、群集性、公开性、稳定性、可达性、集中性、私下联系关系、桥梁、守门者和孤立者等衡量指标（蔡宁，吴结兵，2006）。Knoke 和 Kuklinski 认为，用矩阵运算可以得到许多针对个别行动者和整个网络不同的衡量指标，如网络凝聚力、网络多样性、活动者自我网络密度、网络中心性、活动者在网络内的声誉等（张春霞，2006）。根据我国欠发达地区产业集群发展的状况，本书选取 2 个基本指标来衡量网络能力，包括网络密度和联系力度。

（1）网络密度与产业集群创新能力

网络密度（Density）是指产业集群行为者彼此的紧密程度，即产业集群中行为者的联结程度。用公式表示为：

$$\text{Density}(G) = E/N(N-1)$$

其中，N 为产业集群大小（产业集群内企业数量），E 为边（产业集群内企业之间的联系）的个数。值越接近 1，则代表彼此间关系越紧密。

在有效规模条件下，如果每个节点间联系数目保持不变，则网络节点数目增加，网络密度越高，创新能力越强。更多的节点结合在一起，能开拓新的研究领域，产生思维交叉点，带来一个学习新知识、获取新信息的机会，如表 5-5 所示。假如区域中有 N 个行为主体，且每个行为主体都积极与其他行为主体产生了联系，设交叉点的数目为 q，则 q 与 N 间存在一种函数关系，该函数关系表现为：$q=N(N-1)/2$，这是一个明显的非线性过程，思维交叉点的数目随网络中节点数目的增加而更大幅度地增加。而思维交叉点越多，节点共同拥有知识量越大，学习和创新的机会越丰富，创新能力越强（文婷，李小建，2003）。因此，当网络中有 N 个节点，它们之间联系数最多能够达到 $N(N-1)/2$，则网络密度达到最大：$\{N(N-1)/2\}/N=(N-1)/2$。

表 5 - 5　　网络节点数目增加带来的创新机会

N	1	2	3	5	6	7	8	9	10	20	50	100	1000
q	0	1	3	10	15	21	28	36	45	190	1225	4950	495000

网络节点数量只是一个方面，还需要节点间有广泛的联系，才能产生更多的思维交叉点，否则，难以引发创新的产生。

从公式看，产业集群网络内部节点数目较高，并有长期的稳定关系，才能建立互信和忠诚。这样，一旦新的市场机会出现，通过内部快速协调的优势，才能掌握先机。

在我国欠发达地区，产业集群网络内的节点一般是比较密集的，但节点间联系较弱且不稳定。这是我国欠发达地区产业集群创新能力不强的主要原因。

（2）联系力度与产业集群创新能力

Granovetter 引入网络“力度”（Strength）的观点，并将联系分为强联系（Strong Tie）和弱联系（Weak Tie）两种类型。强联系是指个人与其较为紧密、经常联络的社会联系之间形成的联系；与此相对应，弱联系是指个人与其不紧密联络或是间接联络的社会联系之间形成的联系。

强联系维持着网络的稳定，是弱联系发生的重要基础。但如果网络节点只存在强联系，缺乏与外界的弱联系，产业集群网络就会发展成为一个封闭的系统，从而抑制创新的发生。

弱联系对于信息的传递与获取起着比强联系更为重要的作用。这是因为，强联系之间由于彼此了解，知识结构、经验、背景等相似之处颇多，并不能带来进一步的新的资源和信息，所增加的资源与信息大部分都是冗余的，而如果在弱联系之间搭起某种形式的桥梁，就可以传递多种多样的资源。因此，增加强联系很少能增加新价值，而弱联系反倒会增加新价值，即弱联系是获取新资源，提高创新能力的重要通道。

如何界定强、弱联系？Granovetter 用相互接触的频数进行定义，认为强联系是每周接触至少两次以上，弱联系是每周接触少于两次，但每年至少多于一次。虽然定义过于简单化和主观臆断性，但仍然为我们提供了一个非常有益的研究出发点（姚小涛，席酉民，2003）。

网络带来创新的根本原因是它提供了大量的思维交叉点。随着产业集群的发展，节点的知识同构现象就会日益严重，节点间的知识和信息交换就不存在，无法产生思维交叉点，导致产业集群发展锁定。也就是说，网络节点与外界的弱联系数量越多，网络的开放程度越大，网络的创新能力越强。弱联系是在群体之间发生的，其分布范围较广，因此它比强联系更能充当跨越社会界限去获取信息和其他资源的桥梁，它可将其他群体的重要信息带给不属于这些群体的某个个体。因此从长期来看，网络中新知识和信息的获得，大量来自于偶然的、非重复性的网络节点与网络外的弱联系。

但是，强联系与弱联系是产业集群创新过程中缺一不可的。Elfring 研究了产业集群网络内部强联系和弱联系对于显性知识和隐性知识创造和扩散的影响。他发现强联系非常有利于隐性知识的交流，而弱联系更有利于显性知识的交流，这种知识可能来自产业集群内部，也可能来自产业集群之外。Nunzia（2004）研究认为，如果企业仅具有强联系和弱联系中的一种，无论企业处于何种产业集群之中，都不可能取得很强的市场地位。

产业集群模式是我国欠发达地区实现跨越式发展的有效形式，而产业集群实现跨越式发展的有效途径是创新。欠发达地区后发优势的发挥，需要同发达地区之间的交流，所以，在加强网络强联系的基础上，还需要通过弱联系增加网络的多样性。随着地方产业集群逐渐融入全球经济，如果单纯从封闭的角度研究我国欠发达地区的经济，就很难把握区域间产业重塑的动态竞争。

4. 创新环境

创新环境对创新的实现有很强的促进或约束作用。在我国欠发达地区，影响产业集群创新能力的创新环境主要包括政策环境、产业环境和社会文化环境。

政策环境是可能影响企业的战略制定和经营的自由度，进而限制企业的成长、获利与创新的总体环境。

产业环境是指与本产业有关的产业、技术和市场环境。包括与新产品、新工艺和新技术，现有产品的改进，许可与专利，技术变革的法规相关的技术方面等因素；包括对市场需求产生持续显现和潜在影响的各种外部力量。

社会文化环境是产业集群创新能力提升的重要因素。良好的社会文化环境产生的信任，有利于创新的产生。通过信任和制度产生的激励、惩罚措施，可约束伙伴的机会主义倾向。研究表明，特定的社会文化环境所产生的“信任”、“凝聚力”、“互惠”、“忠诚”等社会资本，能有效地规范网络节点的行为，是它们自觉遵守的一种心照不宣的游戏规则，保证网络中知识的流动真实、有效，使经济活动具有可靠性、可预见性，防止欺诈行为的产生，从而增强网络的稳定性，激发创新。产业集群具有根植性，其形成与发展受所在区域的历史、社会文化、价值规范、社会风气等因素的影响较深。珠三角、长三角地区产业集群的发育和成长正是由于有着深厚的创业精神（Entrepreneuship）。同时，良好的制度环境能够通过保持一个公平、公正和激励创新的稳定氛围，保证创新的持续产生，体现在三个方面：第一，降低创新中的不确定性和交易费用；第二，提高对创新的奖励；第三，保护创新者的创新成果和收益。

5.3.3 我国欠发达地区产业集群创新能力评价

产业集群创新能力评价是建立和实施区域创新系统的决策依据，是检测区域创新系统运行状况的“监视器”，是进行不同区域创新水平比较的度量工具。

1. 建立评价指标体系的原则

我国欠发达地区产业集群创新能力的评价就是对影响它的各种要素进行综合分析，为此首先应当建立一套包含各种要素的、比较合理的评价指标体系，用这个评价体系评价所得到的结论，来制定提升我国欠发达地区产业集群创新能力的战略就会具有针对性和实用性。本书建立指标体系按照如下几个原则：

（1）指标选择的系统性原则

产业集群创新能力是一个综合的概念，它的评价是一个复杂的系统工程，因此要求所建立的评价指标有足够的涵盖面，从多角度、全方位考察我国欠发达地区产业集群创新能力。

（2）科学性和可行性相结合原则

对指标体系的设置也应当考虑到评价的可操作性原则，从把握问题全局出发抓住矛盾的主要方面，因而不应当使评价的指标体系过于复杂，有针对性地选取的评价指标应能科学、客观地表明各个区域产业集群创新能力的现状与差异，同时又要确保所选取的指标能够有统一测算和量化的办法实现。

（3）重点和准确相结合原则

在构建我国欠发达地区产业集群创新能力评价指标时，可以选用的指标很多，多选择一些指标，虽然在一定程度上可以提高评价的准确性，但如果指标太多，反而会影响关键因素的作用体现。因此，我国欠发达地区产业集群创新能力评价指标的选择与设置必须抓住创新能力的主要方面和本质特征，用尽可能少量但又准确的指标把希望评价的内容表达出来。

2. 评价指标体系的构成

我国欠发达地区产业集群创新能力由四个方面25个要素指标构成，如图5-4所示。

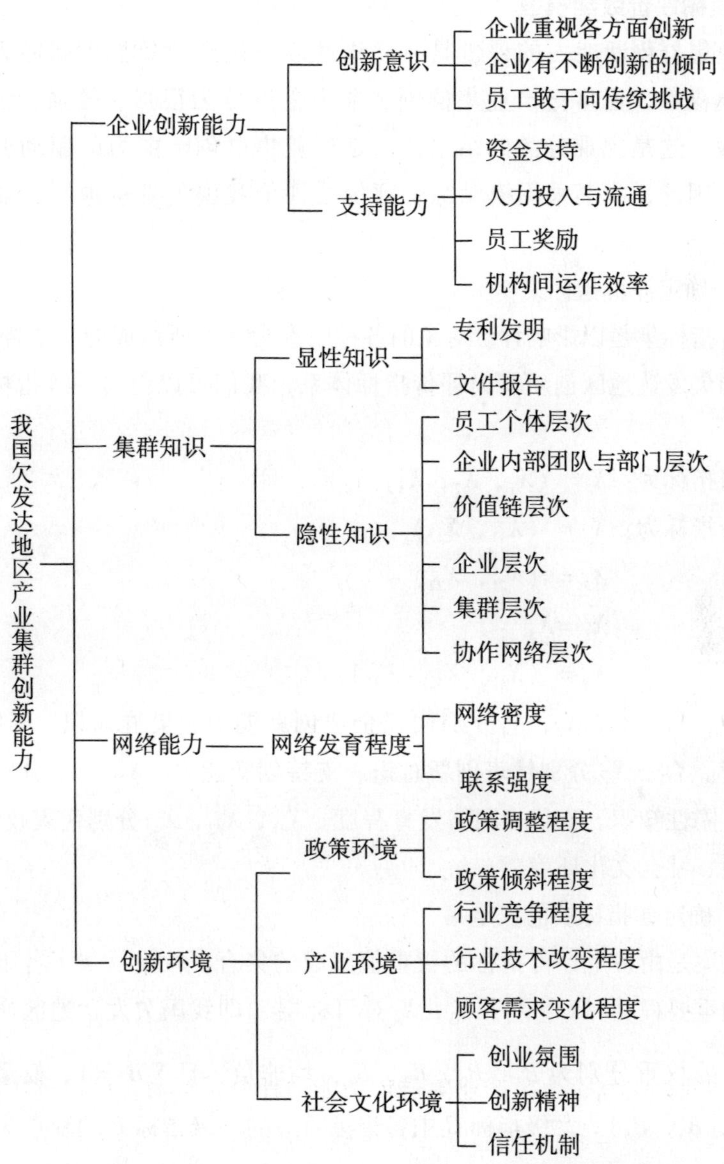

图5-4 我国欠发达地区产业集群创新能力评价指标体系

（1）企业创新能力，包括创新意识和支持创新能力。

（2）集群知识，包括显性知识和隐性知识。

（3）网络能力，即网络发育程度。

（4）创新环境，包括政策环境、产业环境和社会文化环境。

3. 模糊评价数学模型

产业集群创新能力的评价具有模糊性，一是产业集群创新能力等级分类具有模糊性，通常把产业集群创新能力强度分为很强、较强、一般和差四个等级，这是主观分类的结果；二是产业集群创新能力的驱动要素具有模糊性。因此，本书采用模糊综合评价法评价我国欠发达地区产业集群创新能力。

（1）确定评价指标集

评价指标集是以影响评价对象的各种因素为元素所组成的一个普通集合。根据我国欠发达地区创新能力评价指标体系，我们可以得出一级指标和二级指标。

一级指标为：$X=(X_1, X_2, X_3, X_4)$

二级指标为：$X_1=(X_{11}, X_{12})$

$X_2=(X_{21}, X_{22})$

$X_3=X_3$

$X_4=(X_{41}, X_{42}, X_{43})$

其中，X_1，X_2，X_3，X_4分别代表企业创新能力、集群知识、网络能力、创新环境。X_{11}，X_{12}分别代表创新意识、支持创新能力。X_{21}，X_{22}分别代表显性知识、隐性知识。X_3代表网络发育程度。X_{41}，X_{42}，X_{43}分别代表政策环境、产业环境、社会文化环境。

（2）确定各指标层的权重集

权重集是由各个评价指标的权重值组成的集合，权重反映了各因素对评价对象的重要程度。X_1，X_2，X_3，X_4对目标层A即我国欠发达地区产业集群创新能力的权重分别为B_1，B_2，B_3，B_4，均非负，且$\sum_{i=1}^{4} B_i=1$，权重集$B=(B_1, B_2, B_3, B_4)$。二级指标C中各指标对应的一级指标B的权重集分别为$C_1=(C_{11}, C_{12})$，$C_2=(C_{21}, C_{22})$，$C_3=C_3$，$C_4=(C_{41}, C_{42}, C_{43})$。

对于以上权重，利用层次分析法（AHP法），计算、整理（简单平均或加权平均）由专家判断产生的若干组指标权重，得出我国欠发达地区产业集群创新能力各指标层的权重（见表5－6）。

表5－6　　专家评分标准表

指标	权数（F）	评分（R）	RF
创新意识	0.15	$R1$	0.15$R1$
支持创新能力	0.12	$R2$	0.12$R2$
显性知识	0.13	$R3$	0.13$R3$
隐性知识	0.90	$R4$	0.90$R4$
网络发育程度	0.80	$R5$	0.80$R5$
政策环境	0.12	$R6$	0.12$R6$
产业环境	0.14	$R7$	0.14$R7$
社会文化环境	0.80	$R8$	0.80$R8$

（3）确定评价集

评价集是评判者对评价对象可能做出的各种总的评判结果组成的集合，通常用Y表示。对于前面所讲的评价指标体系，相应地采用如下评价集：$Y=(Y_1, Y_2, Y_3, Y_4)$ ＝｛强，较强，一般，弱｝。Y_1，Y_2，Y_3，Y_4代表各种可能的总评判结果。模糊综合评价的目的，就是在综合考虑所有影响因素的基础上，从评价集中得出一最佳的评价结果。评价等级的确定可根据对评价精度要求的不同，由专家讨论评定。

（4）确定模糊评价矩阵

对一级指标层各评价指标X_i建立模糊评价矩阵A_i（$i=1, 2, 3, 4$），通过二级指标层各指标评价一级指标层分类因素指标，若单独考虑X_i下的指标X_{ig}，评价其隶属于第t个评语集Y_t的程度为r_{ijt}，则可得X_i的模糊评价矩阵R_i，设一级指标层的X_i，$X_i=(X_{i1}, \cdots, X_{in})'$。

$$R_i = \begin{vmatrix} r_{i11} & r_{i12} & \cdots & r_{i1m} \\ r_{i21} & r_{i22} & \cdots & r_{i2m} \\ \cdots & \cdots & \cdots & \cdots \\ r_{in1} & r_{in2} & \cdots & r_{inm} \end{vmatrix}$$

由 $A_i = W_i \cdot R_i$ 得到一级各指标的模糊综合评判集合 $A_i =（a_{i1}, a_{i2}, \cdots, a_{im}）$，其中，$a_{it} = \overset{n}{\underset{i=1}{V}}（w_{ij} \wedge r_{ijt}）(t=1, 2, \cdots, m)$。

（5）评价对象的计算

计算评价对象模糊评价矩阵 A

$A =（a_1, \cdots, a_m）= B \cdot（A_1, A_2, A_3, A_4）'$，其中，$a_i = \overset{n}{\underset{i=1}{V}}（w_i \wedge r_{it}）$。

（6）归一化处理

对 A 作归一化处理，即可用模糊分布法对我国欠发达地区产业集群创新能力作出评价，也可将评语 Y 中各类评语给定标准分，最后求得我国欠发达地区产业集群创新能力模糊评价的最后得分。

（7）判断与分析

基于上面的计算，根据最大隶属度原则，可以评价出我国欠发达地区产业集群创新能力的强弱。同时，可以找到培育和提升我国欠发达地区产业集群创新能力的切入点，从而为我国欠发达地区产业集群的成长提供解决办法。

可以认为，只要满足“强”和“较强”的概率之和，达到一个可以接受的下限，就可以认为该项与创新能力的吻合程度高。用“倒推法”找出影响吻合程度强弱的主要因素。根据各指标评分的大小和相应的权重，制定出提升我国欠发达地区产业集群创新能力的策略。

5.4 小结

本节从产业集群创新系统的概念出发，运用系统科学理论，在明确我国欠发达地区产业集群创新系统结构与功能的基础上，通过分析我国欠发达地区产业集群创新能力的驱动要素，构建评价指标体系和模糊评价数学模型。

（1）通过对区域创新系统定义和产业集群本质的讨论，指出产业集群本质上是一个区域创新系统，并分析了它与一般区域创新系统的本质区别。

（2）通过对产业集群创新系统结构与功能的研究，提出我国欠发达地区产业集群创新系统的构建，要根据创新环境和产业集群发展周期的不同，确认不同的创新主体。

（3）为了有效提升我国欠发达地区产业集群创新能力，系统分析了它的驱动要素，并构建了评价指标体系和模糊评价数学模型。

6 我国欠发达地区产业集群发展模式

产业集群按不同标准，可以归纳为不同的模式体系。以内部市场结构为标准，可分为轮轴式、多核式、网状式、混合式和无形大工厂式五种模式。根据形成原因分为市场型、自发型和政府主导型。由于我国各欠发达地区在经济发展水平、产业基础、社会文化环境等方面存在显著差异，所以，在构建产业集群发展模式时，必须因地制宜，突出优势，走多样化和特色化的发展道路。

1. 体现区位、环境优势

在一些靠近沿海、沿江、沿线（铁路线、高速公路线、国道线）、沿边的我国欠发达地区，目前正面临着国内外发达地区新一轮资本和产业转移的重要战略机遇，正在逐步融入大城市圈、城市群、城市带的协作圈和辐射区，欠发达地区与发达地区之间的互动机制不断增强。但是不少地区的发展理念严重滞后，缺乏招商引资和区域合作的新思路，尤其是缺乏利用扩大对外开放来培育和增强区域后发优势的创新动力，缺乏对区位环境优势的充分利用。

发展体现区位环境优势的产业集群，一是充分利用国际资本和产业加速向我国一些区位环境和交通、通信基础设施建设条件相对较好的欠发达地区转移的有利时机，以构建局部竞争优势的方式，积极参与国际分工，选准与国际资本和产业对接的产业环节；二是充分利用国内发达地区正在把一些资源约束比较大的产业以及劳动密集型、资源加工型的产业转移到欠发达地区的有利时机，依据自身的比较优势，扩大对外开放领域，主动争取和承接国内发达地区梯度转移过来的相关产业以及资源配置需求，集中力量使其成为本区域的产业集群和新的经济增长点；三是充分利用欠发达地区的腹地资源优势，主动接受大城市圈、城市群、城市带的经济辐射效应和带动效应，培育和发展一批能融入“经济协作圈”的产业集群。

2. 提升本地产业结构水平

在20世纪90年代“开发区”热的推动下，我国欠发达地区也建立了很多“工业园区”和经济开发区，但产业集聚度普遍不高，技术层次低，未能形成能够带动本地产业结构水平提升的优势产业和辐射效应。

发展能够提升本地产业结构水平的产业集群，一是针对欠发达地区的“工业园区”和经济开发区产业覆盖面过宽，引进的项目、产品、产业之间关联度不高，形不成产业集群、产业链和区域产业优势的缺陷，努力培育和打造本区域的产业优势和主导产业；二是针对欠发达地区创新资源稀缺和产业结构低度化以及人力资本匮乏的缺陷，坚持以“模仿创新”为主和大力发展“适当技术”的思路，加快发展能够较快提升本地产业结构水平的技术密集型的产业集群；三是完善和优化服务体系，努力构筑区域创新体系，不断强化“工业园区”和经济开发区在本区域技术扩散过程中的辐射功能。

3. 与区域内大中型国有企业产业配套

在我国中西部和东北等老工业基地都有一批相当规模和经济效益比较好的大中型国有企业，由于它们周边缺乏若干个产业关联度高和配套能力强的产业集群，缺乏应有的产业分工和产业特色，这些企业对所在区域经济发展的带动和拉动作用却往往并不显著，不能形成区域整体优势。

发展与区域内大中型国有企业产业配套的产业集群，一是欠发达地区一定要坚决克服重“大”轻“小”，抓“大”放“小”的不正确导向；二是要着力强化小企业与大中型企业之间的产业关联、配套与协同效应；三是按照市场导向、企业自主、政府推动、择优扶持的原则，选择一批现有优势产业和潜在优势产业，加强规划引导和政策扶持，加强大中小企业之间的专业化分工和协作，努力扩大产业集群规模（王铁，2005）。

根据以上原则，本书构建成了我国欠发达地区产业集群发展的主要模式，即基于小城镇建设的、基于工业园区发展的、基于龙头企业网络的和基于FDI的产业集群发展模式。

6.1 基于小城镇建设的产业集群发展模式

美国经济学家、诺贝尔经济学奖获得者斯蒂格利茨断言，21世纪对世界影响最大的有两件事：一是美国高科技产业；二是中国的城镇化。无独有偶，未来学家托夫勒也曾推论，21 世纪世界经济增长与社会发展的两大驱动要素是高技术产业发展和中国城镇化。事实上，在过去的 20 世纪里，城镇化可以说是对人类社会产生最大影响的社会过程之一，且直到目前为止，城镇化几乎是唯一被看做是现代化发展和经济增长的直接指标（顾朝林，2003）。

6.1.1 小城镇是产业集群发展的有效载体

关于小城镇的概念，社会学、人口学、经济学、地理学等不同的具体学科从各自不同角度给小城镇下定义，就出现了不同的表述的内涵，这是由各门具体学科的研究对象和研究方法的差异性决定的。我国著名社会学家费孝通认为，小城镇是一种比农村社区高一层次的社会实体。这种社会实体是以一批并不从事农业生产劳动的人口为主体组成的社区，从地域、人口、经济、环境等因素来看，它们既有与农村相异的特点，又与农村保持着不可缺少的联系。另一种比较流行的观点指出：小城镇是指不同于大中城市也不同于农村村庄的，以从事非农业生产活动为主体的人口聚居地。

政府把“实施城镇化战略，促进城乡共同进步”作为国民经济和社会发展“十五”和“十一五”规划的重要内容之一，因为小城镇可以促进区域经济的发展。而且，在我国产业集群中，除北京中关村电子信息产业集群等少量产业集群外，绝大多数产业集群都是在农村与小城镇兴起的。如全国 38 个特色纺织集群的绝大多数都以镇为单位，而著名的苍南标牌集群则是坐落在苍南县的金乡镇，“东方电器之都”则是温州的柳市镇。这是因为，小城镇是产业集群发展的有效载体，

第一，小城镇的聚集效应带动了城乡生产要素的集中和产业联系。乡村工业和人口由分散走向集中，以原有农副产品市场或加工产业为基础，兴办文化、教育、卫生、科技等基础设施事业，不断吸引本地及外地人口，为产业结构调整尤其是第二产业、第三产业的集聚创造了有利条件，引发了产业的集聚，加速了产业链的形成和延长。小城镇引导大批农民向非农产业转移，通过与市场的联系，依托一些龙头企业，不断拓宽农业产前产后的市场空间，为农业集约化、产业化经营创造条件，进而带动一大批深加工企业的集聚和专业化农副产品市场的形成，推进了产供销一体化。

第二，小城镇的扩散效应促进了乡镇企业的整体发展。依据资源有效配置原则，乡村工业依托小城镇进行合理的空间布局，既解决了“户户点火”

的分散无序状态，避免生态环境的恶化和资源的浪费，又使工业生产的各种要素得以集聚，形成一定的市场半径，降低了生产和市场成本。加入 WTO 后，我国农产品市场竞争日趋激烈，农民增收更为困难，竞争力弱的乡镇企业经营形势更为严峻，都面临着必须提升经济实力的问题。而小城镇建设打破了城乡分割的体制，也逐步打破了由市场因素形成的新的城乡二元经济结构，使更多的农民参与到市场经济的活动中，农民的生产与市场的关系变得更紧密，从而推进原有集聚产业的发展壮大，通过参与大城市居民生活的改善，以及城市工业、服务业的配套服务，逐步强化了产业集聚的集群关联效应，全面提升了经济实力。

6.1.2 我国欠发达地区小城镇建设的产业支撑虚弱

从城镇化进程的本质来看，城镇化是农民市民化、农业工业化的产物，是一定规模的产业群聚集的必然结果。它不同于以政治和文化为中心的城市，城镇的主要职能是聚集生产要素、降低扩张成本、吸纳农村剩余劳动力。城镇的产生和发展与农业产业化的支撑是分不开的。当农业产业化发展到一定程度时，产业群体就会倾向于在有一定比较优势的地域集中起来，以实现科研、生产、加工、销售等各环节的低成本扩张，形成了一定规模的产业聚集群。产业群的聚集，一方面把在其中就业的农民直接带入了城镇，另一方面又拉长了农业产业化的链条，从而产生出对相关基础设施和城镇得以存在和发展的第三产业的需求，产生出了对从事相关产业的劳动力的需求，于是大量农村人口流向了城镇。从而城镇人口进一步增加，城镇规模进一步扩大。一旦城镇规模达到一定程度，就形成了产业化支撑城镇化、城镇化又推动产业化的互动格局。这是城镇化进程的一般规律。城镇化是一种经济发展的趋势。发展中国家二元经济发展如果从结构上看，是一个农村人口比重不断减少、城镇人口比重不断增加的过程，因而城镇化进程本质是由产业聚集和人口转移而推动的社会结构的变迁。城镇化进程的快慢与产业群聚集的水平有关，一定区域内的产业化程度高、聚集成本低，则该地区的城镇化进程就快；反之，如果一定区域内的产业化程度低，则该地区的城镇化进程就慢。

从我国城镇化进程的实践来看，发达地区的城镇化进程主要是大中城市的辐射带动作用和产业聚集的程度较高，因而城镇化的进程较快，水平较高；而欠发达地区的城镇化进程由于大中城市产业的规模和水平还不能足以发挥出一定的辐射带动作用，加之农业产业化水平低、聚集成本高，因而城镇化的进程较慢、水平较低。改革开放以来，伴随着农业产业化的实践和民营经济的发展，欠发达地区的城镇化进程明显加快，城镇化水平有了一定的提高。但是客观地讲，欠发达地区城镇化进程主要是由政府推动而非产业推动，城镇化进程中产业支撑虚弱的现象十分严重。由于没有产业的支撑特别是主导产业的支撑，发展起来的小城镇暴露出了诸多问题，主要表现在：一是规模小，产业规模和人口规模达不到城镇应有的最低限度，大多数城镇人口不足10万；二是功能差，90%的小城镇不具备聚集功能和服务功能；三是布局分散，行政区划式的一乡一镇现象十分突出，空间结构功能差；四是资源浪费严重，土地资源占用多，建设资金耗费大。这些问题的产生，除了与我们发展中小城镇的思路有关以外，根本的原因是城镇化进程没有建立在产业化支撑的基础之上（郭洲，2005）。

小城镇与产业集群的发展是相互依托的。小城镇的发展需要一定的产业基础，而产业集群的形成需要小城镇发挥其载体作用。小城镇最初靠当地传统产业发展，通过产业集聚，培育市场、集聚人力，随着城镇基础设施的完善和社会发展水平的提高，产生经济效应，吸引更多的经济活动在其空间和领域集中，从而促进产业集群效益的进一步整合和发挥。如意大利的机械、纺织、服装、皮鞋、皮革等在国际上有很强的竞争力，主要是依靠数量众多的小城镇，这些小城镇以特色产业为中心，形成了众多的产业集群。

6.1.3 依托小城镇构建我国欠发达地区产业集群

在我国欠发达地区，一些自然、人文环境及经济基础相对好的区域，随着经济发展和产业结构的调整，聚集了一定数量的资源型、劳动密集型产业，农牧业人口不断流向产业集聚地，促进了小城镇的持续发展。

在我国欠发达地区，小城镇起着增长点和发展级的作用。以小城镇为依托、以分工与专业化为背景的产业集群模式对我国欠发达地区产业集群的发展更具有重要意义。围绕小城镇构建我国欠发达地区产业集群的方式，主要有以下五个方面。

（1）从“一镇一业、一村一品、专注小型、寻找特色”开始创业，逐步形成规模，迅速集聚各类中小企业，随着企业规模的扩张，城镇的人口规模、经济规模和用地规模也相对增长。比如，珠江三角洲的顺德市容桂镇，经济规模超 200 亿元，以小家电（主要是电风扇）起家，目前已发展成为广东最大的电气机械制造业基地，这里集中了科龙、华宝、格兰仕、美的等大型家电企业。顺德市的陈村是以花卉起家的，从产业一元化逐渐转向多元化经营。中山市古镇培植 100 家优势企业和 10 家龙头企业，成为亚洲最大的灯饰生产基地、世界四大灯饰专业生产基地和销售市场之一。

（2）从构建中小企业网络开始，逐步形成某种特定商品的专业市场，形成产供销一体化经济，然后构建科技创新平台，完善各项科技服务措施，组建各具特色的工程技术研究开发中心，为中小企业提供关键技术、共性技术支持，辐射和带动规模企业开展技术研究开发，推动中小企业网络的全面发展，从而形成产业集群。广东南海市的西樵山镇的纺织品市场，从市场建设起步，形成今天产、供、销一条龙的模式。广东东莞市虎门镇是从服装加工起步的，成为集服装生产、销售、专业市场集散为一体的中国“服装古镇”，建有大型服装批发市场，拥有中国（虎门）国际服装交易会。顺德市的乐从镇是从家具生产起步的，成为中国“家具名都”，建有乐从国际家具博览中心。

（3）以农业产业化和专业化农业的区域布局为契机，逐渐形成专业化产业区和市场网络，进而形成有关农业产业或农产品的专业镇。比如，茂名市高州镇的水果产业，珠三角地区的优质水产支撑城镇经济，江苏省邳州市的银杏产业支撑港上镇、铁富镇经济等。山东省特色专业城镇建设中形成了养殖专业乡镇、瓜菜专业乡镇、特色果品类乡镇和加工类专业乡镇等。如山东寿光的“中国韭菜第一镇”、“中国大棚第一镇”极具盛名。烟台的苹果、莱阳的茨梨、青州的蜜桃、乐陵的小枣、沾化的冬枣等，生产煎饼的新泰市楼德镇、从事食品加工的莱阳市龙旺庄镇、从事工艺品编织的诸城市林家村镇、从事木鱼石茶具加工的泰安市万德镇等。

（4）依托区域文化传统。例如，浙江温州自古以来就有务工经商传统，使得当地人勇于创业、敢于到全国各地开拓市场，在温州 143 个城镇中，产值超 10 亿元的专业化镇有 30 多个，经济总量占全市 60% 以上；如制鞋企业 5000 多家，市场份额占全国的 20%；打火机制造企业 260 家，产品占世界市场的 70%；柳市镇成为“中国低压电器之都”，永嘉桥头镇被誉为“世界纽扣之都”，等等（沈山，2005）。

（5）依托偶然因素。清河县位于河北省的西南部，地处河北山东交接处，自然条件不算优越，是所谓“不靠山、不靠水、不靠大城市、不靠交通要道”的“四不靠”地区。1978 年，清河县羊绒行业的创始人戴子禄到内蒙古采购时，偶然发现了羊绒厂里当垃圾的边角废料“毛球”，当时带回了一些。从中提取了羊绒，于是引发了清河县羊绒手工作坊的兴起（李超，丁四保，朱华友，2004）。

6.2 基于工业园区发展的产业集群发展模式

6.2.1 工业园区是产业集群发展的有效载体

联合国环境规划署（UNEP）认为，工业园区是在一大片的土地上聚集若干工业企业的区域。它具有如下特征：开发较大的面积；大面积的土地上有多个建筑物、工厂以及各种公共设施和娱乐场所；对常驻公司、土地利用率和建筑物类型实行限制；详细的区域规划对园区环境规定了执行标准和限制条件；为履行合同和协议、控制与适应公司进入园区、制定园区长期发展政策与计划等提供必要的管理条件。工业园区是指一个国家或一个区域的政府通过行政或市场化等多种手段，划出一块区域，制定长期和短期发展规划和政策，建设或完善适于工业企业进驻和发展的各种环境，聚集大量企业或产业，使之成为产业集约化程度高、产业特色鲜明、集群优势明显、功能布局完整的现代化产业分工协作区和实施工业化的有效载体，包括各类高新技术产业开发区、经济技术开发区、工业园、特色工业小区、技术示范区等。

从上面的定义可以看出，工业园区有利于产业向产业集群的方向发展。

第一，工业园区有利于新产业成长和产业集聚。工业园区就是政府划出的一块区域，吸引和鼓励大量企业进驻和发展，符合产业集群发展的地理临近性条件。

第二，工业园区往往有高起点的规划和科学的产业定位。有利于形成产业配套，加强企业之间的物质、技术联系，形成良好的信任和合作关系。符合产业集群形成的关系接近性。

第三，工业园区有良好的区域创新环境。工业园区内一般有良好的技术、投资、法律制度和公共服务设施，有良好的创新平台；有优惠的土地价格和税收政策，从而降低企业的生产、经营、交易成本；有鼓励企业联合技术创新的政策激励，能够吸引大量的资金和科研人员流入，有利于创新的发生。

因此，工业园区是产业集群发展的有效载体。

6.2.2 依托工业园区构建我国欠发达地区产业集群

产业集群的形成方式是多种多样的，在工业园区的基础上发展产业集群，没有固定的成功模式。而且，工业园区也不会自动生成产业集群。所以，应该根据工业园区现有的集聚基础，引导其形成产业集群。

1. 利用现有工业园区基础

根据工业园区发展过程中发挥的主要效益、动力机制和中心任务等方面的不同，工业园区发展过程分为三个阶段：初始阶段、填充阶段和集群阶段(吴晓军，2004)。其中，填充阶段又可以化分为以激励为特征的阶段和以规制为特征的阶段；集群阶段还可以化分为以关联为特征的阶段和以社会资本为特征的阶段。初始阶段是指从工业园区开始筹办到基础设施基本完成和第一批企业进驻前的阶段。这是整个工业园区建设的起步阶段和基础阶段，决定着工业园区的基本框架和未来发展方向。这个阶段的任务是：选址、规划和基础设施建设。填充阶段是从工业园区第一批企业进驻到园区被企业填充的阶段。这是工业园区建设的重点实施阶段，也是工业园区建设的主体阶段。该阶段的建设如何，将决定园区的效益大小。集群阶段是指工业园区布满企业后促进园区滚动发展、持续发展，由集聚到集群的阶段，是园区真正引向成型和成熟的过程。

产业集群是工业园区发展的最高阶段。我国欠发达地区的工业园区大多处在初始阶段和填充阶段，即工业园区形成产业集群的重要基础阶段。

传统工业园区及工业园区的初始阶段和填充阶段的发展，注重自然资源、区位因素等，而忽视了产业协同与关联。欠发达地区经济基础总体落后，要在工业园区内形成有效的关联性产业也有较大的难度。如江西贵溪省级工业园区，园区内总共有 40 家企业，但所涉及的企业范围却有制药、食品、化工、铜材加工、建材多类产业，产业关联性可想而知。

依托现有工业园区发展我国欠发达地区的产业集群，发展目标应该定位于增强企业间的正式和非正式联系。正式联系即增强产业关联性，在企业间形成专业化分工与协作，从而更好地发挥集聚效应和外部经济效应。非正式联系即增强以信任机制为基础的社会联系，从而更好地发挥扩散效应。通过企业间的正式和非正式联系，有利于形成工业园区的“自增强机制”，使产业集群与工业园区形成相互促进的良性循环。

2. 利用本地特色资源，建立特色产业园区

自然资源丰富是我国欠发达地区最突出的优势，矿产资源、水资源和旅游资源都非常丰富。例如，江西有较丰富的土地资源、水资源、森林资源、矿产资源。全国稀土的60%分布在江西，亚洲最大的铜矿和铜冶炼加工厂在江西，江西还有“世界钨都”之称；全省已发现矿产160余种，探明储量的有98种，其中铜、钨、钽铌、稀土及铀被誉为江西有色金属的“五朵金花”；人均水资源拥有量达4120立方米，地表淡水占全国的1/10，高于全国和长江流域的平均水平；同时，历史和大自然赋予了江西丰富多彩的旅游资源，集名山、名江、名湖、名城、名洞、名寺、名泉为一体，可谓自然风景秀丽，文物古迹众多，奇秀险峻的自然景观和深远悠久的人文景观交相辉映、异彩纷呈。

初级生产要素也是我国欠发达地区的重要优势。我国欠发达地区人多地广，劳动力和土地资源丰富。如江西劳动力成本低廉，2009年全省国有单位职工年平均工资25582元，只及上海、江苏、浙江、福建、广东等省市的39.8%、58.1%、44.9%、64.9%、15.5%；同时江西土地面积居华东各省市之首，人均土地拥有量最大，土地价格远远低于东部地区，电力、水利、交通等基础设施建设及房地产开发等投资项目的费用低，有利于在市场经济中赢得价格优势。

我国欠发达地区应该围绕丰富的特色资源建立特色产业园区，改变加工能力弱，产业链条短，产品档次低的现状。通过集聚效应吸引高级生产要素，提升低级生产要素的质量，有效带动关联产业的发展，促进产业链的形成和提高，从而有效推动产业集群的形成。如有着千年陶瓷生产历史的景德镇，有17000多家制陶企业，通过有效规划可以发展成极具竞争力的陶瓷产业集群。目前我国欠发达地区已形成了许多具有区域特色的资源性产品的生产优势，从农业布局来看，陕西形成优势苹果产业带，云南形成花卉优势产业带，江西形成柑橘优势产业带，黑龙江、内蒙古形成全国饲料玉米优势产业基地，湖南、湖北、安徽形成饲料稻谷优势产业基地，内蒙古、青海、新疆形成饲料牧草优势产业基地，为形成产业集群奠定了良好的基础。

3. 分拆大型国有企业

在我国欠发达地区，大型国有企业众多。对于大型国有企业增长乏力呈现出重重困难的情况，可以采用分拆的形式。“大而全”是一些国有特大型企业发展的沉重包袱，但通过分拆形成一系列“专而精”的小企业并规划进入工业园区集聚发展，既是解决这类国有企业出路的有效方法，也是形成产业集群的重要途径。在国有特大型企业比较集中的东北老工业基地，这一方法更为有效。20 世纪 90 年代克罗地亚造船业产业集群的形成，就是这种方式的典型代表。克罗地亚造船业由于大型国有企业机构庞大，冗员过多，劳动成本提高等原因面临重重困难，通过对造船业中的大型国有企业实行改造和资产重组，国际竞争力大大提高。首先，要坚决克服重“大”轻“小”、抓“大”放“小”的不正确导向。其次，这些产业的价值链可以细分成很多环节，每个环节上都可以有众多的中小企业为处于核心环节的大企业配套，从而形成产业集群。

6.3 基于龙头企业网络的产业集群发展模式

6.3.1 龙头企业网络是产业集群发展的有效载体

龙头企业是指在一定的企业网络中，规模比较大的少数企业在产品设计、工艺开发、市场营销等方面和其他企业比起来有着很大优势的企业。这些龙头企业一般只经营附加值较高的生产环节，而把其他环节外包给其他的中小企业，从而形成以龙头企业为核心的企业网络。

龙头企业网络形成的方式很多，有的龙头企业为中小企业提供生产原料，收纳制成品，然后再进行后续处理直至外销，如诸暨镇企业网络中的龙头企业浙江华都纺织有限公司没有一台纺织加工设备，却有 2000 多台个体加工户的织机为其生产产品；有的龙头企业甚至把研发也进行外包，自己仅仅利用市场优势来获取利润，如浙江的精细化工企业网络中的龙头企业一般都把研发包给大学或相关科研机构。

龙头企业同传统的纵向一体化企业有很大的区别。在纵向一体化企业中不同企业之间通过产权紧密地联系在一起，但在龙头企业网络里，合作常常不是以产权为基础，龙头企业可以灵活选择合作对象，确保了企业网络内的竞争活力。虽然龙头企业网络相对于以产权形成的网络来说是非常松散的，但在龙头企业网络里合作是制度化的、长期的，龙头企业对合作企业有非常大的约束力，如对其生产的产品、工艺都有一定的限制，有时还会限制合作期内与其他企业的合作。

龙头企业网络内有较好的竞争合作关系，企业联系密切，如果这些企业网络能够集中在一定的地域，联络更多的网络主体，如中介机构、科研院所、金融机构、政府等，变单纯的企业间联系为产业联系形成了产业集群。

6.3.2 依托龙头企业网络构建我国欠发达地区产业集群

1. 依托大型企业培育龙头企业网络

在我国欠发达地区，有一批相当规模的大型企业，尤其是在黑龙江、吉林等东北老工业基地，存在众多的大型国有企业。这些大型国有企业都可以成为龙头企业网络的核心，然后依托龙头企业网络发展产业集群。在这方面欠发达地区可学习借鉴青岛家电、电子产业集群的有关做法，以海尔、海信、双星等行业龙头企业为核心，带动一大批进行专业化生产和配套服务的中小企业；也可以学习借鉴浙江宁波、温州和福建晋江等地的有关做法，以杉杉、雅戈尔、红蜻蜓、安踏、七匹狼、九牧王、劲霸等区域品牌为核心，通过创牌引导产业集群，形成专业协作的产业配套，从而锻造出色彩斑斓、块状明显的“经济马赛克”。

分级下包的形式为龙头企业网络产业集群的形成提供了有效工具。所谓下包制度是指在分工协作基础上，大企业将生产集中于对其具有战略意义的产品或关键环节上，而将零部件以及次要环节下包给其他企业的生产方式。以龙头企业为核心，龙头企业通过分级下包可以集中生产对其有战略意义的产品，而将一些较为成熟的产品、小批量生产的零部件以合同的形式包给较小的厂商，以此形成企业网络。这种方式既有利于龙头企业核心能力的集中，又动员了中小企业的资源和创造能力，并且通过一系列制度安排实现了技术管理知识的迅速扩散。龙头企业与中小企业优势互补，龙头企业可以致力于开拓国际市场，而中小企业可以致力于零部件的生产和技术改造。日本的产业集群尤其是制造业产业集群之所以形成主要得益于日本企业确保持续获得高质量、低成本的生产制度，即下包制度。

2. 培育龙头企业网络的创新能力

龙头企业网络是基于企业间的产业联系，在生产成本、市场营销等方面具有一定的经济优势，所以，依托龙头企业网络发展产业集群的关键在于培育龙头企业网络的创新能力。

在龙头企业网络中，龙头企业由于其技术规模等方面的优势，往往在创新方面也有着明显的优势。由于技术创新主要发源于龙头企业，技术创新的扩散主要是在相互配合的过程中自上而下传递，如通过产品设计图纸、工艺标准、质量标准等媒介扩散，增强了技术知识的确定性。但是，龙头企业网络中往往不仅一个龙头企业，龙头企业之间以及龙头企业与其他网络主体间的知识传递，尤其是隐性知识的传播存在一定的障碍。所以，要创建一个完整的龙头企业网络，并依托其形成产业集群，还要考虑到知识的创造、扩散和应用这一整个体系，要促进龙头企业和其他企业、机构的合作，才能发挥出龙头企业网络的效用。

3. 克服龙头企业网络产业集群的不足

我国欠发达地区要发展基于龙头企业网络的产业集群，并促进其持续发展，还要克服龙头企业网络产业集群中因龙头企业与其他企业之间形成的不平等关系而存在的严重不足。这种不足主要表现为：龙头企业凭借自己的支配地位，通过控制与其下包企业的信息流通，通过使用资本参与技术援助、债务担保等手段，对下包企业提出苛刻要求。下包企业由于龙头企业有众多的下包企业可供选择而存在被解除下包关系的威胁，只有被迫接受龙头企业的苛刻要求。

基于龙头企业网络的产业集群健康发展的关键还在于产业集群内形成平等的网络关系，这样会更有利于经济优势的形成以及创新的形成和扩散。

6.4 基于 FDI 的产业集群发展模式

国际产业转移是我国欠发达地区产业集群发展所面临的重大机遇，而国际产业转移是通过对外直接投资实现的。外商直接投资（Foreign Direct Investment，FDI）和产业集群之间有极大的相互促进作用：外商直接投资具有很强的地域集聚和产业集聚特征，产业集群是外商直接投资的首要选择。

6.4.1 FDI 基于产业集群的区位选择

20 世纪 40 年代以后，国际直接投资趋势日益增强。发达国家由于自然资源匮乏、国内市场日益饱和，随着开拓国际市场能力的具备和政府对跨国公司向外扩张的支持，在世界经济一体化进程加快、区域经济集团化格局形成、金融全球化不断发展的背景下，通过向欠发达国家产业转移不断调整产业结构，实现全球战略目标。

外商直接投资通过提高资本形成率和资本的生产效率，增强竞争的技术外部性，加速溢出效应等，推动了发展中国家的经济增长。改革开放以来，我国吸引的大量 FDI 对我国经济发展、产业竞争力提高发挥了重要作用。然而，这些好处并不是中国的每一个地区都能享受到的。入世后，外资大量流向产业集群区域的趋势明显增强。

在外资企业准备进入某个国家的时候，将首先面临在何处设厂即区位选择的问题。外商投资区位选择有两大传统要素，一个是成本最小化，是外商投资区位选择的重要标准，包括生产成本、运输成本、交易成本和信息成本；另一个是市场潜力及其大小。近年来，产业集群所产生的集聚效应对外商投资区位选择日益重要。国内外学者研究表明，聚集效应对我国 FDI 的区位分布产生显著影响。在过去的几十年中，自然资源和低技术的劳动力在吸引跨国公司投资经营重要性的程度上越来越低，而创造性的资产和本地化公司机构网络关系则相对越来越高，它们是跨国公司提升及充分利用自身独特竞争力的资源与力量。因此，位于某一特定区域并有着竞争优势的产业集群，越来越成为跨国公司投资经营区位的首选（徐爱乐，2004）。发达国家的典型产业集群都云集着众多来自其他国家的跨国公司。

根据英国雷丁大学教授邓宁（J. H. Dunning）OLI 理论，即 FDI 发生需要同时具备三个优势，这就是所有权优势（Ownership）、区位优势（Location）和内部化优势（Internalization）。OLI 理论认为 FDI 是跨国公司的投资动力和吸引力共同作用的结果。所有权优势和内部化优势决定 FDI 主体（跨国公司）对外投资的内在动力。投资吸引力是东道国区位优势产生的对 FDI 流的影响力，它存在于东道国对 FDI 产生吸引力的各种要素的禀赋之中。这种区位优势不仅包括资源禀赋和地理位置，还包括经济和社会因素，如市场规模和结构、市场发展的前景和潜力，以及文化、法律、政治和制度环境、政府的法制和政策等（杨先明，赵果庆，2004）。产业集群具有自然资源、市场、效率、战略性资产等方面的综合优势，可以吸引跨国公司的直接投资。这些因素意味着成本的降低、经营的便捷、风险的减少和效率的提高。就像物理学中物体质量越大万有引力越大一样，产业集群规模越大也越能够吸引更多的厂商加入（于树江，李艳双，2004）。美国学者 Keith Head 等根据 Mc Fcdden 1974 年证明的条件 logit 模型，用极大似然法计算厂商选择地区的概率。研究结果表明：集聚效应在外资地区选择中具有重要作用；集群存量每增加 10%，该地区被未来投资者选中的可能性就增加 5% ~7%。

第一，产业集群产生的群体效率、低交易成本和高回报是外资积极投入的关键所在。外商决定向一个地区的某一项目投资时，往往要考虑该项目的成本和收益。根据韦伯的区位理论，区位因子分为地方因子和集聚因子，地方因子使工业固定于一定地点，集聚因子使工业趋于集中或分散。韦伯将产业集聚归因于企业决策者将集聚所得的利益与因迁移而追加的运输和劳动成本进行大小比较后的结果。产业集群的规模经济、外部性和内部协作性可使外资企业的利益最大化。进入产业集群的跨国公司能获得明显的配套成本优势，如采购原材料、中间产品，委托加工零部件和产品部分工序，不仅节约了交易成本、储存成本，而且节约了流动资金占用。正是这种由于生产要素的地域集中和交换行为的空间重叠，给外资投入的后期带来了很高的投资回报率。研究表明，外资流向集中的一些产业聚集区诸如美国西部硅谷、德国索林根刀具业群、意大利威尼斯玻璃器具业群、印度北方邦阿格拉鞋业群的外资回报率一般都比产业分散的个别企业高出 5 ~10 个百分点。

第二，产业聚集区显著的人才、资本和管理集中程度是吸引外资的基本动力（杨昌荣，2003）。为了解决外商投资所需的人才问题、为了减少投资风险和避免因投资信息不对称而造成投资选择失误，外资只能选择受资企业集群和相互临近的产业聚集区，以便在最短的距离内与受资企业直接接触，帮助企业进行管理、经营，及时处理发生的问题。印度班加罗尔软件产业集群由于具有政府的扶持，政策的倾斜，人才等优势，吸引了大量国外企业前来投资。如 IBM 斥资 1 亿美元设立实验室，研究“深蓝”超级电脑开发；思科宣布 2 亿美元的扩张计划，招募 5000 名工程师；麻省理工学院也拟投入 10 亿美元在班加罗尔建亚洲媒体实验室。微软、英特尔、西门子、惠普、康柏、英国电信等数十家大型跨国公司已把部分软件开发工作移至印度。

6.4.2 FDI 对产业集群发展的溢出效应

FDI 的大规模进入，将通过增加资本形成、扩大出口和创造就业等途径，使地方产业集群系统不断循环更新，提高产业集群的竞争力，使地方产业集群顺利融入全球价值链。反过来，在显著的集群效益、旺盛且高成长的国内市场需求以及当地优惠的行业投资政策等多因素的共同作用下，会进一步扩大 FDI 的进入，扩大产业规模，增强集群效应。这样，就在 FDI 和产业集群经济之间形成一种区域循环累积因果效应。

FDI 的进入一方面解决了发展中国家产业集群的资金短缺问题，根据“两缺口”模型：$I-S=M-X$，即投资和储蓄之差等于进出口之差，外资的流入可以弥补这两个缺口，即外贸逆差（外汇不足）和储蓄不足。另一方面还通过“溢出效应”对东道国产生了积极的影响。比如 Ali T. Sadik 和 Ali T. Bolbol 对阿拉伯国家的跨国直接投资研究中发现，跨国直接投资产生了技术溢出效应；江绵凡在研究中发现，跨国直接投资不仅促进了东道国的资本积累，而且对东道国的产业结构升级、制度变迁等也具有积极作用。

产业集群中企业集聚可以产生多方面的积极溢出，最明显的是信息、知识和技术的溢出。集群中企业的生产函数可以表示为 $e=E(x_a, X_A, x_b)$（张明龙，2004），x_a为某企业 E 的私有信息、知识和技术，x_b表示信息、知识和技术以外的其他投入要素，X_A为一定区域内含有溢出效益的社会信息、知识和技术总水平。X_A对产出的贡献，可以衡量信息、知识和技术因聚集造成溢出而带来的外部经济效果。实践证明，跨国公司承担着新产品研发和技术创新的任务，同时垄断着大多数先进技术和生产工艺。所以，在 FDI 起作用的产业集群中，企业的生产函数可以表示为 $e=E(x_a, X_A', x_b)$，社会信息、知识和技术总水平 X_A'要大于没有 FDI 时的 X_A。

作为外商直接投资的主体，跨国公司是全球先进技术、先进管理、先进机制、先进理念的代表。它的进入意味着整个产业集群面临实力强大的新进入者。在产业集群和新进入者的相互作用的过程中，跨国公司的 FDI 将从多方面促进整个产业集群的升级和发展（徐爱乐，2004）。也就是说，FDI 对产业集群的溢出效应具体表现在以下三个方面：

第一，消化产业集群的过剩生产能力和闲置资源。我国许多厂家品牌影响力不大，技术开发投入不足，又没有资金去拓展销售渠道，产品在市场上销路不畅，因而造成大量资源的闲置。

第二，提升产业集群的生产技术。从总体来看，我国还处于工业化的中期阶段，相对于发达国家，我国企业在新一轮全球经济竞争中处于被动地位。缺乏核心技术和管理效率低下已成为我国企业向前发展的瓶颈，而技术开发往往需要投入大量的资金和人力。FDI 是欠发达国家获取技术的最便捷的途径，从很大程度上说，跨国公司是先进技术的载体和绝大多数前沿技术的创新者，也是国际技术转移与技术扩散的主体。由于大规模外资引发“竞争效应”和“示范效应”，有利于东道国企业家进行借鉴和模仿。

第三，提高产业集群的对外开放度。我国产业集群往往具有封闭的特点。跨国公司的进入，增加了产业集群与外界联系，使产业集群成为动态、开放的系统。有利于集群企业摆脱技术风险和市场风险。当前世界科学技术更新换代速度非常之快，我国企业还没有能力承担这种新技术快速淘汰的风险。通过“你拿过来，我仿照生产”的方式，我国企业不必承担技术淘汰的风险。从全球视角来看，我国产业集群有良好的基础设施条件、劳动力资源优势和配套产业的发展。为降低成本和开拓市场，发达国家向发展中国家转移生产基地已成为大型跨国公司战略发展的普遍趋势，我国企业与跨国公司合作，利用其强大的品牌，可以实现最初的资本积累。

6.4.3 利用 FDI 构建我国欠发达地区产业集群

Enright 的研究表明，美国纽约药业集群的顺利成长得益于法国和瑞典的 FDI，而美国的 FDI 又在加拿大的电信服务业集群中发挥了重要作用。

朱华晟以浙江嘉善木业集群为例，分析了在 FDI 作用下的产业集群发展模式与动力机制。浙江嘉善木业集群的经验表明，FDI 能否持续推动地方集群的发展，除了受地方制度成本及集群外部效应的影响外，更取决于外资企业和民营企业之间的融合方式与程度。在学习能力和企业家精神较强的地区，民营企业在外资企业的示范带动和竞争压力下，可通过持续的知识积累和自主创新，加强其自身优势。外资企业不但能获得纯经济外部性，还能获得知识与信息的外部性，并受此驱动与地方资本有效结合。

FDI 在我国欠发达地区产业集群发展中也不乏成功案例。例如，英特尔公司的集成电路后封装生产厂引入成都高新技术产业开发区后，中芯国际、PSI、UNISEM 等国际知名集成电路制造企业纷纷落户高新区，同时带动了本地设计业的发展，使成都有望成为继长江三角洲和环渤海地区之后中国第三大集成电路产业基地。

研究表明，FDI 与产业集群之间可以产生循环累积因果效应。所以，我国欠发达地区要想利用 FDI 来发展产业集群，必须要提高产业的聚集程度。但是，要想使我国欠发达地区利用 FDI 的产业集群持续健康发展，还要借鉴我国发达地区外资嵌入型产业集群发展中出现的问题，表现在两个方面：

1. 增强 FDI 的根植性

FDI 驱动型产业集群的代表是东莞台商 IT 产业集群，台资厂几乎都是台湾厂的外包型协力厂，管理和生产方式完全拷贝台湾厂，与其总部保持着密切的联系。产业集群内台资企业之间的供应链关系主要是他们早在来东莞之前就已形成的协议，与本地企业联系很少。也就是说，东莞电子资讯产业集群仍然独立于东莞的社会文化之外。台资企业没有真正根植于当地，主要表现在：一是虽然大陆与台湾在历史、文化上具有亲和性，亲缘、乡缘等社会关系网络为台商在大陆投资奠定了文化基础，但不同的制度环境及技术水平往往又妨碍了两地企业家的信任与交流。二是台商制造业采购非本地化，而是仍从台湾进口，台资企业对当地相关产业前向、后向关联效应差。调查表明，台资企业有 63. 3% 的企业是从台湾自带原材料及生产设备，有 83% 的企业产品销往国外或返销台湾。三是“复制群居链”。一些有着产业联系的上下游生产企业相继前来投资办厂，以维持原来的生产联系。“群居链”一经复制过来，减少了台资企业与当地企业的联系，而且导致台资企业集聚出现“产业同构”。

产业集群化成长中企业只有根植于地方，才能保持相对稳定和发展，吸引更多的新企业在本地繁殖和成长。由于台资在东莞 IT 产业中的重要地位，“台商北移”使东莞等地感到了极大压力。东莞 IT 企业在很大程度上依赖外资，如果外资全部撤走的话，东莞经济就会出现“空心”经济，产业集群随之瓦解。根据经济增长理论，推动一个国家或地区经济发展的最终和持久力量是内源性因素。所以，必须加强培育外资嵌入型集群的根植性，大力促进内源性产业集群的发展。

2. 推动产业集群的自主创新

在外资嵌入型产业集群中，产业多数处在全球生产价值链的低端，产品利润较低；研发力量相对薄弱，自有专利技术较少，核心技术都掌握在他人手中；制造企业还是以组装生产为主，而这种缺乏技术含量的劳动密集型产业最容易被移植。一方面，选择自主创新，则面临丧失外资订单的风险；另一方面，自主研发需要投入昂贵的费用。而同时，承接外资的知识、技术扩散，成本低廉、风险较低，又能保住外资的订单，所以，在这些因素的作用下，极易形成对外资的过分依赖，影响产业集群的可持续发展。

我国欠发达地区要想利用 FDI 发展具有生命力的产业集群，要重视自主技术研发和知识产权的保护，鼓励本土企业在与外部关联合作的过程中，实现自主开发能力和生产能力的突破，培育出具有自主著名品牌的产品。这样，不可避免地面临产业升级的问题，不可避免地面临自主创新的问题。必须加强区域创新网络建设，鼓励企业促进技术开发主体的形成，进而建立起能支撑产业可持续发展的技术创新体系，生产手段从进口组装向依靠国内人才开发设计生产产品转变，即由 OEM（Original Equipment Manufacture，通称代工或贴牌生产）向 ODM（Original Design Manufacture，通称原始设计制造）和 OBM（Original Brand Manufacture，通称原始品牌制造）转变。

6.5 小结

在明确我国欠发达地区产业集群发展模式多样性原则的基础上，具体构建了基于小城镇建设、基于工业园区发展、基于龙头企业网络和基于 FDI 的产业集群发展模式。

（1）在分析小城镇与产业集群发展相互依托关系的基础上，构建了依托小城镇构建我国欠发达地区产业集群的模式。

（2）在分析工业园区是产业集群发展的有效载体的基础上，构建了我国欠发达地区依托工业园区构建产业集群的模式。

（3）在分析龙头企业网络是产业集群发展的有效载体的基础上，构建了依托龙头企业网络构建我国欠发达地区产业集群的模式。

（4）在分析 FDI 与产业集群的关联效应的基础上，构建了利用 FDI 的我国欠发达地区发展产业集群的模式。

7　我国欠发达地区产业集群发展的对策建议

基于对我国欠发达地区产业集群发展的现状、形成机制和发展的动力机制、创新系统、发展模式的研究，不难看出我国欠发达地区产业集群发展中仍存在不少问题，如何解决这些问题，实现产业集群的持续发展，对政府和企业都提出了挑战。本章针对这些问题，提出一些对策建议。

7.1　提高集群应变能力

前面的分析证明，产业集群与处于孤立状态的单个企业相比具有更强的竞争力和更好的绩效；产业集群作为一种创新网络，有利于技术创新与新技术的扩散；产业集群是培养企业家的孵化器；产业集群是推动中小企业国际化经营、扩大出口和开拓国际市场的新途径；产业集群能有效地吸引外资，是发展中国家加入跨国公司全球价值链的重要形式。这充分表明产业集群是支持中小企业成长以使其在全球经济中能有效竞争的最佳选择，产业集群战略不但对发达地区重要，对欠发达地区更为重要。但是，我国欠发达地区产业集群发展起步晚，还处于全球价值链低端，不能单纯凭借传统优势或者照搬照抄发达地区产业集群的发展模式，必须从欠发达地区实际出发，提高集群应变能力，根据国际市场发展及时更新竞争战略，适应动态环境变化，防集群之风险于未然，这是我国欠发达地区产业集群实现良性可持续发展的战略要求。

7.1.1　更新低成本竞争战略

欠发达地区廉价的劳动力、丰富的资源和土地，吸引了发达国家和新兴工业化国家产业转移的目光，在这样的背景下，我国广东、江浙、福建等地区逐渐聚集形成了大量专业化的制造业产业集群，如广东顺德的家电业、福建的制鞋业、浙江嵊州的领带业、嘉善的木业集群等，其中很多产业集群都是在“零资源”的条件下发展起来的、以低成本为导向的加工制造业。发达地区产业集群发展的经验告诉我们：低成本的比较优势不会持续很久，它不仅要面对技术领先、实力强劲的发达地区的产业集群，还要面对新的低成本国家或地区的激烈竞争。

在经济全球化的进程中，我国欠发达地区的产业集群会面临发达地区产业集群利用技术优势制定贸易壁垒的严峻挑战。由于全球经济持续不景气，贸易保护主义再度抬头，贸易纷争此起彼伏，贸易政策环境恶化，一时难以扭转。但更主要的是，中国地方产业集群基于专业化的地理分工，利用国内廉价的劳动力资源、国内资本，在国际分工中赢得了低成本的比较优势，出口贸易规模逐年扩大，外贸的快速增长对国外相关产业集群的竞争压力日趋增大。据海关统计，从2004年开始中国外贸已突破万亿美元大关，排名稳居全球三甲，成绩斐然。可以预见，今后一段时期，一些国家会利用WTO允许的非关税措施等手段继续遏制中国产业集群出口增势。发达国家产业集群利用各种有利于本国的标准、规范、惯例等，树立起各种壁垒，如技术壁垒、绿色壁垒、安全壁垒等，这些壁垒不仅使中国许多产业集群嵌入全球价值链的努力大打折扣，甚至丧失已有的国际市场。理性的对待贸易壁垒，已是需要政府、产业集群、行业协会等共同携手应对的大问题。对此，我们一方面要坚决打掉其中明显不合理并带有贸易保护主义色彩的部分，但同时更应该清醒地认识到，重视消费者保护、环境保护、知识产权保护等已是大势所趋（崔焕金，2005）。若要保持我国欠发达地区产业集群的持续发展，就必须顺应这一形势，及时了解国际市场对产品标准和质量方面的要求，主动调整产业集群出口产品结构，从生产、加工环节抓出口产品质量，增加其附加值，改变单纯以低成本竞争的营销战略。

7.1.2 适应动态环境变化

随着全球经济和技术的飞速发展，企业面临的经营环境发生了翻天覆地的变化。在这样的动态环境中，越来越多的学者注意到，所有的竞争优势都是暂时的、难以具有可持续性。这是因为：

（1）竞争优势的来源正以逐步加快的速度被创造和侵蚀掉。美国学者戴维尼称这种现象为“超竞争”（Hypercompetition）。超竞争环境是指经济全球化的大背景下快速动态变化的竞争环境。在超竞争的环境里，现存的游戏规则不断被新的竞争对手所推翻，行业界限不断被打破，客户的需求不断在改变，没有哪一个组织能够建立持久的竞争优势，每种竞争优势都可能受到侵蚀。超竞争环境有以下两个特点：一是竞争非常激烈而且迅速，竞争者必须快速行动，以建立自己的竞争优势和削弱对手竞争优势，这又进一步加速了它们之间的战略反应。二是超竞争行为是一个连续的过程，旨在产生新的竞争优势，同时破坏和削弱竞争对手的优势。D' Aveni 认为在技术不断变化和消费偏好多变的动态环境中，不断创造一连串暂时竞争优势和不断迅速模仿竞争优势的现象，说明竞争优势的来源正以逐步加快的速度被创造和侵蚀，竞争优势只是一个在某一时点上的相对短暂优势的概念。

（2）竞争优势产生于竞争对手的互动中。一个战略的作用不仅取决于企业自身实施的措施，而且也取决于对手、顾客和其他参与者的反应。一个战略所引起的涟漪将通过对手和消费者扩散出去，然后再反射回企业自身。正是这种一次又一次反复的多重波浪所致的复杂互动行为决定了竞争效果。这意味着在动态环境中竞争优势不仅取决于企业自己如何做，也同时取决于对手如何反击及反击的程度。企业在与竞争对手的动态博弈中形成竞争优势，竞争优势成为与竞争对手互动效果的概念（李兴旺，王迎军，2004）。

伴随着市场的不确定性和技术变革的日新月异，区域内企业作为一个“独行僧”，无异于置于狼群中的孤羊。产业集群作为市场和企业之间的中间性组织，同时具备了市场机制与传统单体科层组织结构的优点，所以，产业集群在超竞争的动态环境中，显示出了单个企业所无法比拟的优势。产业集群发展模式已经成为企业发展的最佳选择。但是，在激烈的全球竞争中，产业集群的发展在带来希望的同时也隐藏着危机。在产业集群演进的过程中，外部环境的动态变化以及产业集群的路径依赖性往往会削弱其应对外部环境变化的能力，最终导致其生成核心刚性乃至走向衰退。正如 Markusen 所说，产业集群越成功，就越倾向于发展成一个封闭的系统，进而逐步丧失获取应对市场变化所需的能力，导致竞争力不断下降，直至产业集群的消亡。波特给出的相当部分产业集群的萎缩和衰退现象也反映了这一点。这说明产业集群的存在并不意味着可以一劳永逸地获得区域经济的持续增长，必须时刻关注动态环境的变化。影响产业集群发展的外界环境因素主要有：产业政策、相关产业技术变动、国民经济发展状况、国际政治经济形势等，这些因素的变动都会给我国欠发达地区产业集群的发展带来有利或不利的影响。所以，必须随着环境的变化适时调整我国欠发达地区产业集群发展的战略。

7.1.3 防范集群风险

面对激烈的全球竞争，各国的产业集群经历着各种各样的危机和挑战。借鉴发达地区产业集群衰退的经验教训，防范我国欠发达地区产业集群发展的风险，克服集群“锁定”，是促进我国欠发达地区产业集群持续发展的关键。

产业集群风险是指产业集群发展所面临的不确定性因素发生的机会以及对产业集群成长的不利影响。学者们从众多角度分析了导致产业集群衰退的风险，欠发达地区产业集群发展应该借鉴的产业集群风险主要有周期性风险、结构性风险和网络性风险。结构性风险是指一个区域过于依赖一个产业集群，随着某个产业或产品走向衰退，可能拖垮整个区域经济。周期性风险是指产生于区域、国家甚至是全球性的经济波动可能使产业集群的发展受到影响，甚至使其走向衰退。网络性风险，是指产业集群中企业间的网络关系是产业集群的本质特征，是在最初阶段产生竞争优势的源泉，但由于环境动荡可能成为产业集群僵化、失去弹性的源泉，继而产业集群中企业与非产业集群中的竞争对手相比对外界动荡的反应能力变得缓慢。

在这三种产业集群风险类型中，结构性风险和周期性风险主要指产业集群与环境之间的相互影响，网络性风险多指产业集群自身发展所致的僵化风险，它会导致产业集群发展的封闭和“锁定”效应的发生。产业集群“锁定”主要源于路径依赖性（Path Dependence），即生产相同或类似产品的专业化产业集群很容易沿着相同的路径产生技术趋同现象，形成技术和制度锁定，从而导致产业集群的衰退（梅丽霞，柏遵华，聂鸣，2005）。所以，在我国欠发达地区产业集群形成和发展的过程中，尤其要关注外界环境的变化，防范集群风险，克服集群“锁定”。

我们可以借鉴刘易斯的主张——防范产业集群风险，针对周期性风险，建立有利于经济发展的制度，重视稳定经济工作，可应用计划调节与指导经济的发展，但不赞成实行自上而下的全面而详细的直接计划，应该在发挥市场机制的基础上制定只涉及若干重要问题的间接计划。针对结构性风险，应鼓励和支持企业采取多元化发展战略，通过产业政策引导产业集群向产业多元化和产品多样化方向发展。针对网络性风险，应该引导产业集群增强开放度，帮助集群企业招商引资，促进集群企业进行国际合作，加强产业集群与外界环境的信息交流。

7.2 加强产业集群内外网络建设

我国欠发达地区产业集群形成、发展的条件主要是：具有较长的产业链和完善的辅助性机构，从而具备紧密的网络联系；具有良好的社会资本和学习机制，从而形成成熟的创新网络。而网络的完善，既要加强内部网络建设，又要加强外部网络建设。

7.2.1 完善内部网络

我国欠发达地区产业集群内部网络发展存在的问题在于关联差。完善内部网络，既要加强基于产业链的专业化分工与合作，又要加强基于社会资本的社会联系。

1. 加强基于产业链的专业化分工与合作

专业化分工是指企业或个人基于比较优势从事不同而又相互关联的活动。分工是人类社会的显著特征，也是经济增长和社会进步的主要动力。产业集群是专业化分工合作的产物，与一般的专业化分工合作所不同的特点在于产业集群同时还具有地理临近性。地理临近性更有利于专业化分工的实现，推动专业化分工的深化，从而提高产业集群的经济效率。专业化分工合作为产业集群的存在提供条件，而产业集群反过来又促进专业化分工合作的深化。所以，产业集群实质上就是基于产业链的专业化分工合作的相关组织在地理位置上集中的网络。

我们通常用价值链分析方法分析产业链。波特在分析公司行为和竞争优势的时候，认为公司的价值创造过程主要由包括生产、营销、运输和售后服务在内的基本活动及包括原材料供应、技术、人力资源和财务等在内的支持性活动两部分完成。这些活动在公司价值创造过程中是相互联系的，由此构成公司价值创造的行为链条，这一链条就称之为价值链。在此基础上，波特提出了价值链分析方法，即对企业活动进行分解，通过考察这些活动本身及活动相互之间的关系来确定企业竞争优势。同时，波特还指出企业价值链并不是孤立存在的，而存在于由供应商价值链、企业价值链、渠道价值链和买方价值链共同构成的价值链系统中。寇加特则认为，价值链基本上就是技术与原料和劳动融合在一起形成各种投入环节的过程，然后通过组装把这些环节结合起来形成最终商品，最后通过市场交易、消费等最终完成价值循环过程。在这一价值不断增值的链条上，单个企业或许仅仅参与了某一环节，或者企业将整个价值增值过程都纳入了企业等级制的体系中等。

因此，完善内部网络最本质的要求就是要延长产业链，促进产业链上各个环节的分工与合作。

第一，延长产业链，即产业链的完整性。产业集群的形成以产业链为基础，产业集群的进一步发展是以产业链的延伸为基础。产业链的延伸是核心产业链向后（研发环节）和向前（销售及售后环节）的延伸，包括供应商价值链、研发价值链、客户价值链等，从而形成完整的产业链。

第二，促进产业链各环节的联系，即产业链的协调性。产业集群的产业链并不是一些独立活动，而是由相互依存的活动构成的一个系统，需要产业集群各行为主体充分发挥作用：企业应该把经济活动集中在自己所擅长的核心环节上，从而形成企业的核心能力；政府通过各种政策来支持产业集群内企业之间的联系；中介组织等辅助机构充分发挥中介作用，充当企业之间合作的桥梁，促进专业化分工合作的形成和顺畅运作。

2. 加强基于社会资本的社会联系

产业集群网络不仅仅是一个基于产业链的经济技术网络，还是一个社会网络。简单基于经济技术网络分析产业集群的内部网络建设是不完全的，加强基于社会资本的社会联系也是加强产业集群内部网络建设必不可少的一个方面。

以 Granovetter 为代表的新经济社会学认为，经济活动并不是纯市场行为，而是构建在特定的社会结构背景之下的行为；经济主体之间的交易根植于社会关系，只有当经济行为嵌入于社会关系的网络之中，其行为才可能被现实的经济社会所接受，也只有这样经济主体之间的交易费用才能降低到最小值。而社会网络的基础是社会资本。社会资本的概念是法国学者 Bourdieu 于 20 世纪 70 年代首先提出来的，1988 年 Coleman 在美国第一次明确使用。社会资本概念提供了解释群体行为及绩效的新范式。贝克认为，社会资本是指通过人际和企业关系网络所能获得的资源，包括信息、构思、线索、商业契机、金融资本、权利与影响、情感支持，甚至还有良好的祝愿、信任与合作，它们一起构成了产业集群创新网络的无形纽带和精神源泉。布坎南认为，社会资本主要包括信任、规范和网络，通过推动协调的行动提高了物质资本和人力资本的收益。在新经济条件下，随着创新的平台正从实验室走向合作的网络，社会资本已经成为科技创新的关键因子。

社会资本的作用在于通过信任与规范推动行为主体的协调（冉庆国，2005）。产业集群中行为主体的地理临近性使其具有相同的社会文化背景，并基于此形成共同的发展路径和行为规则，从而培育了产业集群行为主体间的信任关系。信任关系作为重要的社会资本，可以减少不确定性，增强主体间的互动，促进知识尤其是隐性知识、技术和信息的传递，从而推动产业集群行为主体的社会联系。

加强社会联系的途径主要有：第一，培育基于亲缘、血缘、地缘的社会文化，形成产业集群内信息和知识的高度流通和共享机制，促进信息通畅，更为关键的是形成独特的信用体系，降低企业的交易成本。第二，培育基于社会资本的控制机制，强化产业集群中成员的彼此约束，降低机会主义和“搭便车”行为出现的概率。

7.2.2 完善外部网络

基于地理集中的产业集群在面临全球化的趋势中，必须加强与外界的联系。产业集群的地方生产网络必须融入全球生产网络中，参与更大范围的专业化分工，利用全球的市场和知识。

1. 加强弱联系，保持网络的开放性

Granovetter 为关于弱联系的观点提供了分析新资源获取的一个有用角度。根据 Burt 的结构洞理论，产业集群网络中最能为企业带来竞争优势的位置是关系稠密地带之间的结构洞（Structural Hole）。如果一个产业集群网络企业之间普遍是一种强联系的关系，从而网络内部的结构洞较少。那么，产业集群企业必须加强与产业集群外部网络之间的弱联系。因为对于外部网络关系而言，产业集群中的企业就相当于结构洞中的企业，通过吸收外部网络新的知识、信息资源来提高自身的创新能力。

根据封闭和开放系统的熵流理论：ds = des + dis，des 为系统和外界的交换，称作负熵；dis 是由系统内部产生的熵，称作正熵；熵的变化取决于系统与环境的关系，当系统与外部环境的信息交换很少时，des = 0，则过渡到熵增事件，系统走向封闭和衰退。也就是说，产业集群网络强联系可以增强集群主体之间的联系，但同时，如果强联系过度或者只注重强联系，会使熵增加，负熵减少，形成一个封闭自守的系统。在这个系统中，会引起模仿创新、"搭便车"现象的发生，阻碍创新。又由于路径依赖性的存在，即人们过去作出的选择，决定了他们现在可能的选择，从而使集群面临衰退的风险，如美国底特律"汽车城"、匹兹堡钢铁产业群的衰败、中国温州桥头镇纽扣小产业集群竞争优势的丧失，都证明了这一点。

在经济全球化的今天，知识更新的速度非常快。要保持产业集群创新的活力，就要不断更新内部知识等资源基础，及时从产业集群外部引入新的信息和技术，使熵减少，负熵增加，从而增加系统的有序程度。因此，要保持产业集群对新进入者的开放性以及新信息的敏感，避免内部僵化，不断推进产业集群持续学习和调整。

2. 融入全球价值链，实现网络升级

全球价值链（Global Value Chains，GVC）是指为实现商品或服务价值而连接生产、销售、回收处理等过程的全球性跨企业网络组织，涉及从原料采集和运输、半成品和成品的生产和分销，直至最终消费和回收处理的整个过程（张辉，2004）。它包括所有参与者和生产销售等活动的组织及其价值、利润分配。当前，散布于全球的、处于全球价值链上的企业进行着从设计、产品开发、生产制造、营销、出售、消费、售后服务、最后循环利用等各种增值活动。

全球价值链有两种驱动结构：一是生产者驱动的价值链，是指由生产者投资来推动市场需求，形成全球生产供应链的垂直分工体系，投资者可以是拥有技术优势、谋求市场扩张的跨国公司，也可以是力图推动地方经济发展、建立自主工业体系的本国政府，投资主要是在资本与技术密集的垂直整合型产业中，如汽车、电脑、飞机和电机机械等；二是消费者驱动的价值链，是指有强大品牌优势和国内销售渠道的经济体通过全球采购和 OEM 等生产组织起来的跨国商品流通网络，形成强大的市场需求，拉动那些奉行出口导向战略的发展中地区的工业化，投资主要在劳动密集型的产业中，如服饰、制鞋、玩具和家庭日用品等。

我国产业集群的技术创新能力较低，产品质量和品种难以达到国际高水平，产品品牌大都缺乏高品质、高档次的国际形象，在国际市场上缺乏营销能力。所以，我国产业集群一般是从介入全球价值链中低附加值环节的低端道路开始，大多处于全球价值链的最低端。尽管如此，在全球经济一体化、产业内分工呈现国际化趋势的条件下，我国欠发达地区产业集群也无可选择地要把产业集群的产业链延伸到国际分工体系中，融入全球价值链并在全球价值链中不断向上攀升从而实现升级，包括以下三个方面：

第一，融入全球价值链。融入全球价值链是顺应全球化经济发展的趋势，我国欠发达地区的产业集群可以采取任何方式首先融入全球价值链，不管是低端融入还是高端融入。如利用国际产业转移的机会，随着贸易的发展，全球市场一体化的进程不断加深，这就使得发达国家发现将一些非核心的生产和服务等业务分离出去和全球采购更加有效益，使得一些欠发达地区有了融入到全球经济中的机会。例如，湖北彭场的无纺布产业集群，从 1992 年开始到现在已经成为“中国无纺布制品出口第一镇”。它主要是在国外订单的基础上从事无纺布材料的生产和初加工，也就是说，湖北彭场的无纺布产业集群定位于附加值较低的制造端，为国外客户大量提供 OEM，以此融入全球价值链。

第二，确定价值链驱动动力。在不同驱动模式的全球价值链中，以及全球价值链的不同环节中，利润分布不同（图 7－1）。首先，通过全球价值链分析，明确自身所处的全球价值链的驱动动力，如果是生产者驱动的全球价值链，就应该采用增强核心技术能力的策略；如果是消费者驱动的全球价值链，就应该采用强调销售渠道的策略。其次，通过全球价值链分析，找到高附加值的战略环节，就可以清楚我国欠发达地区产业集群发展的差距和升级的目标。

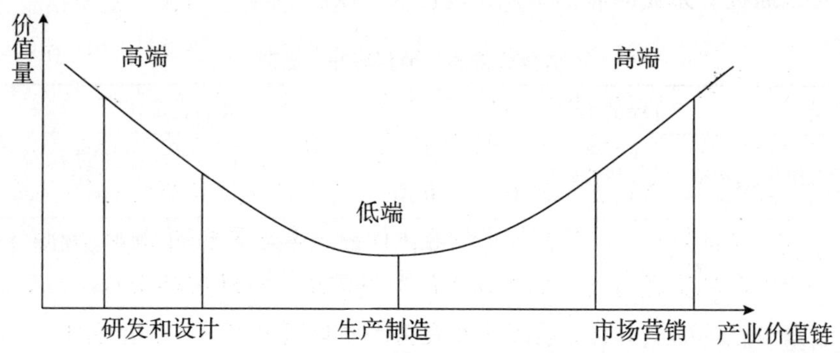

图 7－1　全球价值链的价值分布

第三，产业集群升级。产业集群的升级，是指地方产业集群在全球价值链上获取附加值能力的提升，它不仅包括集群的技术创新能力升级和知识系统升级，还包括其社会资本的日趋丰富和升级。包含技术能力的升级、创新能力的升级、外向关联的升级、社会资本的升级和创新系统的升级。表现为：区域内的产业集群利用各自区域特有的内生优势，发展和完善地方产业网络；积极回应全球产业网络的变化，嵌入于全球价值链某个或某几个“战略性环节”，利用一种价值活动与另一种价值活动之间的关系，创造、保持和捕捉价值。同时，它们通过改变自身在价值链中嵌入位置和组织方式，改变价值活动之间的关系，从而提升产品、改变效率，或迈入新的价值链，进而提升产业集群的能级，增进区域经济的竞争优势。

产业集群一般都是全球价值链片段化（Fragment）的结果，所以，产业集群的升级路径也应该是沿着全球价值链完成。全球价值链所关注的产业集群升级主要落实到以下四个具体的方面：工艺流程升级；产品升级；产业功能升级和链条升级（Rahpael Kaplinsky and Mike Morris, 2001）。普遍认为，产业集群升级一般都遵循从工艺流程升级到产品升级，再到产业功能升级，最后到链条升级的阶梯式发展路线，有一定的规律可以遵循（文婷，曾刚，2005）（见下表）。工艺流程升级就是通过提升价值链条中某环节的生产加工工艺流程的效益，由此达到超越竞争对手的目的。产品升级是通过提升引进新产品和改进已有产品的效率来达到超越竞争对手的目的。产业功能升级是通过重新组合价值链中的环节来获取竞争优势的一种升级方式。价值链条升级是从一条产业链条转换到另外一条产业链条的升级方式。这一升级规律基本上可以通过“东亚四虎”工业化进程来加以佐证。

价值链分析的四种集群升级类型

升级类型	升级的实践	升级的表现
过程升级	过程变得更加有效率	降低成本、增进传输体系、引进过程新组织方式
产品升级	比对手快的研发和质量提升	新产品市场份额扩充、新品牌市场份额增大、改进产品市场份额增加
功能升级	改变在价值链中所处位置	提升在价值链中的地位、专注于价值量高的环节而把低价值的活动外包
链的升级	移向新的、价值高的价值链	得到相关产业领域、相异产业领域的高收益

7.2.3 基于CAS理论的内外网络融合

在全球化竞争日益激烈的今天，在全球价值链视角下考察产业集群演进的轨迹，可以为我国欠发达地区产业集群接轨国际市场，克服发展锁定，实现持续发展提供一个理性参照。但是，必须同时吸纳基于内生成长因素的发展观的研究成果，才有可能全面、系统地研究产业集群的发展。

1. 融合内外网络

20世纪90年代初期兴起的“新区域主义”学派，他们强调区域中的诸如地理邻近、社会文化等“内生成长因素”对经济的推动作用。实践证明，仅仅关注地方能力的建设并不足以保证区域能在全球经济中获取特别的竞争力。一方面，一些内部连接可能会通过制度锁定（Lock – in）和路径依赖，使区域丧失对环境变化的适应能力，从而中止区域的增长；另一方面，经济成功的关键因素主要在于行动者对外部环境变化的预期与反应能力，而不是地方的合作关系和制度的改进。在全球竞争日益激烈的今天，任何产业集群都不是一个保守而封闭的系统，内生成长因素固然必不可少，但是产业集群所依托的产业已融入全球产业网络，区域经济发展已纳入全球框架。因此，20世纪末，地理学家、区域科学学家开始重新审视“新区域主义”学派原来强调的“内生因素”驱动区域经济持续发展的观点，并逐渐开始关注产业集群的外部联系、产业集群间互动、全球价值链治理等“外生成长因素”对产业集群发展的影响。产业集群与区域外的联系、产业集群对区域外知识的获取、产业集群间知识的交流，对区域经济接轨国际市场、克服地方发展的锁定，并实现持续升级，变得日益重要（文嫮，曾刚，2004）。

注重“地方”、强调“全球”是近5年来国际经济地理学、区域科学和经济学对产业集群研究视角的新动态。也就是说，产业集群在发展过程中内部和外部力量都可以使它丧失竞争优势，以产业集群为发展模式的地方经济已逐渐纳入全球产业网络，它的竞争力提升，不仅需要挖掘产业集群的内部联系，更需要在全球价值链中与区域外的经济行为主体积极互动。产业集群研究有走向内外结合的趋势，仅仅是开始，远未形成成熟理论或系统性理论。在动态环境下，产业集群的发展是一个在多重层面上的构架问题，必须用系统的、全面的和发展的视角去看问题。必须采用内外结合的分析方法，打破过去只强调“内生成长因素”或者仅仅强调“外生成长因素”的产业集群研

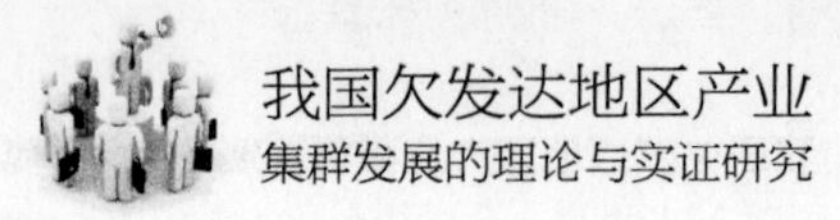

究模式。

在这样的动态环境背景下，鉴于发达地区产业集群发展的规律，我国欠发达地区产业集群的发展也必须采用注重“地方”、强调“全球”的发展战略。也就是说，我国欠发达地区产业集群的网络建设，包括两个方面：一方面，注重自身的发展，加强内部网络建设；另一方面，加强外部网络建设，尤其是与基于同一全球价值链的其他产业集群的竞争与合作。

2. 复杂适应系统理论

复杂适应系统（Complex Adaptive System，CAS）理论是霍兰（Holland John）于1994年提出的，是现代系统科学的一个新的研究方向。复杂适应系统理论认为，CAS最重要的特征是其中的主体（Active Agent）具有适应性，并且主体与环境以及其他主体是相互作用的，在作用过程中，系统中的主体可以自动调整自身的状态、参数以适应环境，或与其他主体进行协同、合作或竞争，争取最大的生存机会或利益。主体的主动性、主体与环境的相互影响和相互作用，是系统演变和进化的基本动因。

复杂适应系统是一类十分常见又十分重要的复杂系统，它的基本特征表现在七个方面：聚集、非线性、流、多样性、标识、内部模型和构筑块（约翰·霍兰，2000）。

（1）聚集：同类主体通过“黏合”（Adhesion）形成较大的聚集体（Aggregation Agent），也叫元主体（Meta - agent），元主体同样可以像主体一样再聚集成更大的聚集体——元元主体，从而导致层次的出现。例如，企业聚集形成产业集群，同一产业的集群聚集形成全球价值链，不同的全球价值链聚集形成全球生产网络。

（2）非线性：主体以及它们的属性在发生变化时，并非遵从简单的线性关系，特别是在与系统的反复交互作用中，这一点更为明显。

（3）流：在主体与环境之间和主体之间存在物质流、能量流和信息流，这些流的渠道是否通畅，周转是否迅速，都直接影响主体和系统的演化过程。

（4）多样性：在适应过程中，由于种种原因，主体之间的差别会发展与扩大，最终形成分化，这是CAS的一个显著特点。

（5）标识：为了相互识别和选择，主体的标识在主体与环境的相互作用中是非常重要的，因而无论在建模中还是在实际系统中，标识的功能与效率是必须认真考虑的因素。

（6）内部模型：这一点表明了层次的观念。每个主体都是有复杂的内部机制的，对于整个系统来说，统称为内部模型。主体在适应环境的过程中，不断地根据自己的内部模型对外在的环境作出预测与反应，同时根据预测与反应的结果调整、改变自身的结构。

（7）构筑块：是指形成复杂系统的基本构件和简单个体。

3. 基于 CAS 理论的内外网络融合策略

通过对发达地区产业集群发展经验和规律的总结可以看出，产业集群的持续发展强调产业集群对环境的适应性，这与复杂适应系统理论的特性有很好的契合性。经过对企业复杂适应系统的转换（吴绍艳，杜纲，2005），本书建立了产业集群的复杂适应系统模型，对我国欠发达地区产业集群发展的网络建设进行全面分析。

（1）产业集群的复杂适应系统模型

产业集群本质上是一个复杂适应系统，是一个开放的、具有自组织能力的适应性主体，具体表现在：①在适应外界环境时，产业集群表现为一个具有主动性和适应性的主体，不断同环境进行着物质、能量和信息的交流；②产业集群系统有层次性，体现在产业集群网络分为内部网络和外部网络，内部网络又分为核心网络和辅助网络，这三个层次上的主体均具有智能性、适应性、主动性等特征；③产业集群系统存在随机复杂性因素，由于主体在信息、策略和状态等方面存在差异，必然会出现随机性、模糊性，进而带来复杂性。

产业集群网络分为内部网络和外部网络，因此，产业集群系统的发展受两部分因素的影响：一是产业集群内部，即网络内各主体之间、各种资源 R_i、子能力 C_j 之间的相互作用和整合方式；二是产业集群的动态环境 E，即环境与产业集群这个复杂系统相互联系、相互作用的方式，在不同程度上影响系统内部组分特征、状态的改变。为突出产业集群发展的产业环境，把 E 分为一般外部环境 E_1 和行业竞争环境 E_2，E_1 包括政策环境、社会文化环境等因素，E_2 是行业竞争环境，由基于全球价值链的其他一些产业集群 Agent 组成，分别为供应商产业集群 Agent、生产者产业集群 Agent、销售商产业集群 Agent、研发产业集群 Agent 等。为此，建立产业集群 Agent 对环境的动态响应层次模型，如图 7－2 所示。

研究的产业集群为智能 A，在时刻 t 的发展状态为 $X(t)$，那么 $X(t+1)$、

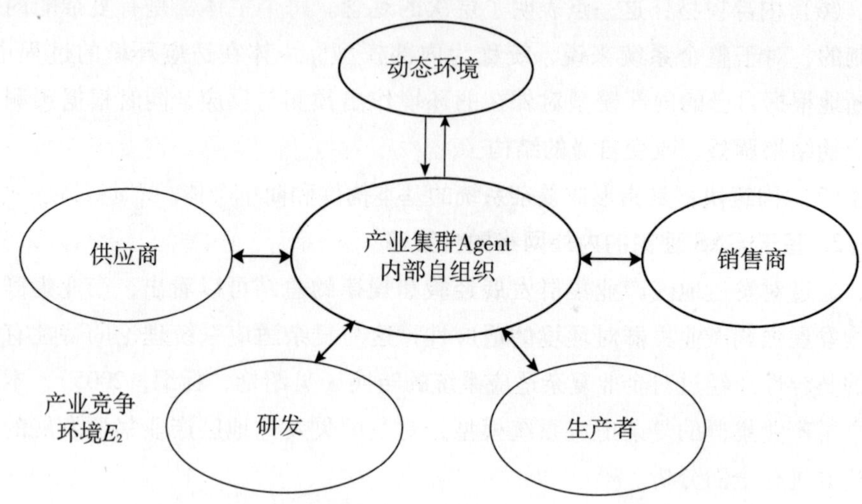

图7－2　产业集群 Agent 与动态环境相互作用的层次模型

t 时刻产业集群系统内部自组织的情况即各种资源 R_i 和子能力 C_j 等的整合情况（用函数 g 表示）、t 时刻与其有相互关系的 E_2 中 s 个 Agent 的行为 x_i（t）以及环境 E_1 所决定的，用公式表示如下：

$$X(t+1)=f(X(t),g_i(R_i,C_j),x_1(t),x_2(t),\cdots,x_s(t),E_1)$$

由于智能体 A 与 A_1，A_2，…，A_s 间以及函数 g 与 R_i，C_j 之间的作用方式都是非线性的，所以，$\frac{\partial f}{\partial x}$，$\frac{\partial f}{\partial x_1}$，$\frac{\partial f}{\partial x_2}$，…，$\frac{\partial f}{\partial x}$，$\frac{\partial g}{\partial R_i}$，$\frac{\partial g}{\partial C_j}$ 不为常数。

因此，我国欠发达地区产业集群发展途径，体现了产业集群内部自组织和产业集群同基于全球价值链的外部产业集群间的相互关系，也就是产业集群发展的涌现过程。涌现（Emergence）是在微观主体进化的基础上，宏观系统在性能和结构上的突变。

（2）加强产业集群内部自组织

复杂性科学研究表明，自组织是复杂适应系统的一个主要演化模式。在自组织演化的复杂系统里，内部行为者相互作用下所产生的结构和状态模式涌现于系统行为者的相互作用之中。

根据构筑块不同组合方式形成复杂系统的特性，产业集群的持续发展，要求内部网络具备一些基本构筑块——各类资源，尤其是我国欠发达地区产业集群发展急需的人才、资金和技术，还要求产业集群主体在一定资源基础上，加强相互间的分工合作，完善网络关系。

根据非线性和涌现原理，系统主体对整体的作用并不遵循线性关系，系统整体涌现性是由规模效应和结构效应共同产生的。这说明，我国欠发达地区产业集群的发展，关键不在于资源的数量和企业的数量，而在于主体间的关系结构。例如，正如我们前面分析的适宜的网络密度、有效的网络联系和联系强度，会促进产业集群的创新能力，从而推动产业集群的持续发展。所以，产业集群发展应该根据外部环境和价值活动的需要，确定有益于产业集群发展的结构关系，不断优化调整内部资源和子能力的整合函数 g，这样才能形成系统整体在性能和结构上的突变。

（3）加强与外部主体间的相互联系

我国欠发达地区产业集群的发展，面对复杂动态的竞争环境，尤其是行业竞争环境，要想加强对处于同一全球价值链的其他产业集群的学习，增强溢出效应，必须处理好物质流、能量流和信息流的相互关系以及协调一致的程度。

E_2 中各个产业集群是在基于产业链的专业化分工合作的基础上形成的全球联系，由于全球价值链各个环节价值分布不同，价值获取能力不同，因此，在各个产业集群之间进行物质、信息和能量的交换过程中，必然会产生竞争与合作。

我国欠发达地区产业集群多数只能以低端环节嵌入全球价值链，在与其他产业集群竞争合作的过程中，还要以通过合作的方式向其他产业集群学习为主。通过与其他产业集群的合作，促进物质、信息和能量的流入，促进联系的广度和深度，从而产生涌现效应。但是，有几个问题需要注意。一是对其他产业集群的“流”要有所选择，确认其是否真正符合产业集群发展目标，是否真正能够产生“1 + 1 > 2”的协同效应；二是处于全球价值链战略环节的产业集群只会转移一些非核心技术，所以，我国欠发达地区的产业集群要避免过于依赖引进技术，要不断提升自主创新能力；三是随着我国欠发达地区产业集群的不断成熟，与其他产业集群的竞争会越来越激烈。

因此，CAS 理论强调主体的主动性和适应性，而产业集群的持续发展需要内部自组织和与外部主体间的竞争合作，也就是要选择内外网络结合的发展路径。

7.3 加强集群创新系统主体建设

在我国欠发达地区产业集群的形成和发展过程中，产业集群创新系统中的创新主体起着至关重要的作用。其中，地方政府因欠发达地区的特殊情况显得尤其重要，在此本书将单独论述，这里重点阐述如何加强企业家、中介组织、大学和科研机构建设。

7.3.1 培育企业家及企业家精神

企业家是创新者，其天职就是创新。企业家在创造和引进新的生产方法、介绍新产品、新的工业组织形式、开辟新能源、新市场等方面作用巨大，所以，企业家也是一种稀缺资源。机遇是外部不可控制的因素，它为我国欠发达地区产业集群的发展提供了某种契机，而机遇的作用，必须与企业家及其精神相结合，才能发挥作用。我国以浙江、广东等省为典型的产业集群的形成就是在特定的历史背景和机遇条件下，被当地的企业家所利用，从而形成今天这样产业集群兴旺发达的局面。而我国欠发达地区经济不发达，产业集群少，一个重要的原因就是当地文化中缺少勇于创新、敢于冒险、敢于开拓、不断创业、不怕失败的企业家精神。我国欠发达地区培育企业家及企业家精神要做好以下几个方面的工作：

（1）加强制度建设，推动制度创新，创造一个良好的制度环境。制度的存在能够为参与者提供理性的预期，从而减少交易的成本，提高活动的效率。如果没有好的制度，必然会增加交易的风险和成本。企业家只有对自己的经济活动有相对比较稳定的预期，才可以去承担风险进行投资创业，这就要以良好的制度安排为前提。如健全的知识产权制度、鼓励和保护创新的机制等。

（2）促进文化认同，欠发达地区要从观念上接受企业家及其精神。我国欠发达地区市场经济不发达，传统文化、观念重，只有接受以市场经济为基础的企业家精神，才可以找到新的增长点，实现自身的发展。通过政策支持、新闻宣传等手段，鼓励人们培育敢于冒险、勇于创新的企业家精神。

（3）建立企业家培育载体。可以借鉴意大利针对南部地区经济落后现象成立“企业家精神创业社”和“青年企业家发展委员会”，以培育企业家的成长。但更主要的是要通过教育——不仅是学校教育，而是在欠发达地区整个社会的大教育中，进行企业家精神的培养，这不仅仅是培养一个企业家阶层，更主要的是为欠发达地区社会的精神结构注入新的质料。

7.3.2 促进中介组织的发展

从发达地区产业集群发展的经验看，中介组织的大力支持，可以克服中小企业在提高技术水平、寻找新的销售市场、培训高级技术人员、筹集发展资金等方面的劣势，为产业集群企业提供专业化服务。例如，山东昌邑市成立了纺织、印花、染整等行业协会和信息、技术服务中心等中介服务机构，为印染企业提供全方位服务，进一步促进了整个纺织集群的发展。

在我国欠发达地区，由于中介机构发展缓慢，限制了产业集群的发展。所以，要积极培育各种行业协会和中介服务机构。

（1）建立行业协会。行业协会是产业集群中的重要角色之一，行业协会在沟通政府企业、制定行业标准、规范行业秩序、协调行业纠纷、保证行业公正等方面具有独特的作用，众多规模较小的企业往往是通过行业协会而能联成一个整体集群发展的。

（2）建设各种中介服务体系。中介服务机构可以为产业集群企业提供信用担保、筹集资金、创业辅导、信息咨询、人才培训、市场调查等各项服务，加强产业集群企业的联系，为产业集群的发展提供良好的基础条件，从而促进产业集群的快速成长。

中介服务机构是促进企业间网络联系、产学研结合的纽带或桥梁。中介服务机构一般包括半官方性质的企业联盟、行业协会、商会、创业中心（孵化器）、各种服务中心等，这些中介服务机构专业化程度高、活动能量大、组织形式先进，由于集聚了信息、技术、投资、管理等各方面的专家，为企业提供了专业化的质优价廉的服务，有效降低企业成长初期的竞争风险，使技术成果迅速商品化与专业化，使科技发明尽快进入到相关经济领域。

7.3.3 促进产学研合作

我国现在大力提倡的“产学研”工程，是从1992年开始实施的。产学研合作是产学研各方通过拥有丰度（数量、质量）不同的资源禀赋，与不同利益主体的资源互补，使科技成果转化为生产力。产学研中的“产”是指企业界，“学”指“大学”，“研”指“科研院所”。该计划有力促进了我国企业界与大学和科研院所的合作与交流。产学研主要强调的是企业与大学等科研机构产业性的合作。而产业集群不仅包括产业性的合作，还包括区域性的合作。这种合作的基础，就是地方政府、科研院所、大学、企业等行为主体之间交流与合作的系统。

根据波特的“钻石模型”，决定一个国家（地区）和产业竞争力的生产要素条件不仅包括自然资源、地理位置、气候条件、初级劳工等基本要素，还包括高级技术人员及其创新能力、科研机构及其领先的学科、研究成果等高等要素。高等要素往往是竞争对手难以仿效的。在我国欠发达地区的产业集群中，创新网络关系主要存在于企业之间，而企业与大学、科研院所之间的互动关系则相对较弱。大学和科研院所是科技创新的重要源泉，特别是原始性创新的重要源泉。所以，在区域创新系统的构建中，大学等科研机构应与企业积极交流，有效地促进产学研合作。

（1）大学等科研机构雄厚的研发力量有利于提高企业的创新能力

随着企业单独进行技术创新难度的加大，企业与大学、科研院所的交流与互动越来越被关注和重视。技术创新不再仅仅是企业的事情，与大学、科研院所的相互作用也直接影响着技术创新的发生难易与发生频率。克鲁格曼曾引用 Dalton 的地毯产业作为例子来说明如果没有地方大学对地毯技术的研究，也就没有区域的地毯聚集生产和创新。

美国的硅谷地区是目前世界上最具创新能力的高技术产业集群。在硅谷的发展过程中，区域内的世界一流大学如斯坦福大学、加州大学伯克利分校、圣克拉拉大学等和众多智力人才的作用不可估量。例如，如今世界上的诺贝尔奖金获得者有近 1/4 在硅谷工作，该地区有 6000 多名博士，占加州博士总数的 1/6。大学为企业提供重要的技术成果、高科技人才，以应付快速变化的技术环境。更重要的是，大学、科研人员、风险投资家还直接投资办企业。据统计，硅谷目前一半的销售收入来自斯坦福大学的衍生公司。

（2）大学等科研机构雄厚的研发力量有利于提高科技成果转化率与产业集群竞争力

我国改革开放以来，以技术创新为特征的技术进步对 GDP 增长的贡献度仅在 30% 左右，这不但远低于发达国家 70% 的水平，也低于发展中国家 35% 的平均水平。实际上，为了在激烈的市场竞争中求生存、求发展，企业迫切需要大量的新技术、新工艺，以便使自己的设备、产品更新换代。

同时，大学和科研机构希望更多的成果能够产生经济效益，从而推动科研工作的良性循环和更好地为社会服务。但一方面是数以万计的企业急需的科技成果得不到满足，另一方面是大学等科研机构拥有的大量成果得不到运用，不能转化为生产力。因此，大学、科研机构和企业的合作是极为必要的。被誉为“欧洲硅谷”的英国剑桥工业园区高新技术公司70%的员工来自剑桥大学，一半以上的高技术公司与剑桥大学保持着联系。剑桥大学非常注意大学成果的转化，一是科研成果的商品化；二是教学和科研密切与企业合作。

7.4 培育良好的区域创新环境

良好的区域创新环境是企业空间聚集的有力支撑。区域创新环境包括政策环境、产业环境和社会文化环境。创新环境的培育要有利于我国欠发达地区产业集群的创新和持续发展。

7.4.1 政策环境

政府对企业的支持可以采取包括制定政策、资金投入、项目支持、提供服务等多种措施，但起决定性作用的是政策。政策环境在很大程度上决定产业集群的形成和发展。例如广东一些市县如深圳、珠海、中山、顺德、东莞等利用优惠政策吸引本地在海外、港澳的众多亲朋回乡开展“三来一补”业务，在此基础上，逐渐形成了一些专业品镇，如中山市古镇的灯饰集群、东莞市虎门镇的服装业集群、南海市的布绒玩具集群。又如印度高新区软件产业集群的形成也是与政府的优惠政策分不开的。印度政府非常重视发展软件产业，制定了包括融资、吸引外资、培养人才等多项扶持政策，其中实施软件技术园区计划就是一项重要内容。软件技术园区为区内软件企业提供良好的基础设施、特殊优惠政策和高效率的管理，促进了园区内软件产业集群的形成。我国欠发达地区产业集群的发展也需要良好的政策环境，通过土地、税收、政府服务、收费、保护企业等方面制定一系列的优惠政策，引导和吸收一些相关的企业和有关联效应或配套协作功能项目进入区域，为本地产业集群的发展创造宽松的外部环境。

7.4.2 产业环境

包括市场需求条件在内的产业环境也是产业集群创新的强大推动力。因为市场需求为产业集群的发展提供了生存与发展的空间，并且带来创新的压力，促使企业发现市场上新的需求并积极采取行动，有利于企业不断进行创新。例如，荷兰花卉产业集群的形成，就得益于该国传统上对花卉的喜爱所产生的巨大需求；意大利之所以拥有全球知名的皮鞋、箱包、陶瓷产业集群，也与该国一直注重手工技艺，对传统工艺产品需求旺盛密切相关。

7.4.3 社会文化环境

社会文化环境对产业集群的创新具有推波助澜的作用。拥有共同历史传统的同类企业形成信任关系，以信任为核心内容的社会文化能够加强企业之间的交流与合作，使企业之间建立起紧密的合作关系。这种紧密联系可以促进产业集群的形成，可以使企业易于获取创新资源。

一个成功的产业集群需要一种与它的产业特征相融合并相互促进的社会文化来支撑，浙江块状经济形成发展与浙江人所具有的冒险、创新的独特文化内涵是分不开的。例如，创新精神是产业集群发展内在的无可替代的动力源泉，培育产业集群发展的文化氛围，有利于产业集群发展的社会心理和创业理念，大力激发民众的创业热情；诚信是产业集群得以形成和发展的关键因素之一，没有诚信的产业集群中假冒伪劣产品遍地、欺诈行为盛行。欠发达地区应该采取各种形式，引导集群文化的形成，破除小农意识、保守意识等对集群发展的不良影响。

7.5 发挥好政府的宏观调控作用

从产业集群的产生和发展来看，虽然市场的生成性要大于政府的建构性，但这并不意味着政府在产业集群的产生和发展中毫无作为，听任产业集群的产生、发展、衰亡，恰恰相反，政府在产业集群的产生和发展过程中往往起着重要的作用。主要表现为：培育企业间横向和纵向合作关系的形成和发展；建立中小型产业集群的公共支持体系；提供信息服务；加强金融服务；加强国际市场拓展政策措施；辅导中小企业升级改造，提高技术和鉴定水平；资助中小型企业技能培训等（傅京燕，郑杰，2003）。与发达地区产业集群的发展相比，欠发达地区由于市场经济发展不完善，政府对产业集群的发展，更应该有所作为，除了在培育创新主体和创新环境方面提供公共服务外，还应该有效地发挥政府的宏观调控作用。

1. 转换调控方式

从产业集群发展的实践看，产业集群的形成和竞争优势的产生，有其内在的市场机制，市场的力量吸引各种资源集聚，从而形成竞争优势。但是，在我国欠发达地区，由于经济发展的先天劣势，完全依靠市场力量的自发作用，难以形成集聚优势。所以，政府的调控必不可少。但在调控的方式上，坚决要把过去以指令性计划和行政手段为主的直接管理转换为以经济、法律手段为主的间接调控上来，切实为我国欠发达地区产业集群的发展制定一系列有利的方针、政策和措施。

2. 完善组织机构建设

成立产业集群发展机构，主要负责产业集群基本情况的调查研究、产业集群发展规划的初步制定、各地产业集群发展的协调、与区域政策制定部门和产业政策制定部门的协调配合等工作，这是促进产业集群发展的组织保证。要组织相关研究机构尽快着手进行我国产业集群发展状况的普遍调查工作，因为产业集群政策实施的前提是对现有产业集群的识别和分析。一是从总体上把握全国产业集群发展状况；二是分别从行业和区域两个角度对产业集群发展现状、特点、经济效应、发展阶段、存在问题及演变趋势等进行较为系统的总结分析，为区域和行业发展提供参考；三是通过这项工作，使各地能对全国产业集群状况有较全面的了解，从而能相互协调，避免陷入重复建设或恶性竞争，为欠发达地区产业集群的发展提供有效的借鉴和指导。

3. 合理规划和引导

做好宏观管理和社会经济发展规划，是政府的主要职能。政府应该在现有产业发展的基础上，根据产业条件、区位优势、资源基础，用产业集群的理念去规划和引导产业的发展。并且，要根据产业集群发展的不同阶段，确定自己服务和管理的重点，确保角色转换。例如，对雏形阶段的产业集群，主要推动基础设施的建设；对发展阶段的产业集群，主要加强专业化分工，促进产业联系；对成熟阶段的产业集群，主要促进社会关系的发展，为创新提供良好的社会基础。

4. 有效配置生产要素资源

在欠发达地区，企业创新、创业的活动比较弱，政府应该根据对各地区产业集群发展的SWOT分析，通过在空间和产业中的资源配置引导产业集群的发展。生产要素资源的配置效率是产业集群形成生产成本优势的重要前提。生产要素资源配置包括交通运输条件、通信工具、水电等基础设施网络、信息化、投资教育培训等，更主要是指配置我国欠发达地区产业集群发展中劣势资源即人力资源、技术资源和资金资源。一是资金的供给。由于产业集群中的中小企业自身资金积累能力差，通过银行获得贷款的难度大，资本市场融资对欠发达地区更难，因此，政府应该设法将金融机构和产业集群发展融为一体。倡导银行信贷、产业发展基金会、风险投资基金会等加强对欠发达地区产业集群中小企业的扶持。二是人才的供给。政府应积极兴办地方性大学和职业技术学院，为企业培养科技人才，促进大学、科研院所和企业的交流，形成产学研三方面的密切合作关系。三是技术的供给。政府应认真贯彻落实相应法律法规，加强对专利权和知识产权的有效保障。贯彻知识和技术参与分配的原则，充分利用市场机制和专门机构正确评估创新成果及研究开发成果的价值，保障创新者在企业中的利益。

7.6 小结

本章针对前面各章分析中我国欠发达地区产业集群发展存在的问题，提出解决的对策思路。

（1）吸取发达地区产业集群发展的经验教训，即重新审视低成本竞争战略、关注动态环境的变化和克服集群“锁定”。

（2）加强产业集群内外网络建设，既要加强内部网络建设，又要加强外部网络建设，并且做到内外网络的融合，最后运用复杂适应系统理论加以分析和验证。

（3）加强集群创新系统主体建设。

（4）培育良好的区域创新环境。

（5）发挥好政府的宏观调控作用。

8　黑龙江省奶业集群发展的实证研究

8.1　黑龙江省奶业集群发展状况

奶业作为新兴产业在我国至今不过百余年的历史，但我国奶源生产优势布局已经明朗：东北、华北、内蒙古和新疆四大区域。黑龙江省是我国最大的奶牛养殖基地，也是我国乳制品企业最为集中的地区。但是，在全球化不断深入的过程中，在WTO框架下，黑龙江省奶业集群面临着前所未有的机遇与挑战。

8.1.1　黑龙江省奶业集群的基本概况

黑龙江省地处中国东北部，总面积45.46万平方千米，地貌特征为“五山一水一草三分田”。全省辖79个市县，总人口3823万人，其中农村人口1777.70万人，占总人口的46.5%。黑龙江省是我国粮食重点产区和畜牧业大省，发展奶业具有得天独厚的优势。

1. 黑龙江省奶业集群发展的资源条件

黑龙江省地处北纬43°～53°、东经121°～135°，属于寒温带气候，适宜奶牛生长，与俄罗斯、法国、荷兰、丹麦、加拿大、美国北部各州及日本北海道等奶牛养殖发达国家和地区同处在被称为“世界奶牛带”的范围内。农作物以种植玉米、大豆、小麦为主，养殖奶牛所需的精、粗饲料比较丰富，全省粮食综合生产能力达到3000万吨，作物秸秆4500万吨，拥有草原6500万亩，年产饲草800万吨，具有发展奶牛养殖的广阔空间。近年来，通过政策引导，依托地域优势、资源优势和技术优势，黑龙江省奶业保持持续发展。黑龙江省已成为中国最大的乳及乳制品生产基地（表8－1），奶牛存栏、鲜奶产量、乳制品加工量三项指标增长迅速（图8－1、图8－2、图8－3），均居全国前列。

表 8-1　2009 年全国部分地区奶类总产量及所占比重

省（区、市）	全国	内蒙古	黑龙江	河北	山东	新疆
奶类总产量（万吨）	3732.6	934.0	534.7	461.0	258.1	125.2
占全国奶类总量的比重（%）	100	25.0	14.3	12.4	6.9	3.4

资料来源：《中国农业年鉴 2010》。

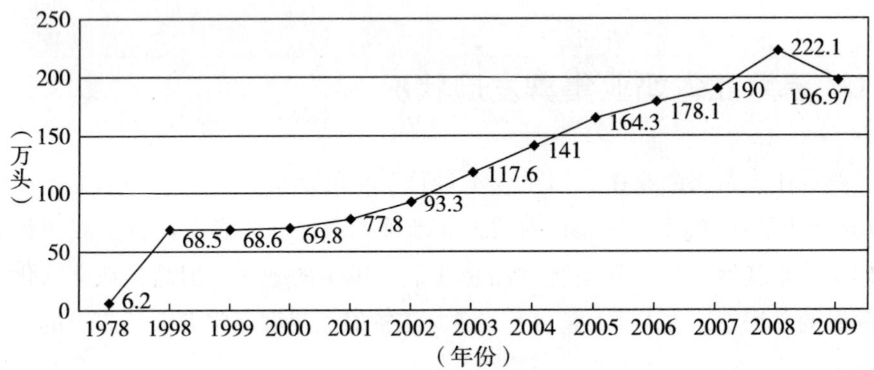

图 8-1　黑龙江省各年奶牛存栏

资料来源：《黑龙江县（市）农村经济社会统计概要》。

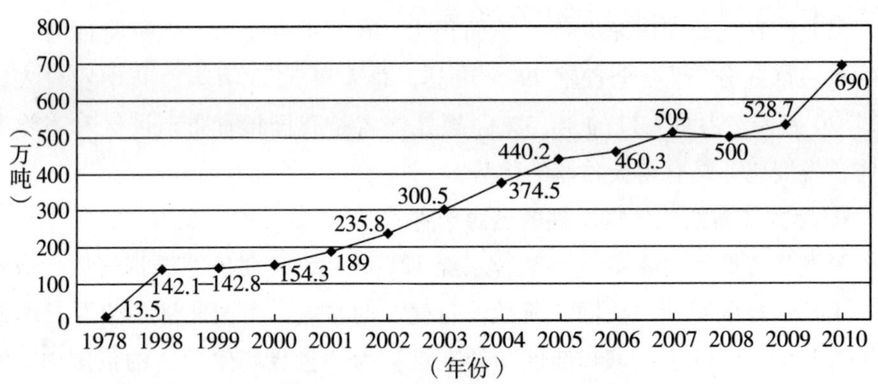

图 8-2　黑龙江省各年牛奶总产量

资料来源：《黑龙江县（市）农村经济社会统计概要》。

2. 黑龙江省奶业集群发展的地理临近性

奶业发展在区位选择上除了要考虑合适的气候、水、饲草饲料等自然资源外，由于牛奶鲜活易腐，需要及时冷却、收集、储运和加工，所以，奶源生产还要围绕加工企业形成地域集中的布局。

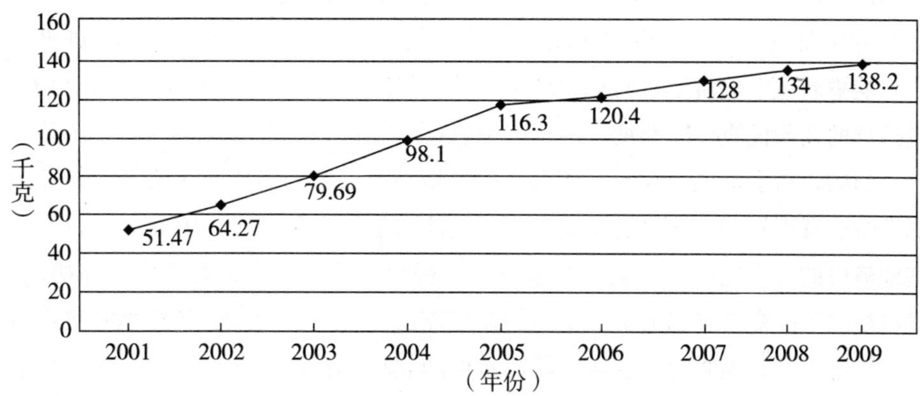

图 8－3　黑龙江省历年鲜奶人均占有量

资料来源：《黑龙江县（市）农村经济社会统计概要》。

黑龙江奶牛饲养区域主要集中于哈尔滨、齐齐哈尔、大庆、绥化及农垦总局。2009 年，全省奶牛存栏总量为 196.97 万头，仅哈尔滨、齐齐哈尔、大庆、绥化四市县奶牛饲养量就达到 60% 以上；牛奶产量 528.7 万吨，仅哈尔滨、齐齐哈尔、大庆、绥化四市县牛奶产量就达到 70% 以上。在整体布局上已经形成了以哈尔滨周边、滨州铁路沿线为重点，集中连片、规模较大、水平较高的奶业产业集群式发展。黑龙江奶业依据区域布局和发展基础形成了中部奶业主产区、西部奶业生产带和东部奶业开发带，建设了一批奶业重点市县，各种生产要素向优势区域聚集。

2009 年，全省 1000 头以上的奶牛高产业区达到 28 处，300 头以上的奶牛小区 180 个，10 头以上的奶牛专业户 2.37 万户，全省奶牛饲养小区 735 个，奶牛规模饲养比重达到 48%；机械化榨奶站 721 个，机械化榨奶比重达到 35%。黑龙江省奶业已经呈现集聚、规模化发展。

3. 黑龙江省奶业集群发展的关系临近性

奶业产业链长，延伸范围广，且具有较强的关联度，能在很大程度上带动相关产业的发展，从而充分发挥产业发展正面溢出效应。奶业既可以带动饲料种植业的发展，又可以带动饲料加工业、皮革加工业、食品加工业的发展，同时对畜牧机械、乳品设备制造业和储运服务业等的发展也将起到积极的促进作用。

奶业产业链大体上分为奶源生产、乳品加工、销售等环节，各环节具有较强的关联效应，可相互带动共同发展。尤其是奶农与乳品加工企业有着良好的合作关系，企业通过契约或市场买卖关系以保护价收购牛奶，原料奶合同收购率较高。企业还通过奶牛技术服务站和自身的技术人员向奶农提供服务，包括帮助选购优质冷冻精液，进行选种选配，提供饲料配方，引导农民调整种植业结构，从事奶牛疫病防治和人员技术培训，以及开展奶牛保险等。如乳品加工企业意识到奶源基地建设是永葆企业活力的基础和关键，因此加大对奶源基地建设的资金支持。他们在基地建设机械化挤奶站，或为奶农提供储奶罐、发电机组等配套设施，为奶源基地的建设作出了巨大的贡献。雀巢集团在双城市每年都有计划地修建一条通往奶源基地的农村公路；伊利集团为了促进当地奶牛业的发展，考虑到奶户购牛资金不足，出台了基地奶户购牛可向公司贷款的优惠政策，并帮助农民联系优质牛源，仅 2001 年在黑龙江奶源基地就投入资金 1500 多万元作为购牛贷款，使奶牛的增长速度达到 80%（王艳华，2005）。

近年来，通过体制创新、机制转换和资产重组，加大名牌企业和名牌产品的培育与整合力度，推动中小企业向名牌产品靠拢，同大企业开展不同形式的联合与协作，实行联营联牌；扶持了一批特色突出，科技含量较高的名牌产品，提升了企业竞争力；培育出了完达山、龙丹、金星、红星等国内知名品牌，引进了雀巢、光明、伊利、蒙牛等国内外驰名品牌，产品覆盖国内外市场，部分销往东南亚和东欧市场。企业规模不断壮大，北亚集团投资 19. 6 亿元，分三期建设年产 50 万吨鲜奶项目；双城雀巢公司投资 1. 6 亿元进行了三期扩建，使日加工能力达到 2500 吨；肇东伊利投资 2000 万元，扩大生产规模，日加工能力达到 500 吨；富裕光明乳业追加投资 2. 5 亿元，再建一个年加工能力 25 万吨的液态奶企业，年加工能力将达到 50 万吨。龙头企业的不断壮大，提高了产业化经营水平，带动了生产基地的快速发展。

8. 1. 2　黑龙江省奶业集群发展的 SWOT 分析与评价

通过对黑龙江省奶业集群的 SWOT 分析，进行战略选择，确定黑龙江省奶业集群今后发展的战略重点。

1. 黑龙江省奶业集群发展的优势

（1）产业链环节优势

第一，原料奶供应环节。从饲草生产看，黑龙江省草原资源丰富，全省草原面积为 433 万平方千米，年产饲草 80 亿千克。据预测和规划，到 2015

年，天然草场平均亩产草量可由 120 千克提高到 400 千克，年产草量将达到 260 亿千克。如果按 1 头成年母牛每天消耗 50 千克牧草计算，可饲养奶牛 5 亿头。从饲料资源来看，黑龙江省是中国重要的商品粮生产基地之一。2009 年粮食产量 4353.0 万吨，其中谷类 3641.7 万吨，豆类 618.5 万吨。同时有 300 多亿千克的农作物秸秆可以利用。黑龙江省也因此成为中国畜牧业主要的精饲料和植物蛋白及粗饲料的供应基地。饲料资源丰富带来奶牛饲料、牛奶和鲜奶收购的生产成本和价格优势。据资料显示，黑龙江省每千克牛奶成本为 1.1 元，比北京、上海等地低 35%，比全国平均的 1.71 元低 36%。目前，全省牛奶收购价格平均为 3.02 元/千克，比全国平均价格低 7.6%。牛奶生产成本和收购价格低，成为很多国内外乳品企业到黑龙江省投资建厂，争夺奶源的主要动力因素之一。

第二，乳品加工环节。全省乳品加工业的快速发展，已成为拉动黑龙江省奶业增长的主要动力。乳制品由以干粉为主调整为液态奶和干粉各占 50%，而且，开发了强化粉、配方粉、功能粉等一些科技含量高、市场竞争力强的新产品。

黑龙江省奶业拥有一批实力较强的乳品工业企业，年加工鲜奶能力达到 400 万吨，其中有一批全国知名的乳品生产企业和名牌，省内知名企业包括完达山乳业集团、黑龙江乳业集团、金星乳业集团、绿洲乳业集团等，引进的国内知名品牌有光明、伊利、蒙牛等，引进国外的知名品牌有雀巢、森永等，具有发展乳业的雄厚基础。快速发展的乳品加工业在黑龙江省国民经济中的比重迅速增加，已成为黑龙江省食品工业支柱行业，是农业和农村经济结构调整中发展最快、效益最好的产业之一，成为最具市场竞争力的优势产业。

第三，辅助机构。大学、科研机构等辅助机构为黑龙江省奶业集群的发展提供了强大的信息支撑和技术支撑。例如，国家乳品检测中心、国家乳品标准化中心、国家乳品培训中心、国家乳品信息中心、国家乳业工程技术研究中心、国际乳品联合会中国国家委员会秘书处都设在黑龙江省。黑龙江省具有多家从事奶牛养殖技术研究的科研机构和大专院校，如东北农业大学、黑龙江八一农垦大学、省畜牧兽医研究所、黑龙江乳业工业技术开发中心、黑龙江省乳品技术开发中心乳品培训中心、黑龙江乳品设计研究院等。他们指导建立了比较完整的繁育体系。在奶牛良种繁育方面，为了提高牛群质量，培育适合黑龙江省自然条件的奶牛品种，成立了奶牛育种委员会，开展了黑白花奶牛育种工作，经过 20 多年的努力，育成了黑龙江荷斯坦奶牛新品种，荷斯坦奶牛存栏、鲜奶产量和乳制品产量均居全国前列。为了推广冷冻精液配种，指导全省家畜繁育改良，成立了省家畜培育指导站，先后饲养种公牛200多头，年生产冻精100万剂，建站以来用冻精配种母牛达800多万头，全省冻配普及率达90%以上。各地市县也分别建立了家畜繁育站，乡镇成立了综合服务站，村屯设立了配种点，全省已形成4000多个配种站点、5000多人的技术队伍，形成了比较完整的培育体系。

（2）政策优势

从“十五”开始，为了提高农民的收入，加快农业产业结构的调整，黑龙江省委、省政府出台相关政策、采取多项措施扶持畜牧业，特别是奶业的发展。目前，正利用世行贷款和意大利赠款启动了黑龙江奶源基地建设项目，利用社会主义新农村建设资金加快奶牛小区建设，利用黑龙江省奶业提质增效科技行动计划提高奶业的水平和质量。奶业的快速发展使黑龙江省正从一个奶业大省向奶业强省转变。

相关支持发展政策，主要表现在以下六个方面：一是实行国营、集体、个体一起上，以户养为主的方针，鼓励和支持发展奶牛专业户、家庭奶牛场。专业户和家庭奶牛场饲养奶牛已占全省奶牛总数的50%以上。二是以奶换料。国营、集体养奶牛每交售3千克奶供应1千克平价饲料，个体养奶牛每交售4千克奶供应1千克平价饲料。三是划给饲料地。每头奶牛划给1~2亩饲料地，做到地随牛走。同时，有草原的地方，还划给养奶牛户一定的草场和放牧地，并进行统一管理和建设。四是鲜奶、饲料、乳制品3个价格同步调整，保证了三方获得满意的经济效益。五是从资金上扶持群众养奶牛。10多年来，各级农业银行先后共下拨专项贷款4亿多元用于扶持农民养奶牛。六是提出了种植业与畜牧业“主副换位”的发展战略，把奶牛养殖业作为增加农民收入、优化产业结构的主导产业来抓，制订了“黑龙江省奶业振兴计划”（王艳华，2005）。

另外，黑龙江省还加大对生态环境建设的力度，对退耕还草、休牧、禁牧等工作出台政策，使草原饲料工作有了新的起色。全省改良建设草原占总任务的54%，种青储玉米占总任务的101%，种植优良牧草占总任务的81%。退耕还草占总任务的85%，禁牧占总任务的103%，休牧占总任务的114%。这些政策措施，为黑龙江省奶牛养殖业发展提供了保障。

2. 黑龙江省奶业集群发展的劣势

黑龙江省奶业集群虽已初步形成，但产业集群内还存在诸多问题和不足。

（1）网络化程度低，产业链联系不紧密

从事奶业生产及相关产业的企业数量还比较少，2004 年年末，乳品行业企业 138 户，从业人员 26794 人。作为一个新兴的产业集群，还未形成一个相互协调、鼓励创新的良性运行机制，缺乏催生新兴企业的创业机制。企业间联系不紧密，还无法联合应对快速变化的动态竞争环境。

奶业产业由牛奶生产基地、乳品加工企业、产品销售市场、奶业服务体系、行业管理及监督部门等构成，产业链包括奶牛良种选育、饲料配备、饲养管理、疾病防治、质量检测、牛奶的收购、冷链的运输、乳制品开发和销售等方方面面，但各个环节没有完全紧密地联系起来，没有形成互惠共生的经济共同体。加工企业与农户之间连接机制不够完善。还存在一些牛奶收购价格偏低、企业拖欠农户奶资、农户出售牛奶时掺杂使假等不利于奶牛业发展的不良现象，既损害了广大奶农的利益，也破坏了加工企业的信誉和形象。

（2）科技含量低

黑龙江省奶业在快速发展的同时，质量和安全问题、原料乳的问题和技术问题等仍然是制约黑龙江省乳业发展的瓶颈。乳品品种单一，尤其是高档奶油、奶酪等总量很小且品种极少，深加工的、高科技和高附加值的产品更少。黑龙江省是全国最大的原料奶生产基地，但奶牛单产水平低，牛奶质量差。如果按奶牛存栏量计算，自 1978 年起的 30 多年来，黑龙江奶牛的平均单产水平呈现一种缓慢增长现象，如图 8－4 所示。

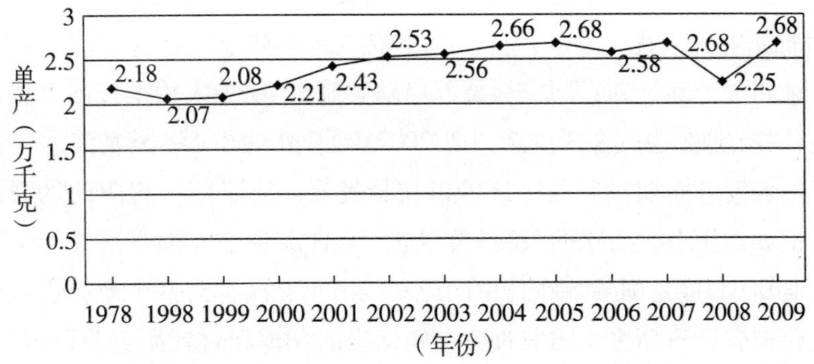

图 8－4　黑龙江省各年奶牛单产水平（按存栏数）

资料来源：根据历年牛奶总产量与奶牛存栏计算所得。

从牛奶质量方面看，与国际先进水平相比存在很大的差距。奶业发达的荷兰、德国等均要求微生物指标在10万个/毫升以下，英国、法国等则要求在5万个/毫升以下。我国现有的国家标准，一级牛奶微生物含量小于等于50万个/毫升以下。美国、日本、加拿大等国的牛奶中蛋白质和脂肪含量分别为3.4%和4.3%，我国分别为2.9%和3.4%，远落后于世界先进水平（王艳华，2005）。

3. 黑龙江省奶业集群发展的机遇

WTO的加入给黑龙江奶业带来了千载难逢的发展机遇。黑龙江省奶源基地的优势将对外国资本产生极大诱惑力。入世后，吸引了大量的中外资金和企业。由于鲜奶、酸奶的液态奶供应链不可能拉长，所以外国公司和国内较大的乳品公司如想占领国内乳品市场，就只能向中国的奶源基地采购，在奶源地投资建厂。近年来一些国内外乳品企业纷纷进入黑龙江省发展奶业，如瑞士雀巢公司、意大利帕玛拉特公司，国内上海光明集团、内蒙古伊利集团等，足以证明奶源的重要性。另外，外国资本的注入提供了与国际奶业合作与交流的机会，必将带入先进的生产技术、营销手段和管理经验，这些都有利于黑龙江奶业的发展。同时，大量外来资金和企业的不断涌入，还引进了竞争机制。竞争会加速黑龙江奶业市场的健康与繁荣，更有利于带动黑龙江省乳业的大发展。

中国政府制定的一系列产业政策，为黑龙江省奶业发展创造了良好的宏观环境。例如，国务院批准发布的《中国食物与营养发展纲要（2001—2010年)》，把奶业列入优先发展产业；国家农业部把奶业放在突出发展位置，并启动实施奶类行动计划；国家科技部启动实施12项重大关键技术攻关与产业化示范科技专项，奶业被列入其中。2002年年初，国家将黑龙江省列入《奶业优势区域发展规划》重点产区予以扶持发展。还出台了相应的乳制品管理办法，例如，国务院办公厅2005年9月17日出台了《加强液态奶生产经营管理的通知》，这是国务院在新中国成立以来第一次针对一个产品进行专门研究并出台相应管理办法。国家对液态奶标识的管理和对乳品企业行为的规范，不仅保护了消费者的知情权和选择权，更重要的是体现了国家对“三农问题”和保护奶农利益的重视。

中国是个人口大国，随着人民生活水平的提高，奶类消费需求不断提高，给奶业带来十分巨大的发展空间。

4. 黑龙江省奶业集群发展的威胁

加入世界贸易组织后，乳品关税逐步下调，整个中国奶业都将面对国际乳业跨国公司的激烈竞争。对外经济贸易大学国际贸易问题研究所在《双赢——中国入世透析》一书中阐述："从价格优势分析，中国乳业缺乏竞争优势。乳业在我国是一个新兴行业，但由于奶牛单产低，饲养和加工成本高，加工企业不能形成规模效应，而且设备陈旧，加工技术落后，产品单一，能源消耗大，生产效率低，致使国产乳制品价格高于国际市场价格，缺乏贸易竞争优势。在入世的头几年里，国产乳制品的竞争力还会进一步降低。"国内市场竞争的国际化，为黑龙江省奶业发展带来冲击和压力。

黑龙江省虽然奶牛存栏数最多，但多数都分散到各饲养户，其规模小，单产水平低，且生产过程科技含量不高；乳品企业虽多，但多数加工规模较小；乳产品品种单一，高度趋同，科技含量不高，不利于乳产品的消费和市场的开拓。入世后这些企业将受到严重的冲击，生存将面临严峻挑战。

5. 黑龙江省奶业集群发展的评价

根据黑龙江省奶业集群发展外部环境的机会与威胁和内部条件的优势与劣势的分析，应该采用内外结合互动发展的战略，即"SO"依靠内部优势抓住外部机会的战略、"WO"利用外部机会改进内部弱点的战略、"ST"利用内部优势避免或减轻外部威胁战略，并实现SO战略→WO战略→ST战略，再到SO战略的螺旋上升的良性循环过程。也就是说，利用国家政策以及地方政府的支持和经济发展快速上升、人民收入不断提高的优势，尽可能多地学习发达国家和地区的经验、技术和知识，吸引更多的资金、技术和人才，促进黑龙江省奶业集群的发展和成熟。

黑龙江省奶业集群发展的劣势，主要表现为产业关联弱和创新能力不足。导致劣势的产生，主要是因为乳品加工业生产资金缺乏，设备制造技术落后，生产工艺落后，科技队伍素质较低等。但根本原因还在于缺乏培育创新能力和营造创新环境的区域创新系统，缺乏促进资源整合、主体互动和能力提升的动力机制。

通过对黑龙江省奶业集群的SWOT分析，结合前面分析的我国欠发达地区产业集群的发展机制、区域创新系统、发展模式和发展对策的研究成果，可以看到，黑龙江省奶业集群发展的重点体现在两个方面：一是加强产业集群的网络联系；二是构建产业集群创新系统。

8.2 加强黑龙江省奶业集群的网络联系

黑龙江省奶业集群的网络建设包括内部网络联系和外部网络联系。

8.2.1 内部网络联系

内部网络建设关键在于加强基于产业链的网络联系。黑龙江省奶业产业链的实质问题在于产业链是割裂的，生产者、加工者和运销商隶属于不同的产业部门，各自代表不同的利益集团，由于原料奶收购、加工和运销地区垄断性，加工者实际掌握着原料奶收购和商品奶销售的定价权，这使生产者和消费者的利益得不到保证。据推算，在整个奶业产业链即牛奶的生产、加工和销售中，三者的利润比通常为1∶3.5∶5.5，可见广大奶农的利益最低，而且在原料奶的生产过程中所承担的风险最大，因此牛奶生产者与加工者、销售者之间的冲突已经成为影响奶业稳定发展的重要因素之一。所以，基于产业链的网络联系是促进奶业发展的重要基础。

第一，产业链各环节应加强彼此的产业联系。在奶源生产上，要扩大奶牛存栏量、改善品种结构和提高奶牛单产水平，重视原料奶的质量，增加牛奶的供给量，满足乳品加工企业对原料奶的需求。在乳品加工上，要丰富产品种类，提高科技含量。乳品加工企业通过对原料奶的加工，将其转化为适合消费的各种商品，实现产品的增值。在乳品市场上，要培育产品品牌，扩大乳品消费，满足市场需求。

乳品加工企业是奶业发展的龙头，是奶源生产赖以存在和发展的前提条件，而奶源生产是乳品加工企业得以生存的基础保证，相互影响，相互促进，相互制约。从而，通过“市场牵龙头、龙头带基地、基地联农户”的有机联合，使产业链不断延伸，辐射面逐步扩大。

第二，加强产业链薄弱环节。奶牛养殖环节的投入约占整个产业链的75%，加工环节占15%，流通环节约占10%。因此，奶牛养殖环节的投入和产出比并不协调，从而造成乳品企业不愿在奶源建设方面投入过多。市场一出问题，首先受冲击的就是奶农，加工企业有多项选择，而奶农没有选择，只能倒奶、卖牛、杀牛。奶业是一个产业链条，只有同时抓市场和奶源，才能使奶业健康发展。因此，奶源基地的建设是至关重要的。同时，通过加强综合服务和企业让利，让奶农多得实惠，变松散联合为紧密联合。推进奶业发展，通过实行“最低保护价下的市场调节价格”收购奶农的牛奶，在奶价出现波动时，严格执行协议价格，保证奶农得到较高的经济回报，从源头上解决广大养牛户的后顾之忧，确保奶农不亏本并有微利，以保护奶农的切身利益，才是壮大乳品企业的“阳光大道”（李胜利，曹志军，牟海日，2006）。

第三，利用成功经验，加强产业联系。奶业产业化就是通过利益机制将“条块”分割的奶业产业进行有效的衔接，采用经过公证的契约、合同等形式，以利益为纽带发展各种联合，实现“产业链条”上各参与主体平均利润的最大化。其基本模式为：奶牛养殖小区—奶业合作社—乳品加工企业。该种模式的产业内部的经济合作主要表现在：①组织合作化，即养牛者间的经济合作。养牛者在共同利益驱动下，自愿组成奶业合作经济组织；②产销合作化，即奶业合作社与乳品加工企业间的经济合作。两者之间，依照市场经济规则，在双方自愿的基础上签订牛奶的购销合同，确立各自方及共同的权利、义务关系。在共同利益的驱动下，形成奶业产销一体化；③服务社会化，这是奶业生产要素配置的需要。内容包括有产加销一体化、市场秩序与产品质量监督、科技推广以及奶牛防疫卫生、饲料供应等（刘文奇，杨建尧，2001）。

8.2.2 外部网络联系

黑龙江省奶牛饲养和加工最初得益于外部网络。20 世纪初，俄罗斯人带来了良种奶牛和高质量的牧草，奶牛生产和加工逐渐在黑龙江牧区发展起来。黑龙江省主要饲养的荷斯坦奶牛，一部分是从加拿大、美国、法国及北欧等引进的荷斯坦纯种后代，所占比例很小；另一部分为荷斯坦奶牛与本地黄牛及其他品种进行杂交，经长期选育而成。

黑龙江省乳业集团起家的黑龙江乳品技术研发中心，也是依靠外部网络建立。1984 年，当时的丹麦政府为支援我国乳业发展，给黑龙江省提供了1750 万丹麦克朗的免息贷款。黑龙江省利用此笔贷款建成省乳品技术研发中心，研制成功龙丹婴儿奶粉、老年奶粉和鲜牛奶、酸牛奶、液体乳等四大系列 30 多个品种的乳制品，并走向市场。

目前，黑龙江省乳品品种少，质量较低。生产的主要是鲜奶、奶粉、酸奶、雪糕和其他含乳饮料等低中档品，而生产的高档奶油、奶酪等总量很小且品种也少，尤其是深加工的、高科技和高附加值的产品更少。同时，乳业装备整体水平同世界先进国家相比大约还有20年的差距，国产机械设备研制水平低，很多机械不同程度地存在着性能不稳定、配套性差等问题。面对经济全球化的发展机遇，应该鼓励企业积极开拓国内外市场。组织乳品加工企业之间的国际交流，学习发达国家和发达地区乳品企业进行市场营销的经验，提高黑龙江省乳品企业开拓市场的能力。鼓励企业建立健全乳品销售网络，对企业进行乳品冷链、销售体系建设，政府要给予资金支持或贷款优惠政策。鼓励企业进行新产品开发，进一步细分市场，满足消费者对各种不同口味产品的需求。

注意掌握进出口比例。据农业部和中国奶业协会的统计数据表明，2010年，我国乳品贸易逆差继续拉大，进口额大幅增加，增幅接近1倍。据海关统计，2010年1—11月，我国乳制品进出口总金额由2009年同期的95971.91万美元增长至180761.57万美元，同比增长88.35%，其中进口金额176759.57万美元，同比增长95.13%，占进出口总贸易额的97.79%。同期，乳制品进出口总量为699146.90吨，同比增长22.28%，其中进口总量668279.79吨，同比增长24.34%，占进出口总量的95.59%。我国乳品出口继续下滑，下降幅度较2009年已有所减小。2010年1—11月，我国乳品出口数量30867.11吨，同比下降9.92%，出口金额4002.0万美元，同比下降25.70%。其中，浓缩、加糖或其他甜物质的乳及奶油（0402）下降幅度较大，与2009年同期相比，出口数量、出口金额同比分别下降了53.17%和59.29%，乳清出口数量同比也下降了15.19%。黑龙江乳品出口金额占全国出口总额的31.5%，出口额同比增长58.8%。

8.3 构建黑龙江省奶业集群创新系统

8.3.1 黑龙江省奶业集群创新能力现状

提高集群创新能力是黑龙江省奶业集群持续发展的动力，也是避免产业集群风险的有力措施。黑龙江省奶业集群在培育和提升技术创新能力方面，做了许多工作。

第一，加强了品种改良和人工授精技术。2004 年新建人工授精站点 400 个，生产冻精 175 万剂，较上年增长 67%，奶牛实现了全冻配，提高了奶牛群体的受配率、妊娠率和犊牛成活率，扩大了奶牛品种登记覆盖面，推进奶牛群体改良计划，在搞好大庆试点的基础上，已经开始向全省推广。采用胚胎移植等先进技术，扩大育种核心群，逐步减少对进口种公牛的依赖。在自主改良和培育良种奶牛的同时，还有计划地从国外引进良种奶牛和良种公牛 2.2 万头。同时，坚持以推进标准化饲养为切入点，全面普及奶牛科学饲养管理规程，制定了奶牛生产技术规程地方标准化，从饲养技术、饲养环境、优质牧草和青储饲料利用技术、先进管理技术到鲜奶生产全过程，都实施标准化作业。

第二，加强技术服务体系建设，促进技术扩散。2004 年，全省共投入 3000 多万元用于以动物防疫为主的基层服务体系建设。政府在完善乡镇畜牧兽医服务站的基础上，加大村级服务室的建设力度，为奶户提供繁育改良、疫病防治、技术服务、饲料供应和产品销售等“五不出村”服务，解除奶农的后顾之忧。同时，加快服务体系多元化建设步伐，鼓励各种所有制机构和服务实体从事经营服务和技术服务，改变单一政府包办的局面，形成政府、企业、社会团体和中介服务组织互相补充、共同发挥作用的局面。通过政府引导、企业推动、群众参与，按照自愿互惠的原则，组建了奶业协会，许多奶业重点地区都成立了奶业分会，实现了行业的自我组织、自我管理、自我服务、自我约束，把分散的奶户变成一个可以统一行动的组织，通过与龙头企业签订合同、入股合作以及服务对接等形式，密切产加销关系。

但是，黑龙江省奶业集群整体上仍表现出科技含量低，主要原因在于：

第一，奶农生产技术水平低。奶农由于自身经营观念、文化素质、养殖经验、经济和资源条件的限制，技术水平低下。比如，在饲料利用上，仍然是有啥喂啥，不注重饲料的科学搭配。

第二，本地乳品加工企业技术能力较弱。黑龙江省的乳品加工行业中“龙头企业”较少，大多数乳品加工企业生产规模小、技术装备差、产品质量低、品牌杂、生产成本相对较高等影响产业竞争力的问题很突出。发达国家乳品企业日处理鲜奶平均为 2000 ~4000 吨，黑龙江省完达山和黑乳集团虽拥有较先进的技术设备，日处理能力只在 1000 吨以上，但多数企业加工能力只有 100 吨以下。乳品行业属于资金和技术密集型产业。从世界范围来看，无论是原奶生产还是乳品加工，其技术、工艺、设备的开发和生产都已相当成熟，并集中在少数几家大型乳品加工集团。由于黑龙江省乳品企业在生产工序、包装、清洗系统的机械化、自动化水平以及管理水平与国外发达国家乳品加工企业相比还存在差距，使黑龙江省乳制品的质量与进口产品相比还存在一定差距，尤其是奶粉，产品品种细化度不高，产品档次偏低，难以和国外企业竞争（张兴洋，2005）。众多中小企业之间以及与龙头企业之间缺乏有效联系，缺乏合作创新的机制。

第三，人才流失严重。黑龙江是乳业人才大省，东北农业大学有全国唯一的乳品加工博士点，黑龙江乳业集团有国内首家乳品博士后科研流动工作站，但近几年，乳业人才外流严重。由于科技人才严重不足，影响了高附加值产品的研发，阻碍了黑龙江乳品加工行业的持续发展。

第四，技术服务体系不够完善。表现在以下四个方面（王艳华，2005）：一是国有基层技术推广和服务机构数量不足、服务功能不强。虽然市、乡、村三级服务体系已经建立，但仍然由于组织不健全、管理体制不顺、事业经费无保障、工资无着落、技术和服务设施落后、条件艰苦、人员年龄偏大、知识老化、素质较差、国有资产流失等问题，不能充分发挥其应有的功能；二是乳品加工企业的服务功能还不够稳定，真正的利益共同体尚未建立起来，导致其技术指导和服务缺位；三是真正意义上的奶农合作组织尚未形成，目前正处于起步阶段，还存在着体制方面、机构方面、经济方面和内部管理等方面的问题；四是民间个体服务组织还处在初级发展阶段，运行很不规范，他们在服务过程中，只以赢利为目的，淡化了服务思想；而集体经济组织服务能力更是薄弱。

8.3.2 完善黑龙江省奶业集群创新系统主体功能

黑龙江省奶业集群的区域创新系统主体包括奶牛养殖者、乳制品加工企业、政府和各种技术服务体系等辅助机构。

奶牛养殖者要注重提高原料奶质量。困扰奶业发展的奶牛良种率低，繁殖育种无计划，繁殖疾病多等问题，虽然有一定程度的改善，但总体成效还有待提高。

作为奶业下游的乳制品加工企业应加强牛奶质量安全。由于“光明事件”、“雀巢事件”的接连发生，以及“还原奶与鲜奶之争”和“倒奶现象”，导致奶业成本上涨，利润下降，使乳品企业的日子越来越不好过。

政府通过对奶业发展的政策制定、公共物品的提供及信息发布等，为集群内主体提供服务，为市场运行提供良好的秩序。认真贯彻国家相关政策，例如，继2004年粮食直补、良种和农机补贴政策之后，2005年农业部启动了奶牛良种补贴试点工程。这是中央做出的一项重要惠农措施，也是我国畜牧业实施的首次良种补贴，政府应充分利用在黑龙江奶业进行试点的机会，监督这一工程的实施，执行《奶牛良种补贴试点项目资金管理暂行办法》，保证奶牛良种补贴试点工程顺利有效地进行。

辅助机构包括奶农协会等中介机构和大学等研究机构，提供良种繁育、疫病防治、质量监控、技术培训和金融支持等方面的服务，共同构成奶业发展的技术支撑和服务支撑，是奶业发展运行过程中必不可少的。例如，良种繁育体系就是通过引进、扩繁和选育，全面提高高产核心奶牛群和种公牛的质量及生产水平，是奶牛高产的重要保证。疫病防治体系包括奶牛疫病预测预报网络、疫情报告、疫病控制和扑灭体系，是由疫病的预防和治疗组织机构、人员、技术和反应机制等构成的网络，对于防御风险和保证食品安全来说是十分必要的。质量监控体系主要是对鲜奶及乳品质量标准的制定、监测和监督，涉及检测的机构、检测手段和技术问题。完善的技术服务体系，可以使奶农把主要精力放在生产的组织和经营上，技术问题几乎完全由协会的技术人员负责。在发达国家奶业生产中，由于服务的社会化，存栏在500头以下规模奶牛场的管理和生产除家庭成员外只需雇佣1~2名劳动力，或者仅在榨奶、收割等生产环节雇佣劳动力。在集约化的生产条件下，良种选育、优质牧草生产、机械榨乳等现代奶业生产手段得以推广、普及。

8.3.3 培育黑龙江省奶业集群创新环境

第一，政策环境。要实现奶业发展的战略目标，政府必须摒弃计划经济体制下通过价格干预或直接参与市场经营的传统思维定式和行为方式，而是要通过法律的、经济的、行政的方式，以及我国入世后必须遵循WTO游戏规则的方式，来实现政府所追求的社会效益最大化的奶业发展战略目标。

一是政府要转变重农轻牧观念，把加快发展奶业放在一个重要位置。在此基础上，制定相关法律法规、制度和政策，通过金融和税收等手段，促进奶业生产规模的扩大、组织化程度的提高、企业市场竞争能力的增强和消费市场的增容。奶业要加快发展，政府必须加快体制改革的步伐，在政府职能转换、行为方式上有重大突破，以保证奶业发展有良好的体制环境。政府尤其应该出资修建基地道路、水、电等基础设施，为购牛的农民提供低息贷款和一定的补贴等。

二是政府要加大监管力度，规避风险。我国目前乳制品主要以液态奶为主，乳品企业为了节约成本，用进口奶粉替代本地原料奶。黑龙江的某些乳品企业也在大量进口奶粉，对奶农的生存问题构成了威胁。从国外进口的奶粉为1.3～1.4万元/吨，如果按1吨奶粉可以还原9吨复原奶计算，则1千克还原奶的成本在1.50～1.70元，明显低于很多地区1.8～2.2元/千克的价格，而且可以省去收购和运输费用，同时又规避了原料奶的质量风险，因为在很多地区是将质量较差的原料奶制成奶粉。另外，奶粉具有保质时间长，使用方便的特点。将奶粉存放在仓库后，根据每日收购原料奶的数量和需要加工的产量，不足部分随时可以用奶粉生产为还原奶后使用。而且，乳品企业在标注是否使用复原乳时进行了人工处理，例如在原料组成上出现复原乳字样，但没有注明所占比例或用鲜牛乳大于80%，影响了消费者的利益。所以，政府应该认真贯彻国务院办公厅24号文件对加强液态奶生产经营管理的通知，完善液态奶标准并严格按标准组织生产，实行生产备案制度，严格产品标识标注管理。

第二，产业环境。入世后我国企业发展的环境发生了深刻的变化。因为，国内市场成为国际市场的一个组成部分，市场竞争要遵循WTO的“游戏规则”。

一是要进一步加大对外开放力度。入世后企业发展面临的环境变化包括投资融资环境、政策法规环境、管理体制环境、消费需求环境等方面。根据市场结构理论，乳品业属于垄断竞争行业，亦即从事乳品生产和流通的企业要面对的是一个既有垄断因素又有竞争因素的产品市场。乳品行业的这种特征决定乳品企业之间的竞争方式主要有价格竞争、质量竞争和规模竞争。因此，引进竞争机制，通过竞争来培育市场、发展市场，为企业提供公平竞争的良好环境，而不是通过保护来破坏竞争，阻碍市场发育。按照WTO法规和原则，入世后我国乳品市场要对外开放的同时，国外的乳品市场也要对我们开放。但事实上并不那么对等。这里主要涉及我国乳制品的质量问题。我国的许多农产品和食品在出口检疫的时候，往往都不合格。为了使我国乳产品达到国际水平，必须建立农产品和食品的质量标准体系、检测检验体系、检疫防疫体系，使之达到国际市场的卫生标准和检疫标准。只有这样，中国的乳品才能被国外的消费者所接受。

二是支持产业链建设。由于资源优势和区位选择偏好，黑龙江奶业已经形成地理位置的集中。但在产业集群化的发展过程中，还应该促进产业集聚，加强产业链联系，尤其是对产业链薄弱环节的支持。奶业是否能够持续和健康发展，在很大程度上取决于奶农的积极性。在奶牛发达的国家，均有保护奶农利益的政策支持。如加拿大和澳大利亚等国家，均实行生奶收购的配额制度。在配额范围内，奶农交售的原料奶就有较好的利益保证，超过配额的部分就实行随行就市的价格政策，但配额两年一定，在两年内，奶农之间可以相互转让配额，得利部分相互平分。在美国，当原料奶的收购价低于一定水平，就实行价格支持政策。也就是说，政府收购较多数量的乳制品，使乳制品厂的生奶收购价格保持较高的水平。黑龙江乃至中国原料奶的产量增长较快，但与世界奶业发达国家相比，其总体生产水平还是很低的。所以，政府更应该研究和制定奶农利益的保护政策，确保奶农的基本利益，并引起各有关部门的重视。政府对原料奶生产的支持方式和支持空间是一个十分重要的课题。激励奶农生产，增强其国内市场的竞争力，质量竞争是关键性的问题。在 WTO 规则规定的框架内政府应强化政策倾斜，应适当加大奶牛饲养业的研究开发投入，实现技术创新的可持续发展；尽可能免费为奶农提供一系列科技和质量检验服务；为奶农提供补贴性贷款；给予奶牛饲养补贴、草料补贴；制定奶牛出租或领养措施；实施原料奶价格支持政策；由政府出资或资助建立统一挤奶厅等。

三是促进消费需求。由于奶在人类进步与社会发展中的重要地位，世界卫生组织早已将人均奶产品消费作为衡量一个国家人民生活水平的主要指标。黑龙江省收入水平低，也导致乳品消费水平低。奶类消费的增长趋缓，行业利润率有所下滑，直接影响奶农的利益。所以，要努力提高整体经济水平、增加居民收入，提高消费者的购买力；要注重宣传营养知识，使大家了解乳品对改善营养、平衡膳食结构、补钙和增强体质的重要作用；加强乳品消费教育。应当关心消费者利益，严格监督乳品的卫生条件、储藏、运输及加工工艺等环节，增强消费者对乳品质量的信任。通过以上各方面的工作，引导和改变消费者对奶产品的消费观念和消费习惯。

8.3.4 提高黑龙江省奶业集群创新能力

按照黑龙江省2004年经济普查数据（全口径），年末奶业人员在1000人以上的企业有4个（表8－2），共计13776人，占总人数的51.4%；其中，黑龙江省完达山乳业股份有限公司为6880人，占总从业人数的25.7%。由此可以看出，黑龙江奶业集群是以大型乳品加工企业为龙头的发展模式。所以，提高黑龙江奶业集群创新能力，实现黑龙江奶业振兴，必须围绕提高大型企业创新能力这一核心，重点扶持完达山、黑乳两大集团，绿洲、红星等四大重点龙头企业。

表8－2　　黑龙江省奶业加工企业规模情况

从业人数（人）	1～100	101～200	201～300	301～400	401～500
企业数量（个）	93	25	4	7	3
从业人数（人）	601～700	901～1000	1001～2000	4001～5000	6001～7000
企业数量（个）	1	1	2	1	1

龙头企业的壮大伴生了黑龙江奶业的集聚。龙头企业在参与国内市场竞争中，凭借自身资金、技术、管理等优势，在完善企业自身价值链的同时，培育并形成了产业的价值体系，一大批企业和机构聚集在它的周围，提供一系列生产、加工、包装、运输、销售等配套服务功能，并吸引了大量区内外、国内外资金投入这一领域，延长了产业价值链条。由于企业间的产业联系、相互模仿及扩散效应，大大提升了产业集群的创新氛围，也提高了产业集群内企业的创新能力。在这一过程中，龙头企业始终起着轴心辐射带动作用。

所以，黑龙江省奶业集群创新能力驱动要素的关系应该是，在一定的创新环境下，通过网络能力促进奶业知识、技术、信息、经验等隐性知识的传播，以大型乳品加工企业创新能力为依托，来提升黑龙江省奶业集群创新能力，如图8－5所示。

企业创新能力的提高，重点做好以下几个方面：

第一，加强对乳品加工企业的技术改造和质量监测。重点扶持大型乳品加工骨干企业，鼓励乳品加工企业进行技术改造。增强检测技术，增加检测项目，实现对致病菌的快速检测。对乳品企业引进乳品生产设备和零配件减免海关增值税，乳品加工企业对关键设备进行技术改造所需贷款要实行优惠。

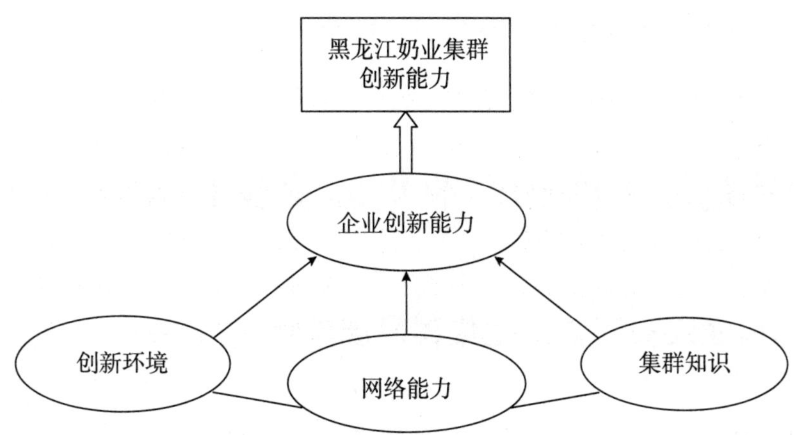

图 8-5 黑龙江省奶业集群创新能力驱动要素分析

第二，培育技术创新体系和自主创新能力。科技人员缺乏、科研经费少、企业与科研单位联系不足，导致技术创新能力不强，阻碍了奶业的进一步发展。应多方筹集资金，加大对基础性研究、科研开发的投入力度；有条件的大专院校或科研部门应加强乳品的研究，加强乳业人才培养；各大乳业集团应把对奶牛饲养、疫病防治、质量检查及加工、储运、营销等人员的培训制度化、经常化；加强对乳与乳制品快速检测器和加工设备的研制等。

8.4 小结

运用本书提出的一系列分析框架，研究了黑龙江省奶业集群的发展状况，并提出建设黑龙江省奶业集群的重点战略，验证了本书提出的有关结论。

（1）在了解黑龙江省奶业集群发展的资源条件、地理临近性和关系临近性等基本概况的基础上，通过对黑龙江省奶业集群的 SWOT 分析，确定战略选择和发展重点。

（2）通过内部网络和外部网络建设来加强黑龙江省奶业集群的网络联系。

（3）在了解黑龙江省奶业集群创新能力现状的基础上，提出要完善黑龙江省奶业集群创新系统主体功能、培育黑龙江省奶业集群创新系统、确定黑龙江省奶业集群创新能力驱动要素以提高黑龙江省奶业集群创新能力。

9 黑龙江省医药产业集群发展的实证研究

9.1 黑龙江省医药产业集群发展现状

9.1.1 黑龙江省医药产业集群的一般现状描述

1. 黑龙江省医药特色产业集群的基本情况

多年来，省委、省政府一直把医药产业作为一个重点产业予以扶持。20世纪90年代就提出北药开发，“十五”以来，尤其是省老工业基地振兴总体规划，把医药产业列为全省重点支持的六大基地之一。但是，近几年黑龙江省医药工业发展相对缓慢，主要指标全国排名位次不断后移。

黑龙江省现有医药工业生产企业175户，其中取得生产许可证和GMP认证证书的163户。已获得国家批准文号药品有7713个，其中化学药品4838个，中药品种2849个，生物制品26个。

2006年全省医药工业总资产188.7亿元，其中固定资产99.5亿元，拥有职工4.5万人。实现医药工业总产值114.3亿元，比上年增长3.7%；工业增加值41.6亿元，比上年增长11.1%；销售收入129.1亿元，比上年增长4.6%；利税总额20亿元，比上年增长4.4%；利润总额9.8亿元，比上年增长7.7%。全省医药工业产值在全国列第17位，增加值列第18位，销售收入列第15位，利润总额列第13位，利税总额列第13位，均处于中等水平。

从医药产品分类实现的销售收入看，化学药品100.6亿元，占销售总额的77.9%；中成药26.1亿元，占20.2%；生物制品1.6亿元，占1.2%。

从全省各市地分布看，哈尔滨市实现销售收入114.1亿元，占全省的88.4%；鸡西市4.6亿元，占3.6%；绥化市3亿元，占2.3%。

从企业生产的产品看，单个企业单品种销售额1000万～3000万元的有66个产品，3000万～5000万元的有26个产品，5000万～1亿元的有13个产品，

1亿元以上的有22个产品。合计销售额在1000万元以上的品种共有127个，销售额76.7亿元，占全省销售总额的59.4%。

2. 黑龙江省医药特色产业集群发展的形式

（1）借助科技力量发展国家级火炬计划特色产业基地

黑龙江省有两个医药特色产业基地：国家火炬计划哈尔滨抗生素产业基地和国家火炬计划利民新医药特色产业基地。

国家火炬计划哈尔滨抗生素产业基地哈药集团股份有限公司（简称“哈药集团”）是一家融医药制造、贸易、科研于一体的大型企业集团。1993年6月，哈药集团在上交所上市，是全国医药行业首家上市公司。

哈药集团主营业务涵盖抗生素、化学药物制剂、非处方药品及保健食品、中药、生物工程药品、动物保健品、医药流通七大产业领域。共生产抗生素原料药及粉针、中成药、中药粉针、综合制剂等七大系列、20多种剂型、1000多个品种。科研开发实力雄厚，拥有一个国家级企业技术中心，以及生物工程药品、抗生素、现代中药、新型制剂等五个研究中心。哈药集团所属生产企业已通过GMP认证，主要流通企业已通过GSP认证，哈药总厂、三精制药等部分集团所属企业通过了ISO 9001、ISO 14001、OHSAS 18001国际管理体系认证。哈药集团在全国30余个主要城市区建立了130多个销售办事处，并拥有200余家零售连锁药房，形成覆盖广、功能强的营销网络。部分产品打入欧洲、亚洲、非洲、中北美洲市场，年出口创汇3900万美元以上。

哈药集团近年来凭借长时间高密度的广告攻势，迅速树立起“哈药集团”的品牌，大幅度提升了产品的市场份额。2005年2月，经国内品牌价值权威评估机构评估，哈药集团以106.35亿元的品牌价值名列全国医药行业第1位，成为国内最具价值的医药品牌。哈药集团拥有“哈药”牌、“三精”牌两个中国驰名商标，创全行业及东北三省之最。

在树立强大品牌的同时，哈药集团充分利用品牌为公司积累起来的丰富的资源和条件，以更大的气魄投入自主创新工作。公司投资1亿多元打造新药研发体系。围绕其1996年建立的国家级企业技术中心和博士后工作站，创建了生物工程、抗生素、药物制剂、现代中药、OTC药品及保健食品六个方面的技术平台。通过这六个平台集中力量向自己有优势的核心技术、核心产业展开研发，也标志着哈药的新药研发由以往的随意性转向专业性，加快了由完全仿制到创新性研发方向的转移步伐。

经过多年的发展，哈药集团不断完善的自主研发体系和逐渐壮大的科研队伍已经同它强大的品牌一起构成了公司腾飞的双翼。借助这强大的品牌优势，哈药集团自主研发体系获得了充分的成长空间；而公司的品牌建设也从自主研发体系那里获得了强大的动力支持。凭借自主创新的优势，新时期的哈药集团将昂首阔步，向着“创新型世界级新哈药”的宏伟战略目标不断奋力攀登。

国家火炬计划利民新医药特色产业基地哈尔滨利民医药科技园区坐落在开发区内，园区占地 3.55 平方千米。园区自 1998 年开始辟建，2002 年 2 月被省政府正式批准为省级医药科技园区，同年 10 月又被国家科技部火炬中心认定为国家火炬计划利民医药产业基地。园区内有 2 户企业被评为全国民营医药创新奖，12 户企业被省科技厅认定为高新技术企业，圣泰药业、济仁药业、三联药业、博莱药业、天宏药业、儿童药业等 18 户企业已经通过了国家 GMP 认证。2007 年哈尔滨利民新医药产业基地完成工业总产值 25.8 亿元，销售收入 23.2 亿元，利税 4.9 亿元。基地内共有医药企业 30 家，总投资 20 亿元，设计生产能力年产值可达到 100 亿元；现共生产 16 个剂型 841 个品种，其中高新技术产品 40 个；实施国家火炬计划项目 9 项，省级火炬计划项目 9 项，国家 863 计划项目 3 项。

（2）依靠人才力量加强技术合作

召开黑龙江特色产业基地海外学人专题洽谈会，2009 年 6 月 15 日—18 日，经过四天洽谈对接，分别就“特异性抗肝癌药物 HEB01 的临床验证和产业化”、“FTIR 红外显微成像技术在药物、食品安全检测和生物医学中的应用”、“手性药物分离技术”等项目与海外学人达成意向性合作协议。“海洽会”组委会办公室会后将继续做好洽谈签约项目的后续跟踪，为签约项目落实和项目继续洽谈做好服务工作，促进企业与海外学人在产业升级与调整方面开展更广泛、更深层次的合作。

3. 黑龙江省医药特色产业集群的发展远景

在国家振兴东北的政策支持下，在不断推出的医药产业政策引导下，东北三省的医药产业规划部门早已做好了各自在“十一五”期间的详尽规划，他们的共同目标，构成了一幅东北制药基地的远景图。

在《黑龙江省国民经济和社会发展第十一个五年规划纲要》中，已用专门的章节强调了黑龙江要“做大做强医药产业”的目标。其具体规划是，黑龙江将依托北药资源和现有产业优势，着力提高自主研发能力，壮大以抗生素、现代中药为主体的化学药品、优势原料药、天然药物和保健品产业。加快推进中药现代化，建设我国北药生产基地。同时，发展壮大哈药集团、葵花药业等骨干企业，加快哈尔滨开发区医药工业园、哈尔滨市利民医药科技园等医药园区建设，实现医药企业规模化、集群化发展。到2010年，全省医药工业增加值年均增长力争达到20%。

在抗生素工业方面，黑龙江将巩固、发展已形成优势的抗生素系列产品，在原有优势产品青霉素系列和头孢系列产品的基础上，继续以β－内酰胺类为重点，侧重于头孢和碳素霉烯类研究，并加大大环内脂类产品的开发深度。以哈药集团制药总厂为骨干企业，改进6－APA、7－ACA、7－ADCA三大母核工艺技术，形成规模优势。应用头孢唑啉钠的新工艺，实现头孢噻肟钠、头孢曲松钠与奥地利Biochemie的技术合作。以抗感染类抗生素品种为主导方向，开发和引进头孢第三代、第四代和更新一代产品。

黑龙江还将重点发展现代中药。重点发展有市场优势和自主知识产权的中药注射剂、中药名优产品。同时，支持与中药产品配套的中药提取物的产业化生产，建立标准提取物的专业化生产基地。以哈尔滨、伊春、大兴安岭、绥化等地区为重点，在合理开发利用中药野生资源的同时，加快地道中药材刺五加、五味子、人参、防风、龙胆草以及鹿、熊、蜂等的种植（养殖），建立符合GAP要求的中药材种植（养殖）标准化、规模化示范基地。加强对中药饮片炮制工艺及炮制规范的研究，实现中药饮片现代化。重点建设三精制药1000万支/年红花黄色素系列产品、世一堂制药厂现代中药基地、珍宝岛制药公司血塞通中药系列产品等项目。

此外，黑龙江还将重点发展化学合成原料药及新型药物制剂。坚持“以仿为主、仿创结合”、原料和制剂一条龙开发的原则，坚持多品种、小产量、高疗效、小剂量、高技术含量和高附加值的开发方向，依托哈药集团三精药业、制药四厂、乌苏里江药业、佳木斯鹿灵药业等骨干企业，重点开发抗病毒、抗感染、抗肿瘤、镇痛、心脑血管、老年病及神经剂等药物。同时，发挥已形成的大众健康产品领域的市场优势，进一步拓宽市场，扩大保健品产业规模。

黑龙江省新谋划的调结构、上水平、增后劲的十大重点高新技术产业基地（链、群）今年启动。重点推进高新技术产业项目45个，总投资373亿元。据初步测算，到2010年，这些项目总销售收入将达到1000亿元，到2015年达到3000亿元，占全省的比重超过15%，其中包括生物医药。

（1）发展目标：围绕生物技术和医药工业的发展，加快动植物转基因技术、生物环保技术、微生物重组技术、基因工程技术、现代中药和新型天然药物、中药提取技术和中药现代化技术的研究开发及产业化。

（2）发展重点：以哈药集团为龙头，以医药园区为重点，推进医药企业规模化、集群化发展。加大北药开发力度，增强自主开发能力，强化知识产权保护，发展特色医药，建成医药强省。重点发展现代中药、抗生素、生物制药、化学药品、新型药物制剂和制药器械。到2010年，规模以上医药工业实现增加值119亿元，年均增长17.5%；哈药集团销售收入超过200亿元。

（3）重点企业：哈尔滨儿童制药厂有限公司、哈尔滨同一堂药业有限公司、黑龙江济仁药业有限公司、哈尔滨乐泰药业有限公司、黑龙江天宏药业有限公司、哈药集团生物科技有限公司、黑龙江成功药业有限公司、哈尔滨富尔斯特生物工程有限公司、哈尔滨美佳娜生物工程有限公司、哈尔滨天合力药业有限公司、哈尔滨祥鸿药业有限公司、哈尔滨维远生物有限公司、黑龙江丰源实业集团有限公司、齐齐哈尔市富尔农艺有限公司、克山金鼎亚麻纺织有限责任公司、大庆田丰生物科技有限公司、大庆富杰化工有限公司、大庆沃太斯化工有限公司。

（4）研发优势：以生物技术为切入点，大力开发生物技术基因工程药物。采用高新技术和先进适用技术对传统中成药进行改造，合理利用北药，推动具有独特地域品质的中药材及其制品、北药资源的深度开发利用。

9.1.2 黑龙江省医药产业集群发展中存在的问题

从产业规划来看，地方政府已经看到了国家实施东北老工业基地振兴战略的决心，在实现宏观经济调节的前提下，在财政支出、投资立项、吸引外资等方面制定了一系列重要政策与举措，不仅给黑龙江省的经济带来更为广阔的发展空间，也为加快生物制药基地的建设和产业发展提供了难得的机遇。但是，不可否认，仍有一些共同的问题在困扰着当地政府和医药企业。

（1）现有产业集聚区缺乏垂直专业化分工，地域生产综合体特色突出

对于当前已经形成的一些产业集聚区，属于外植性的产业发展带动区域经济进步模式，是计划经济设计出来的地域生产综合体，企业之间的联系迫

于行政安排，基于产业链缺乏竞争的垂直分离，企业关系基于主导和配套的安排，存在着不平等现象。有些产业基地，虽已经具有集群的雏形，但是仍然缺乏专业化分工，同行业在低技术领域竞争激烈，缺乏高技术核心产品。

某些基地内的产业关联度也很低，上下游没有形成很好的配套体系。基地内产业链的脱节将会影响产业集群效应的发挥，也不利于带动基地所在县市此类特色产业的持续发展。

（2）产业区产生于计划经济体制下，集聚的政府规划特色明显

黑龙江地区作为我国最早的工业基地之一，产生于计划经济体制下，政府主导下的产业集聚特色明显，国有企业改革深度还不够，与外省相比，非国有医药经济发展缓慢。产业区内国有企业比重大，大型骨干企业及高级复合人才缺乏，各产业集聚区内国有经济占有绝对支配地位。

（3）以企业为中心的技术创新体系尚未形成，创新基础薄弱

由于当地的现代中药及生物制药企业规模普遍不大，对产业发展的带动力不强，而且现代中药及生物制药大品种的更新换代问题紧迫，政府引导性科技投入又显得不足，这些问题就使得现代中药及生物制药产业组织化程度不高，技术创新体系尚未形成。

（4）产业服务体系建设及政府规划引导作用有待加强

围绕基地特色产业而设立的高新技术创业服务中心或专业孵化器普遍建设不足或功能无法得到全部发挥；公共技术基础设施平台建设、风险投资、信息网络、专业数据库、公共实验室、专业测试分析中心、行业技术培训中心等产业基地服务体系都有待健全。服务机构中，也尚有许多服务项目不能完全承担，如风险投资、技术交易担保、技术创新融资担保、重大项目投标招标，以及高新技术中小型企业财务、法律、管理服务等。此外，政府对基地的规划和发展的引导作用有待加强。

9.2 黑龙江省医药产业集群发展的战略组合

9.2.1 基于资源优势与技术优势的追赶型动态发展战略模式

黑龙江省医药资源丰富，技术有一定优势，医药产业可以在此基础上实现追赶型动态发展。现已有了一定程度的发展，并形成了以下比较优势：

（1）医药工业实力增强。经过多年建设，已经成为国家重要的抗生素及半合成抗生素生产基地，青霉素及系列产品已形成规模，系列制剂产品占有率居全国首位，头孢菌素及其半合成产品在全国已形成优势，并占据主导地位；中药粉针、水针产品，无论在技术上，还是在市场规模上，都有明显的比较优势。形成了“哈药牌”抗生素药物、“三精牌”化学制剂药物、“哈药六牌”非处方药物及保健食品、“世一堂牌”传统中成药等不同品类的知名品牌。哈药集团下辖哈药集团股份公司和哈药集团三精股份有限公司两家上市公司，以及27家全资、控股及参股公司，成为全省医药生产企业的龙头。“哈药”品牌连续两年蝉联中国最值得信赖的医药保健品品牌冠军，价值达到120.2亿元。

（2）医药教育和研发力量较强。全省拥有一批知名高校和实力较强的医药研究开发科研机构。有哈尔滨医科大学、黑龙江中医药大学、黑龙江中医研究院等从事医药研究的单位34家。黑龙江作为全国医药工业基地之一，积累了一定科研基础，自1995年以来，共向国家申报临床新药221个品种，其中中药44个；申请生产的新药有148个品种，其中中药72个。多年来，黑龙江已集聚了大批从事医药研究开发的人才，其专业分布面广，工作经验丰富，具有人才优势。黑龙江省研发的中药粉针属国内首创，其中刺五加、双黄连、满山红等产品已形成系列开发优势，在国内市场居垄断地位。

（3）制药基础条件较好。1998—2004年，全省医药工业企业投入50多亿元进行了全面的升级改造，厂房、设备等生产环境和研发条件有了很大改观，形成了近百亿元的优良固定资产，160多户制药企业通过了GMP认证，企业生产和技术装备达到了国际先进水平，其中青霉素钠、头孢唑啉钠、头孢噻肟等品种指标处于国内领先地位。除此之外，黑龙江省已建成8个药材生产基地，种植品种30多种，面积17000多公顷。

（4）中药材资源得天独厚。中药材资源丰富、蕴藏量大，全省分布的中药材有856种，总蕴藏量27亿千克。特别是大兴安岭、小兴安岭、张广才岭药材资源丰富。按单位面积占有药材种类数，兴安岭地区面积仅占全国的不到0.9%，而常用药材种类数却占全国的17%以上。

9.2.2 基于产业集群理论、国际产业转移理论的产业基地综合发展模式

1. 基于产业集群理论的发展模式

利用产业集群战略，充分发挥基地的集聚经济效益。产业集群的经济效益主要来自外部规模经济和外部范围经济。这主要是因为产业集群更有利于知识的外溢和技术的扩散；同时，企业的集聚为人才提供了广阔的空间和舞台，有利于吸引和留住人才。利用产业集群战略要充分重视规模经济的作用，因为规模经济与产业基地是相辅相成、互为因果的。规模经济既有赖于产业基地的形成，又推动着产业基地的发展；产业基地既需规模经济的哺育，又促进了规模经济的发展壮大。黑龙江省要发挥医药特色产业基地集聚效应主要可以从以下几方面着手：

（1）加大扶持力度，鼓励本地龙头核心企业的快速发展。企业可以凭借掌握核心技术为主大力实施兼并、收购、托管和租赁。为实现超常规发展，对大中型企业间可以用托管、委托经营、持股参股等方式，建立以共享“品牌+技术”为核心的虚拟组织、战略联盟和企业集团等有效的利益共同体，弥补医药特色产业基地内龙头企业不足的缺憾。

（2）进一步做大做强哈药集团。在体制上应进一步支持和推动哈药集团实现更高层次、更大规模的企业扩张。特别是应站在全省医药产业战略布局调整的高度，千方百计吸引一至两家跨国医药巨头与其进行合作或大规模投资办厂，打造具有国际竞争力、资本规模和经营规模优势的医药企业集团。在机制上大胆创新，把集团的优势资本向价值链高端和产业链核心部分集聚，进一步深化改革，在集团内部进行整合、重组，合理配置资源，增强集团的核心竞争力。

（3）大力培育龙头企业。加大葵花、珍宝岛、仁皇、多多、友博、圣泰、华雨、完达山等医药工业骨干企业扶持力度，发展壮大企业规模，提高企业自主创新能力，掌握一批产品核心技术。企业也应强化自身的定位，通过多种形式加强相互间的业务重组和合作，打破“小而全、大而全”的低效率体制。

（4）拉长产业链，做优企业发展空间，促进基地企业间产业关联度的提高。鼓励基地内产业从下游向中游，从中游向上游发展，提高产品附加值与

经济效益，获取高新技术产业经济生态链上的高端利润，尽可能多的掌握产业发展的主导权。

（5）搞好医药园区建设，实现产业集聚。哈尔滨医药工业园和哈尔滨利民医药科技园，应发挥园区的聚集效应，进一步完善服务功能，创新管理体制，拓展引资渠道，加速项目落户。鸡西、牡丹江、绥化等有一定医药产业发展基础的地区和伊春市、大兴安岭等有丰富的“北药”资源地区，应根据资源、生态、产业环境等综合因素，适当发展医药园区，合理确定园区的定位，搞好园区的基础设施建设，采取积极措施，广泛吸纳社会资金进园投资办厂，鼓励关联企业或配套企业向医药园区集中。

2. 基于国际产业转移理论的发展模式

经济全球化趋势增强，区域一体化和产业转移速度进一步加快，将有利于黑龙江省医药特色产业基地更大范围地利用国际资本、资源、技术和市场，承接国际产业转移；以信息技术、生命科学、新材料为先导的新技术革命加速发展，为医药特色产业以高新技术为引领，改造提升传统产业，发展高技术产业，实现跨越式发展提供了重要机遇。

根据“有所为、有所不为”的原则，黑龙江省医药工业应突出重点，做大做强具有优势的抗生素、半合成抗生素，加快发展具有巨大潜力的生物医药，尤其是现代中药产业。

集中力量，把优势明显的抗生素及半合成抗生素做大做强，参与国际竞争。哈药集团应利用自身优势，加快核心技术的培育，尽快获取主导产品制备方法的自主知识产权，实现关键技术的垄断，把头孢类药物、青霉素系列产品发展成为国内最先进、规模最大的优势产品，把青霉素系列产品和头孢系列产品推向世界参与竞争。加快第三、第四代头孢、碳青霉烯药物等拥有自主知识产权的新药研发，提高自主创新能力，增强产品竞争力，使哈药集团在世界抗生素、半合成抗生素领域占有一席之地。

瞄准前沿，抓好生物技术药物发展，构建生物医药产业基地。黑龙江省生物技术药物的研发起步较早、基础较好，应紧紧抓住世界生物技术迅猛发展的机遇，密切跟踪国外生物技术药物研发的最新动态，以创新、产业化为核心，积极引进消化吸收国外先进技术和产品，用超常规的手段有重点地发展具有较好技术基础和较大市场潜力的生物药品。根据黑龙江省生物医药产业的实际，走引进、吸收、消化、再创新的路子，近期以仿为主，仿创结合，逐步过渡到以创为主、创仿结合，制定扶持政策，建设哈尔滨国家级生物产业基地，实现黑龙江省生物产业的局部突破和跨越式发展。

发挥优势，搞好北药开发。依托已有的优势和基础，加快推进中药产业发展，培育有竞争力的中药企业集团。一是建立和完善中药质量标准体系。借鉴国际天然药物的发展经验，采用现代技术改进质量控制指标和方法，建立和完善质量、技术标准体系。二是加速建立规范化的中药材生产基地。推广中药材的规范化种植和经营，实现区域化布局、规模化种植、规范化管理、标准化生产、产业化发展，建立商品化生产基地。三是重点扶持培育一批中药品牌。广泛运用现代科学技术，加快疗效确切、使用安全、质量可控的中药新产品的开发，提高中药产品的科技含量和附加值，掌握一批像刺五加、双黄连粉针等中药产品的核心技术，拥有一批像刺五加、双黄连、血栓通等具有市场竞争力的现代中药产品，提高企业的核心竞争力，加速现代中药产品产业化进程。

9.2.3 开放式自主创新为核心的技术创新战略模式

黑龙江省医药产业在“八五”、“九五”时期发展比较快，中药开发取得了突破性的进展，化学医药形成规模，生物医药产业在全国起步较早，1990年哈药集团就进入生物医药领域，研发生产干扰素、升白升红产品，产品技术在国内处于领先地位。但是，黑龙江省对这些优势资源开发利用不够，没有得到充分重视和发挥，致使中药等生物医药产业仍停留在“九五”期间的水平，中药销售收入在20多亿元徘徊，生物医药仅1亿多元。产生上述问题的原因是多方面的，主要有：

（1）企业技术研发投入明显不足，自主创新能力弱。全省医药行业研发经费不足销售额的1%，而国际、国内实力较强的企业研发经费占销售收入的15%～18%。2004年、2005年黑龙江省获国家审批的新药分别只有124个、90个，只占全国的3%左右，其中两年通过审批的生物制药品种只有1种，基本为空白。由于研发经费投入少，大部分企业医药研发薄弱，使一些关键性产业化技术长期没有突破，制约了产业向高技术、高附加值下游深加工产品领域延伸，产品更新换代缓慢，无法及时跟上和满足市场需求。

（2）管理水平比较落后，专业技术人才短缺。黑龙江省医药中小企业发展速度慢的另一重要原因是管理水平落后。部分医药中小企业从业人员知识结构不合理，整体素质不高，人才代谢缓慢，观念陈旧，专业技术人才短缺，导致医药企业在发展到一定规模、市场竞争又异常激烈时，难以适应，从而制约了企业的发展。

构建科技创新体系，建立技术创新公共平台，增强企业自主创新能力。加强技术创新是医药产业发展的根本出路，也是黑龙江省医药工业得以生存和发展的关键。因此要采取必要的措施，尽快建立技术创新机制。

（1）要在政府的指导下，坚持以企业为主体、市场为导向、产品为核心，走产学研相结合的道路。政府要以政策为调控手段调动产学研各方的积极因素，发挥企业在创新活动中的主体作用、科研院所的骨干和引领作用、大专院校的基础作用，使企业真正成为研究开发、技术创新、成果产业化的主体，全面提升企业自主创新能力。

（2）整合现有涉药单位有效科技资源，加快建设黑龙江省医药技术研发公共平台。充分利用全省医药科技资源，发挥其市场配置的基础作用，打破单位、地域、行业界限，以共享服务为目的，以整合、配置黑龙江省科技资源为手段，建立为医药产业服务的，包括药材种植（GAP）、药品实验室和药物安全评价（GLP）、新药临床试验（GCP）以及药品生产（GMP）等各阶段在内区域性的医药技术研发公共平台（现已建立和正在建立的有 1 个药物安全评价中心、3 个实验基地、7 个药物临床试验机构、11 个药物研发技术中心）。

（3）建立医药技术创新的组织保障体系。各级政府要采取有力措施推进建立技术创新体系，加大资金的支持和政策的扶持，优化对科技人员的激励机制，加大科技人才培养力度，加强科技人才特别是高级专业人才队伍建设，为技术创新体系建设打下坚实基础。科研单位、大专院校的科研机构也应在体制上和机制上创新，实现机制公司化、科研产业化、成果商品化。

9.2.4 区域产业集群与产业技术创新的协同互动发展模式

现有的产业集聚已形成了一定的基础和格局，而如何在现有基础上，最大限度地发挥和强化产业区内的集群效应将成为近期内区域产业集聚发展的重点所在。相关管理部门应把干预的重点放在促进集聚区内的产业联系上，至于发展什么，如何发展，则应由企业自己去决定。随着集群效应的不断发挥，利用地方集群的优势吸引投资，建立本地供应链，促进本地产业链向高端扩张，是产业集群发展战略的核心。

加强创新意识，在自主创新与引进吸收的基础上，注重知识对集聚提升的推动作用。应该充分利用现有的科技和人才优势，采取积极有效的措施，营造良好的创新氛围，逐步培育自己的研发体系，掌握和发展核心技术，增强企业核心能力，使该地区的新材料及相关制造业的发展逐步建立在依靠科技创新的基础上。

加快集群区域的创新环境建设，建立公共研发和检测平台。在整体发展上尚需要提高一个层次，应通过不断完善集群区域的创新环境，来改变当前这种龙头企业自我发展、中小企业技术薄弱、整体行业水平较低的现状；通过公共研发和行业检测等平台建设，提高产业集群的科技支撑水平。

在现有产业配套基础上，加大集聚创新的环境建设。东北老工业基地国有经济比重普遍高于全国平均水平，经济发展缺少活力，要在充分发挥现有产业配套集聚效应的同时，加大集聚创新的环境建设，引导非国有经济发展，破除一系列体制障碍，避免因活力不足产生的集聚连锁反应等对产业发展的负面影响。

9.3 黑龙江省医药产业集群发展的外部支持体系

9.3.1 政府定位与职能

1. 政府定位

在目前我国市场机制尚不完善、企业技术创新能力较弱的情况下，政府对产业集群发展的引导和扶持显得更为必要，它通过发挥产业政策、产业规划的导向作用，引导企业集聚并形成产业集群，进而推进产业基地的构建。

2. 政府职能

（1）积极引导，科学规划。政府部门应以产业基地发展为导向，制订发展规划，有目标地吸引具有产业示范效应和产业关联性的项目进入园区，防止企业盲目进入导致过度竞争。

（2）建立科技创新平台。在已经出现和正在出现的产业集群中，有条件的地方要发展专业学校，加强专业人才和劳动力培训；建立科技创新平台，支持共性技术的研发。

(3) 注重发现和培育集群龙头企业及其品牌建设。龙头企业是集群得以发展壮大的关键，政府应当为其发展保驾护航。

(4) 大力发展各类为产业集群服务的专业性市场，以大流通带动大发展。如针对本区域具有资源优势或比较优势的产业，建立各类专业化配套市场，为集群进一步发展提供更宽广的平台。

(5) 积极发展生产性服务业和中介服务机构。维护和发展集群中的企业联系和合作关系，促使集群内企业稳定高效的协作生产体系的形成，提升集群效应。

(6) 建立有效的对外合作机制，吸收和学习来自区域外部的专业技能。要融入到全球化的生产体系中去，促使产业集群向新的、更有利可图的价值链移动，从而提升产业集群整体竞争力。

9.3.2 产业组织政策

营造良好的项目建设环境。进一步细化完善《省政府关于帮助企业保增长促发展的政策措施》，提高可操作性；推动产业政策与实施有利于企业技术改造的国产设备投资抵免所得税、金融信贷、首台首套采购、进口免税与出口退税以及相关政策的叠加配套使用，发挥政策最大效应；结合国家九大产业调整振兴规划及工信部即将出台的特色产业基地认定管理办法，制定医药行业的调整振兴实施方案。

在研发阶段，重点扶持优势主导产业的龙头骨干项目进行自主研发，掌握核心技术，提高技术创新能力，开发具有自主知识产权的“拳头”产品。在产业化阶段，不断提高孵化项目质量，重点扶持中试或试产阶段和进行批量生产的孵化项目，不断加速产业化和规模化进程，培育一批孵化企业骨干群，支持高新技术产业化项目向基地集聚。一是高技术产业领域的相关项目向基地企业和机构倾斜；二是支持基地内企业申报国家项目，并积极创造条件争取国家级高技术项目落户基地；三是相关政府部门和园区要加大招商引资力度，重点引进跨国公司高科技研发项目，吸引国内外大企业和研发机构在基地建设研发机构和中试基地。

积极推进新药研发基地建设。有效整合资源，促进产学研结合，在哈尔滨医科大学建立了“麻醉与危重病学”和“感染与免疫学”研究平台，支持开展新药研究工作；在哈药集团生物工程公司建立了“动物细胞制药”生物医药产业研发平台；批准中医药大学建立了“黑龙江省中医临床研究基地”，在仁皇药业和珍宝岛制药两家企业建立了中药研发平台，并将以承担省科技攻关或产业化项目的形式对各研发平台给予支持，进一步加强黑龙江省新药研发产业基地建设，全面推进制药产业发展。

9.3.3 技术进步政策

推进和实施知识产权战略，保护企业知识产权。坚持政府引导和市场拉动相结合，强化政府的知识产权导向作用，积极推进科技创新成果的权利化，加大知识产权保护力度，运用知识产权手段保护产权所有者的经济利益，营造鼓励、崇尚和保护创新的氛围。推进专利试点示范工程，加大在产业相关领域的试点建设，推动高等院校、科研院所和企业知识产权工作的开展。对医药产业领域知识产权的申请和维护提供资金资助和优惠政策，鼓励高新技术企业创立驰名商标、著名商标等。加强专利信息化建设，建立产业领域专利数据库，向全社会提供专利查询和检索服务。加大知识产权宣传培训力度，提高社会公众专利意识，促进专利知识的普及和复合型专业人才的培养。

大力扶持专业服务机构，建立技术创新服务体系。建立以促进知识、技术转移为目标的创新服务体系，各级政府、金融机构、中介组织要在科技创新、中试以及成果转化各个阶段，找准定位，提供全方位服务，加快科技成果的产业化进程。强化各类科技企业孵化器服务功能，逐步建立特色突出、功能完善的孵化器体系，使科技成果的转化具有充分的空间和良好的环境条件，为创业者提供优越的创业条件。大力发展科技中介服务机构，拓展和规范律师事务、法律援助、司法鉴定、仲裁等法律服务，发展项目策划、项目融资、财务顾问、上市等投资与资产管理服务，规范发展会计、审计、资产评估等鉴定服务，支持发展市场调查、资信服务、健康咨询等咨询服务。完善技术市场，重点抓好哈尔滨国际技术产权交易中心、哈尔滨国际技术转移服务中心建设，以市场为导向，积极完善和不断强化服务功能。

9.3.4 财税与金融政策

拓展渠道，建立和完善投融资保障体系。鼓励有条件的企业通过发行债券和股票直接融资。鼓励企业借助区域直接融资平台筹集资金，支持符合条件的企业在境内外股票市场上市融资，鼓励有偿债能力的企业发行企业债券和可转换债券。成立产业担保投资公司，搭建面向民企业和中小企业的融资担保平台，扩充担保资金，提高担保能力，加强金融监管和信用建设，鼓励商业银行等对企业的支持。设立高科技产业种子基金，支持有实力的金融投资机构和企业设立风险投资机构，积极引进国内外风险投资机构，引导社会资本进入创业投资领域，鼓励和引导创业投资增加对企业的投资。积极支持和鼓励企业间的资产重组和整合。

多渠道解决项目融资难问题。引导企业加大投入力度，加快项目建设。支持企业间通过合资、重组、互相持股、技术入股等方式，对工业大项目实施投资；调整优化省财政专项资金导向计划，采取补助、贴息等多种方式联合集中支持；将有资金、有实力、有市场、有战略意图的央企、跨国公司和战略投资者作为主攻方向；搞好银企对接，加大直接融资力度。

9.3.5 人力资源政策与教育培训政策

健全人才培养机制，促进人才合理流动。根据产业发展对人才的需求，编制紧缺人才开发目录，鼓励和支持涉及医药产业领域的高校院所扩大招生规模，增设相关学科专业和方向，加强高技术专业人才的培养。鼓励经济类、管理类以及工科院校加强对工程化开发人才、高级技术工人、经营管理人才的培养。创新人才培养模式，鼓励企业和大学、科研机构间建立人才培养协议，为产业发展提供持久的、有效的人力支撑。在基地内基础好、科研能力强的高校和科研院所建立高级人才培养基地，适度扩大高技术类硕士和博士的招生规模。在有条件的龙头高技术企业内设立博士后流动站，培养强实用型高层次人才。利用重大高技术产学研攻关联盟，培养高水平研发人才、高层次管理人才和高技能生产人才。整合人才市场资源，鼓励创办人才中介组织，消除人才流动的体制性障碍。通过引进项目带和柔性流动等多种方式，引进外地高层次、高技术人才和高级管理人才，不断拓宽人才引进渠道。完善人才市场信息网络，实现与全省及东北地区主要城市的人才信息联网。

9.4 黑龙江省医药产业集群发展对策

为推进医药产业的发展，产业集群组织成为继高新技术开发区之后的促进科技成果转化及产业化的有效形式。黑龙江省要抓住国家对东北老工业基地振兴投入了巨大的资金支持和政策支持这一重要历史发展机遇，通过前瞻性和科学性的规划，将医药特色产业基地迅速做大做强，形成在国内外具有影响力和竞争力的产业高地。在建设医药产业特色产业集群的过程中，应该始终遵循市场经济要求和科技发展规律，以培育具有自主知识产权的高新技术产品群为主线，以开放性配置各类资源要素为手段，以国际化提升、信息化带动、市场化导向、差别化竞争、集聚化发展、绿色化推进为原则，积极探索“彰显特色、自主创新、培育骨干、共享资源”的产业发展的新路子。

9.4.1 加速产业集群的空间集聚，促进产业链条延伸

整合资源，加速产业集群的空间集聚。一方面，坚持集约发展，以“三高”标准建设产业集聚区。另一方面，加强产业导向，建立特色鲜明、优势明显的产业基地。以加快优势产业和特色产业发展为目标，积极采取措施推动工业结构优化和产业升级。在进行产业定位时，既注意与周边企业互相配合、协调发展，又注意互相避让、错位发展，从而使集群产业特色鲜明，各具优势。

产业链的不断延伸和完善是产业基地不断发展、壮大的核心。随着产业集群的成长，产业链条也随之延伸，基地内部生产专业化分工也越来越细，从而带动相关行业发展。产业链的完善和专业化分工使生产成本和交易成本大大降低，增强了产业集聚的竞争力，同时也促使区域特色经济向规模化发展，为做强做大产业基地打下坚实基础。

9.4.2 培育自主创新能力，推动集群产业的技术跨越式发展

产业集群的竞争优势表现在特色化发展所带来的集群效应，但本质是根源于这种产业群聚为重大技术攻关、重大产品开发和重大装备制造所带来的创新组织方面的优势（王永顺，2004）。在建设医药特色产业集群过程中，应该始终将“自主创新”作为核心任务，将产业集群建设与区域创新体系建设结合起来，将产业集群建设与培育自主知识产权的创造能力结合起来，努力推进特色产业集群的技术跨越式发展。

主要做法有：一是加强创新意识，在自主创新与引进吸收的基础上，注

重知识对集聚提升的推动作用。应该充分利用现有的科技和人才优势，采取积极有效的措施，营造良好的创新氛围，逐步培育自己的研发体系，掌握和发展核心技术，增强企业核心能力，使该地区的医药及相关产业的发展逐步建立在依靠科技创新的基础上。二是加强基地企业研发机构建设，在引导基地企业普遍建设独立研发机构的同时，重点建设工程技术研究中心、企业技术中心、企业博士后工作站等新型研发机构。三是大力引导基地企业开展高层次产学研合作。以技术转让、共同开发、共建研发机构等形式为主，并鼓励基地的骨干企业普遍与国内著名的高校和研究院所共建研发机构。四是大力吸引高层次人才团队。提升自主创新能力，很大程度上取决于对高层次人才的拥有水平。特色产业基地牢牢地把握人才是第一要素的发展理念，采取高薪聘请、赠送股份等多种激励机制，吸引留学回国人员等高层次人才来基地发展事业。

9.4.3 强化公共服务平台建设，建立符合产业特色的服务体系

产业集群强调上下游企业、政府和其他机构之间的竞争和协作关系以及为集群提供发展平台的各种环境，以及企业、组织机构和政府的关联对产业和经济发展的推动作用。回顾集群产业特色形成历程，重要的经验有：一是引入发展集群特色产业的激励机制，在确保基地企业充分享受国家、省、市各项优惠政策的同时，在征用土地、地方税收、政府计划等方面制定扶持特色产业的政策；二是围绕集群特色产业全方位对外进行科技经济合作，经济招商与科技招商并举，科技招商已成为各基地的常规性工作；三是拉长产业链，做优企业发展空间，着力引导企业在同业协作方面下工夫，目前产业基地内的企业之间，协同水平日益增强，同业竞争现象日渐消退（王永顺，2004）。因此，在发展医药特色产业集群时应很好的利用政府引导作用。政府一方面，要在基地招商时，注意引入既与基地发展重点产业相关的又能与集群核心企业相配套的企业；另一方面，要建立起“政府主导型”的专业化企业服务体系，从而使政府进入扶持产业成长的过程中。针对黑龙江省实际，地市政府目前主要可以着重建设本地集群技术支持系统（包括共性技术的协同攻关、公共技术基础设施建设、技术交流平台搭建等）、金融支持系统（包括风险投资、融资担保体系及政府的开发补贴等）和外围支持系统（包括电子政务、法律服务、政策信息等）三方面。

通过规划引导，整合区域内技术创新资源，打造医药产业集群的技术创新体系，包括引导高校和科研机构到基地设立联合技术开发机构，组建若干国家级的技术研发平台，打造医药产品检测公共服务网络平台，建立区域性孵化网络体系和专业型孵化园区，支持医药产业协会和医药产业技术联盟，支持医药企业争取国家重大技术攻关和高技术成果产业化示范工程项目，完善区域性投融资服务平台，建立风险投资基金，提高医药企业的投融资能力。

9.5 小结

本节运用前面提出的分析框架，研究了黑龙江省医药特色产业集群的发展状况，并提出建设黑龙江省医药特色产业集群的具体对策。

（1）在对黑龙江省医药特色产业集群发展一般现状描述的基础上，分析了黑龙江省医药特色产业集群发展中存在的问题。

（2）提出黑龙江省医药特色产业集群发展战略：基于资源优势与技术优势的追赶型动态发展战略模式；基于产业集群理论和国际产业转移理论的综合发展模式；开放式自主创新为核心的技术创新战略模式；区域产业集群与产业技术创新的协同互动发展模式。

（3）提出黑龙江省医药特色产业集群发展的外部支撑体系：政府定位与职能；产业组织政策；技术进步政策；财税与金融政策；人力资源政策与教育培训政策。

（4）提出黑龙江省医药特色产业集群发展的对策：加速产业集群的空间集聚，促进产业链条延伸；培育自主创新能力，推动特色产业的技术跨越式发展；强化公共服务平台建设，建立符合产业特色的服务体系。

参考文献

［1］阿尔佛雷德·韦伯．工业区位论［M］．李刚剑，译．北京：商务印书馆，1997.

［2］保罗·克鲁格曼．地理和贸易［M］．张兆杰，译．北京：北京大学出版社，2002.

［3］蔡宁，吴结兵．产业集群的网络式创新能力及其集体学习机制［J］．科研管理，2005（7）：22－28.

［4］蔡宁，吴结兵．产业集群企业网络体系：系统建构与结构分析［J］．重庆大学学报，2006（2）：9－14.

［5］蔡宁，吴结兵．企业集群的竞争优势：资源的结构性整合［J］．中国工业经济，2002（7）：45－50.

［6］蔡宁，杨闩柱，吴结兵．企业集群风险的研究：一个基于网络的视角［J］．中国工业经济，2003（4）：59－64.

［7］蔡秀玲，林竞君．基于网络嵌入性的集群生命周期研究［J］．经济地理，2005（3）：281－284.

［8］陈剑锋，唐振鹏．国外产业集群研究综述［J］．外国经济与管理，2002（8）：22－27.

［9］陈剑锋．基于知识的产业集群能力研究［J］．财经研究，2003（2）：62－65.

［10］陈金波．基于生态学的企业集群内在风险与对策研究［J］．当代财经，2005（6）：68－72.

［11］仇保兴．小企业集群研究［M］．上海：复旦大学出版社，1999.

［12］崔焕金．全球价值链视角下的中国地方产业集群升级［J］．山东工商学院学报，2005（8）：8－11.

［13］樊竟君，张旭亮，张振宇．论区域集群的独特社会资本优势及对区

域和国家持续竞争优势的意义［J］. 经济评论，2001（4）：64－67.

［14］符正平. 论企业集群的产生条件与形成机制［J］. 中国工业经济，2002（10）：20－26.

［15］傅京燕，郑杰. 中小企业集群成长中的地方政府作用［J］. 广东商学院学报，2003（2）：15－19.

［16］傅京燕. 中小企业集群的竞争优势及其决定因素［J］. 外国经济与管理，2003（3）：29－34.

［17］傅允生. 资源禀赋与专业化产业区生成［J］. 经济学家，2005（1）：84－90.

［18］顾朝林. 城市化的国际研究［J］. 城市规划，2003（6）：19－24.

［19］郭勇，罗波阳，朱有志. 从陈家坊模式看欠发达地区产业集聚乡镇政府作为［J］. 求索，2005（9）：85－87.

［20］郭洲. 欠发达地区城镇化进程中的产业支撑［J］. 天水行政学院学报，2005（4）：24－27.

［21］何肖秋. 国际产业转移的东道国环境影响因素分析［D］. 杭州：浙江大学经济学院，2003.

［22］胡鞍钢，王绍光，康小光. 中国地区差距报告［M］. 沈阳：辽宁人民出版社，1995.

［23］华兴顺. 集群经济对中西部地区经济发展的意义［J］. 求索，2004（8）：11－12.

［24］黄洁. 集群企业成长中的网络演化：机制与路径研究［D］. 杭州：浙江大学管理学院，2006.

［25］雷如桥，陈继祥. 企业集群的“柠檬市场”风险及其对策［J］. 当代财经，2004（3）：79－81.

［26］李超，丁四保，朱华友. 基于产业集聚的中国小城镇发展思考［J］. 国土与自然资源研究，2004（1）：5－6.

［27］李成金. 装备制造业集群网络与地方政府作用研究［J］. 经济体制改革，2005（6）：110－114.

［28］李刚. 基于资源观的产业集群竞争力探究［J］. 学习与探索，2005（1）：222－226.

［29］李琳. 西部产业集群的若干问题研究［J］. 西北民族大学学报：哲

学社会科学版，2003（4）：45－49.

［30］李新春．企业家协调与企业集群［J］．南开管理评论，2002（3）：49－55.

［31］李兴旺，王迎军．企业动态能力理论综述与前瞻［J］．当代财经，2004（10）：103－106.

［32］刘爱雄，张高亮，朱斌．对产业集群竞争力来源的理论分析［J］．科学学与科学技术管理，2006（1）：73－78.

［33］刘恒江，陈继祥．要素、动力机制与竞争优势：产业集群的发展逻辑［J］．中国软科学，2005（2）：125－130.

［34］刘冀生．企业集群温州速度的“运载火箭”［J］．企业改革与管理，2003（2）：26－27.

［35］刘芹，陈继祥．企业集群品牌风险的博弈分析［J］．当代财经，2004（9）：69－75.

［36］刘文奇，杨建尧．经济合作是奶业产业化的基础［J］．中国奶牛，2001（4）：12－14.

［37］鲁开垠．产业集群核心能力的理论解释［J］．岭南学刊，2004（1）：27－31.

［38］鲁开垠．产业集群核心能力研究［D］．广州：暨南大学经济学院，2004.

［39］陆立军．区域经济发展与欠发达地区现代化［M］．北京：中国经济出版社，2002.

［40］马歇尔．经济学原理［M］．陈良璧，译．北京：商务印书馆，1997.

［41］迈克尔·波特．竞争论［M］．刘宁，高登第，李明轩，译．北京：中信出版社，2003.

［42］梅丽霞，柏遵华，聂鸣．试论地方产业集群的升级［J］．科研管理，2005（9）：147－151.

［43］谯薇，江文清，宗文哲．论中小企业集群的形成动因及方式［J］．财经问题研究，2003（8）：61－64.

［44］秦夏明．产业集群形态演化研究［D］．哈尔滨：哈尔滨工业大学管理学院，2005.

［45］冉庆国，黄清．产业集群的衰退原因及其升级研究［J］．商业研究，2007（3）：97－100.

［46］冉庆国．浅析企业集群的社会文化［J］．商业研究，2005（11）：74－75.

［47］尚勇，朱传柏．区域创新系统的理论与实践［M］．北京：中国经济出版社，1999.

［48］沈山．沿海地区的专业镇建设及其对欠发达地区的启示［J］．乡镇经济，2005（8）：22－25.

［49］帅宁，尹继东．欠发达地区产业集群化探讨［J］．求实，2005（12）：39－41.

［50］田红云，陈继祥，田伟．企业家与产业集群发展的动力［J］．扬州大学学报，2006（3）：59－63.

［51］王缉慈，童昕．简论我国地方企业集群的研究意义［J］．经济地理，2001（9）：550－553.

［52］王缉慈．创新的空间——企业集群与区域发展［M］．北京：北京大学出版社，2001.

［53］王铁．论欠发达地区小企业集群发展模式的多样化［J］．企业经济，2005（12）：127－128.

［54］王小鲁，樊纲．中国地区差距：20 年变化趋势和影响因素［M］．北京：经济科学出版社，2004.

［55］王艳华．奶源基地建设及其实证研究［D］．哈尔滨：东北农业大学管理学院，2005.

［56］王永顺．特色就是优势——江苏省建设高新技术特色产业基地的实践与思考［J］．中国制造业信息化，2004（11）：33－36.

［57］王志华．企业集群研究理论进展综述［J］．南方经济，2005（2）：79－80.

［58］魏守华，邵东涛，王缉慈．地方企业集群价战略对西部大开发的意义［J］．开发研究，2002（4）：31－33.

［59］魏守华，石碧华．论企业集群的竞争优势［J］．中国工业经济，2002（1）：59－65.

［60］文婷，曾刚．从地方到全球：全球价值链框架下集群的升级研究

[J]. 人文地理，2005（4）：21－25.

［61］文婷，曾刚．嵌入全球价值链的地方产业集群发展——地方建筑陶瓷产业集群研究［J］. 中国工业经济，2004（6）：36－42.

［62］文婷，曾刚．全球价值链治理与地方产业网络升级研究——以上海浦东集成电路产业网络为例［J］. 中国工业经济，2005（7）：20－27.

［63］文婷，曾刚．上海浦东新区信息产业集群的升级研究［J］. 经济问题探索，2005（1）：72－77.

［64］文婷，李小建．企业网络发育程度与区域创新能力研究［J］. 世界地理研究，2003（2）：39－46.

［65］文婷．嵌入全球价值链的中国地方产业网络升级机制的理论与实践研究［D］. 上海：华东师范大学经济学院，2005.

［66］吴金明，邵昶．产业链形成机制研究［J］. 中国工业经济，2006（4）：36－43.

［67］吴绍艳，杜纲．基于CAS理论的企业动态能力构建机理研究［J］. 北京科技大学学报，2005（10）：108－131.

［68］吴向鹏．产业集群：一个文献综述［J］. 当代财经，2003（9）：105－108.

［69］吴晓波，耿帅．区域集群自稔性风险成因分析［J］. 经济地理，2003（6）：726－730.

［70］吴晓军．产业集群与工业园区建设［D］. 南昌：江西财经大学经济管理学院，2004.

［71］吴晓军．论地方政府与欠发达地区产业集群成长［J］. 企业经济，2003（10）：7－9.

［72］伍长南．福建产业集群发展研究［M］. 北京：中国经济出版社，2006.

［73］徐爱乐．跨国公司进入企业群的协同竞争效应［J］. 经济理论与经济管理，2004（4）：50－52.

［74］徐承红．产业集群与西部区域经济竞争力研究［M］. 成都：西南财经大学出版社，2006.

［75］徐滇庆．中国区域经济不平衡发展［J］. 当代财经，1998（8）：3－7.

[76] 徐冠华. 以区域创新体系建设为中心，进一步加强地方科技工作[J]. 中国科技产业，2003 (5)：29 – 33.

[77] 徐康宁. 开放经济中的产业集群与竞争力 [J]. 中国工业经济，2001 (11)：22 – 27.

[78] 许庆瑞，毛凯军. 论企业集群形成的条件 [J]. 经济纵横，2002 (10)：37 – 40.

[79] 杨昌荣. 外资偏好产业聚集的理性分析 [J]. 经济与管理研究，2003 (1)：52 – 53.

[80] 杨峰，杨文选，李卫锋. 产业集群风险：一个演化经济学的视角[J]. 经济师，2005 (5)：91 – 92.

[81] 杨静文，朱宪辰，冯俊文. 创业机制在企业集群发育形成过程中的作用分析 [J]. 现代管理科学，2004 (5)：8 – 11.

[82] 杨先明，赵果庆. 中国城市对外商直接投资的聚集吸引力研究[J]. 南开经济研究，2004 (2)：12 – 17.

[83] 姚小涛，席酉民. 社会网络理论及其在企业研究中的应用 [J]. 西安交通大学学报，2003 (9)：22 – 27.

[84] 游麟麟. 显性与隐性：获取知识的纬度及其实现途径 [J]. 学术交流，2005 (7)：191 – 194.

[85] 于树江，李艳双. 产业集群区位选择形成机制分析 [J]. 中国软科学，2004 (4)：119 – 122.

[86] 袁莉，朱泽山. 群理论与西部竞争优势的培育 [J]. 湖南社会科学，2002 (4)：75 – 77.

[87] 约翰·霍兰. 隐秩序——适应性造就复杂性 [M]. 周晓牧，译. 上海：上海科技教育出版社，2000.

[88] 张春霞. 产业集群网络关系对企业竞争力的影响 [J]. 福建经济管理干部学院学报，2006 (1)：58 – 63.

[89] 张辉. 产业集群竞争力的内在经济机理 [J]. 中国软科学，2003 (1)：70 – 73.

[90] 张辉. 全球价值链理论与我国产业发展研究 [J]. 中国工业经济，2004 (5)：38 – 46.

[91] 张明龙. 产业聚集的溢出效应分析 [J]. 经济学家，2004 (3)：

77－80.

［92］张其仔．新经济社会学［M］．北京：中国社会科学出版社，2001.

［93］张悟移．云南省由资源优势向经济优势的过渡模式［J］．科技进步与对策，2003（8）：45－46.

［94］张向阳，朱有为．基于全球价值链视角的产业升级研究［J］．外国经济与管理，2005（5）：21－27.

［95］张兴洋．进一步加快黑龙江乳品行业发展的建议［J］．中国乳品工业，2005（2）：51－53.

［96］郑凤田．四大条件影响产业集群形成［J］．中国城市报道，2003（5）：17－19.

［97］郑胜利，周丽群，朱有国．论产业集群的竞争优势［J］．当代经济研究，2004（3）：32－36.

［98］郑胜利．论我国外生式集群经济的形成机理［J］．广西经济管理干部学院学报，2004（3）：15－19.

［99］朱华晟．浙江产业群［M］．杭州：浙江大学出版社，2003.

［100］朱英明．产业集聚论［M］．北京：经济科学出版社，2003.

［101］邹再进．欠发达地区区域创新论：以青海省为例［M］．北京：经济科学出版社，2006.

［102］AHUJA GAUTAM. Collaboration networks, structural holes and innovation: a longitudinal study［J］. Administrative Science Quarterly, 2000（3）: 425－456.

［103］ALLAN S CARRIE. From integrated enterprises to regional clusters: the changing basis of competition, centre for strategic manufacturing, department of design［J］. Manufacture and Engineering Management, 2006（6）: 56－66.

［104］AMIN A, THRIFT N. Neo－marshallian nodes in global networks［J］. International Journal of Urban and Regional Research, 1992（16）: 571－587.

［105］BELL M, ALBU M. Knowledge systems and technological dynamism in industrial clusters in developing countries［J］. World Development, 1999（9）: 1715－1734.

［106］CAPELLO R. Spatial transfer of knowledge in high－technology milieux: learning versus collective process [J]. Regional Studies, 1999 (33): 353 -365.

[107] DICKEN P, KELLY P F, OLDS K AND YEUNG W - C. Chains and networks, territories and scales: towards a relational framework for analyzing the global economy [J]. Global Networks, 2001 (1): 89 -112.

[108] DICKIEN P, MALMBERG A. Firms in territories: a relational perspective [J]. Economic Geography, 2001 (77): 345 -363.

[109] E M BERGMAN. Industrial cluster sustainability at Austria' s accession edge: better or worse than regional sustainability? Environment and sustainable development in the new central Europe: Austria and its neighbors [J]. Economic Geography, 2002 (9): 19 -21.

[110] EDWARD M BERGMAN, EDWARD J FESER. Industrial and regional clusters: concepts and comparative applications [M]. Morgantown: University of West Verginia Press, 1999.

[111] ERIC ABRAHAMSON, CHARLES J FOMBRUN. Macrocultures: determinants and consequences [J]. Academy of Management Review, 1994 (19): 56.

[112] ERNST D, KIM L. Global production networks, knowledge diffusion and local capability formation: a conceptual framework [C]. Paper Presented at the Nelson & Winter Conference, Aalbor, 2001.

[113] FRITZ O M, MAHRINGER H, VALDERRAMA M T. A risk - oriented analysis of regional clusters. in m. steiner (ed), clusters and regional specialization [M]. London: Pion, Ltd., 1998.

[114] GEREFFI G, KORZENIEWICZ M. Commodity chains and global capitalism [M]. London: Praeger, 1994.

[115] GEREFFI G, HUMPHREY J, KAPLINSKY R, et al. Introduction: globalisation, value chains and development [J]. IDS Bulletin, 2001 (32): 1 -8.

[116] GEREFFI G. Global production systems and third world development [M]. Cambridge: Cambridge University Press, 2002.

[117] GERHARD H. Local upgrading strategies in response to global challen-

ges: the surgical instrument cluster of tuttlingen [R]. In Hubert Schmitz (ed), Local Enterprises in the Global Economy: Issues of Governance and Upgrading, 2003.

[118] HUGGINS R. Inter – firm network policies and firm performance: evaluation the impact of initiatives in the united kingdom [J]. Research Policy, 2001 (30): 443 – 458.

[119] HUMPHREY J, SCHMITZ H. Governance and upgrading: linking industrial cluster and global value chain research [R]. Brighton, Institute of Development Studies, University of Sussex, 2000.

[120] HUMPHREY J, SCHMITZ H. Development country firms in the world economy, governance and upgrading in global value chains [R]. INEF – Report No 61, Duisburg: Institute for Development and Peace, 2002.

[121] HUMPHREY J, SCHMITZ H. How does insertion in global value chains affect upgrading in industrial clusters [J]. Regional Studies, 2002 (9): 1017 – 1027.

[122] M P TODARO. Economic development in third world [R]. 5th Edition, Longman Inc, 1994.

[123] MARKUSEN A R. Sticky places in slippery space: a typology of industrial districts [J]. Economic Geography, 1996 (72): 293 – 313.

[124] MARTIN R, SUNLEY P. Deconstructing clusters: chaotic concept or policy panacea [J]. Journal of Economic Geography, 2003 (3): 5 – 35.

[125] MICHAEL E PORTER. Clusters and the new economics of comoetition [J]. Harvard Bussiness Review, 1998 (6): 77 – 90.

[126] NADIV K. Collective efficiency and collective failure: the response of the sialkot surgical instrument cluster to global quality pressures [J]. World Development, 1999 (9): 1605 – 1626.

[127] NUNZIA C. Innovation process within geographical clusters: a cognitive approach [J]. Technovmion, 2004 (24): 17 – 28.

[128] PORTER M. The adam smith address: location, clusters and the "new" microeconomics of competition [J]. The National Association of Business Economists, 1998 (16): 17 – 28.

[129] POWELL W W. Neither market nor hierarchy: network forms of organization [J]. Research in Organizational Behavior, 1990 (12): 295 -336.

[130] PREFFER J, SALANCIK G R. The external control of organizations: a resource dependence perspective. in: cavusgil s. t. and sharma d. d. , advances in international marketing: industrial networks [M]. London: Jai Press Inc, 1978.

[131] PROUDER RICHARD, ST JOHN CARON H. Hot spots and blind spots: geographical clusters of firms and innovation [J]. The Academy of Management Review, 1996 (4): 1192 -1225.

[132] PYKE F, SENGENBERGER W. Introduction in F Cossentino, F Pyke and W Sengenberger (eds), local and regional response to global pressure: the case of italy and its industrial districts [R]. Geneva, International Institute for Labour Studies, 1996.

[133] RABELLOTTI R. How globalisation affects Italian industrial districts: the case of brenta. in Hubert Schmitz (Ed) [R]. Local Enterprises in the Global Economy: Issues of Governance and Upgrading, 2003.

[134] RICHARDSON G B. The Organization of Industry [J]. Economic Journal, 1972 (82): 894 -896.

[135] SCHMITZ H. Global competition and local cooperation: success and failure in the Sinos valley, Brazil [J]. World Development Special Issue on Industrial Clusters in Developing Countries, 2000 (27): 1627 -1650.

[136] SCHMITZ H. Small firms and flexible specialization in developing countries [J]. Labour and Society, 1995 (3): 78.

[137] SCOTT A J. Regional push: towards a geography of development and growth in low and middle income countries [J]. Third World Quarterly, 2002 (23): 37 -61.

[138] TICHY G. Clusters: less dispensable and more risky than ever: clusters and regional specialization [M]. London: Pion, Limited, 1998.

[139] TRACEY PAUL, CLARK, GORDON L. Alliances, networks and competitive strategy: rethinking clusters of innovation [J]. Growth & Change, 2003 (1): 1 -16.

[140] WLLIAMSON O E. The economic institutions of capitalism [M]. New York: Frss Press, 1985.

[141] WOOD A. Value chains: an economist's perspective [R]. In G. Gereffi and R Kaplinsky (eds). IDS Bulletin Special Issue on the Value of Value Chains, 2001.

后　　记

我国中西部欠发达地区如何不断缩小与东部发达地区的差距，是实现我国区域协调发展所面临的最大问题。产业集群以其特有的成本优势、市场优势和创新优势成为欠发达地区实现跨越式发展的有效途径。本书把我国欠发达地区产业集群作为研究对象，借鉴了学术界的研究成果，结合国内外发达地区和我国欠发达地区产业集群发展的现实，较为系统、全面地构筑了理论研究体系，凸显了研究的实践性。

本书所做的研究工作及创新成果主要有以下几个方面：

（1）运用SWOT分析方法对我国欠发达地区产业集群发展的战略环境进行分析。通过内外环境条件的分析，确定我国欠发达地区产业集群发展的优势、劣势、机遇、威胁，并进行战略选择，构建了SO战略→WO战略→ST战略，再到SO战略的战略循环模型。在此基础上，分析我国欠发达地区产业集群发展劣势产生的根本原因，主要是缺乏培育创新能力的区域创新系统，缺乏促进资源整合、主体互动和能力提升的产业集群动力机制，缺乏对我国欠发达地区产业集群发展模式的研究和选择。从而制定了我国欠发达地区产业集群发展的技术路线，确定了本书所要研究的主体内容。

（2）建立了我国欠发达地区产业集群发展的动力机制四维模型和演化模型。通过对产业集群竞争优势来源和衰退根本原因的分析，进一步证明网络关系是促进我国欠发达地区产业集群形成和发展的重要切入点。从而利用产业集群网络观点，构建由机遇、创业机制、网络协作和集体学习共同作用的我国欠发达地区产业集群动力机制四维模型；结合产业集群生命周期理论，构建我国欠发达地区产业集群动力机制的演化模型；为我国欠发达地区产业集群的持续发展，提供了有效的动力支持。

（3）设计了我国欠发达地区产业集群创新能力的评价指标体系和评价模型。在界定了产业集群创新能力的基础上，通过对我国欠发达地区产业集群区域创新系统结构与功能的分析，进一步明确我国欠发达地区产业集群创新能力的驱动要素主要体现在四个方面：企业创新能力、集群知识、网络能力和创新环境。详细分析了四个驱动要素对我国欠发达地区产业集群创新能力的影响，构建相应的评价指标体系，并通过模糊评价数学模型确定各级评价指标中的关键要素，从而为提升我国欠发达地区产业集群创新能力提供科学的决策支持。

（4）构建了我国欠发达地区产业集群发展模式。包括基于小城镇建设、基于工业园区发展、基于龙头企业网络、基于 FDI 的产业集群发展模式，分析了它们促进我国欠发达地区形成和在现有产业集聚基础上发展产业集群的机理与对策，为我国欠发达地区发展产业集群提供了有益的理论指导，弥补了我国欠发达地区产业集群发展模式研究中片面、抽象、难以指导实践的不足。

（5）提出了我国欠发达地区产业集群发展的对策建议。以往有关产业集群发展对策的研究，绝大多数是从驱动因素的角度入手寻找解决办法；本书在借鉴这些研究成果的基础上，从提高集群灵活性、适应能力，防范集群风险视角，把发展对策上升到战略高度；并结合 CAS 理论分析我国欠发达地区产业集群发展的内外网络融合的必要性；提出加强集群创新系统主体建设和培育良好的区域创新环境；最后强调要发挥好政府的宏观调控作用。

受各方面条件所限，本书只研究了我国欠发达地区产业集群的发展机制、创新系统和发展模式，对产业集群创新能力的量化、不同类型产业集群发展的特性还有待于进一步探讨。由于欠发达地区产业集群发展复杂多样，在发展过程中还有很多其他问题，还会遇到很多新情况，都需要在今后结合实际工作继续做好深入研究。

作　者

2011 年 3 月